Norbert Dittmar

Transkription

Qualitative Sozialforschung
Band 10

Herausgegeben von

Ralf Bohnsack
Uwe Flick
Christian Lüders
Jo Reichertz

Norbert Dittmar

# Transkription

Ein Leitfaden mit Aufgaben
für Studenten, Forscher und Laien

3. Auflage

**VS VERLAG** FÜR SOZIALWISSENSCHAFTEN

Bibliografische Information der Deutschen Nationalbibliothek
Die Deutsche Nationalbibliothek verzeichnet diese Publikation in der
Deutschen Nationalbibliografie; detaillierte bibliografische Daten sind im Internet über
<http://dnb.d-nb.de> abrufbar.

3. Auflage 2009

Alle Rechte vorbehalten
© VS Verlag für Sozialwissenschaften | GWV Fachverlage GmbH, Wiesbaden 2009

Lektorat: Frank Engelhardt / Cori Mackrodt

VS Verlag für Sozialwissenschaften ist Teil der Fachverlagsgruppe
Springer Science+Business Media.
www.vs-verlag.de

Umschlaggestaltung: KünkelLopka Medienentwicklung, Heidelberg
Druck und buchbinderische Verarbeitung: Krips b.v., Meppel
Gedruckt auf säurefreiem und chlorfrei gebleichtem Papier
Printed in the Netherlands

ISBN 978-3-531-16112-9

# Inhalt

0.     Vorwort ..................................................................... 9

1.     **Kulturtechniken der Verdauerung flüchtiger mündlicher Rede** ................................................................... 15
1.1   Warum wir Stimmen gerne schwarz auf weiß *sehen* möchten: Einladung zur Reflexion ....................................... 15
1.2   Kollektives Gedächtnis, Authentizität und Verbindlichkeit ........ 17
1.3   Schrift und Schriftlichkeit ............................................. 18
1.3.1 Nicht-phonologische Systeme ....................................... 19
1.3.2 Phonologische Systeme ............................................... 20
1.4   Die stenographische Mitschrift .................................... 22
1.5   Protokoll ................................................................. 24
1.6   Die Einbindung authentischer fremder Stimmen in den literarischen Diskurs ................................................... 25
1.7   Aufgaben ................................................................. 29

2.     **Das Untersuchungsfeld ‚sprechsprachliche Kommunikation'** ...................................................... 31
2.1   Kommunizieren als Sprechtätigkeit ............................... 31
2.1.1 Sprechen als Ausdruck sozialer Identität ......................... 31
2.1.2. Sprechen als Aktivität in Zeit und Raum ......................... 32
2.1.3 Flüchtigkeit und (mentale) Flüssigkeit der Rede ................ 34
2.1.4 Die ‚Ko-Präsenz' von Sprecher und Hörer ...................... 35
2.2   Mündlichkeit: Theoretische Modelle der Form und Funktion ..... 37
2.2.1 Konzeptionelle Mündlichkeit ...................................... 37
2.2.2 Die Eigenständigkeit der Sprechsprache ......................... 39
2.3   Eine modulare Sicht sprechsprachlicher Eigenschaften: Psycho-, sozio-, system- und diskurslinguistische Dimensionen ............. 44
2.4   Aufgaben ................................................................. 49

**3.** **Die Transkription als Dokumentationsgrundlage wissenschaftlicher Untersuchungen mündlicher Kommunikationsprozesse** ......................................... 51

3.1 Gegenstand und Definition der wissenschaftlichen Transkription ................................................ 52

3.2 Sprachdatenerhebung ................................................ 55

3.3 Die Rolle der Transkription im Rahmen kommunikationswissenschaftlicher Untersuchungen ............... 59

3.4 Aufgaben ................................................ 61

**4.** **‚Sage mir, wie Du sprichst und ich sage Dir, wer Du bist': Lautliche Authentizität** ................................................ 63

4.1 Die literarische Umschrift ................................................ 64

4.2 Die Transliteration ................................................ 67

4.3 Die ‚phonetische Umschrift' (IPA) ................................................ 68

4.4 Die Heidelberger Umschrift ‚PDL' (Pidgin Deutsch Lautschrift) ................................................ 75

4.5 SAMPA (Speech Assessment Methods Phonetic Alphabet) ........ 77

4.6 Vor- und Nachteile von PA, PDL und SAMPA ......................... 78

4.7 Aufgaben ................................................ 79

4.8 Anhang ................................................ 80

**5.** **Die Verschriftlichung von Diskursen und Gesprächen: Pragmatische Authentizität** ................................................ 81

5.1 Grundlagen: Anforderungen an eine technisch, theoretisch und praktisch angemessene Transkription ................................................ 81

5.2 Dimensionen eines Vergleichsrasters für Transkriptionssysteme ................................................ 90

5.2.1 Design (D) ................................................ 92

5.2.2 Redebeitrag (R) ................................................ 97

5.2.3 Verbale (sprechsprachliche-kommunikative) Einheiten (segmentale Ebene) ................................................ 98

5.2.4 Prosodische (nicht-segmentale) Phänomene ......................... 99

5.2.5 Nonverbale Ereignisse (NV) ................................................ 101

5.2.6 Kommentare (Transkribenten-Perspektive) ......................... 101

5.2.7 Extras (Symbole für Besonderheiten) ................................................ 102

5.3 Das Transkriptionsdesign der formalen Konversationsanalyse (KA) ................................................ 104

5.3.1 Forschungsparadigma und -tradition ................................................ 104

5.3.2 Was soll die Transkription leisten? ................................................ 105

5.3.3 Leitgedanken ................................................ 106

5.3.4 Darstellung der Konventionen ................................................ 106

5.3.5 Ausblick ................................................ 112

5.3.6 Anwendungen ................................................ 112

5.4    Orchestrale Interaktion: Das Partiturdesign HIAT ........... 114
5.4.1  Forschungskontext ........... 114
5.4.2  Leitgedanke und Design (Partiturschreibweise) ........... 114
5.4.3  Angaben zu Methoden und technischen Hilfsmitteln ........... 116
5.4.4  Anwendungen ........... 117
5.4.5  Darstellung der Konventionen ........... 117
5.4.6  Beispiele für ein Transkript ........... 125
5.4.7  Abschließende Bemerkungen ........... 128
5.5    Das Transkriptionsverfahren DIDA ........... 129
5.6    DT: DiskursTranskription nach Du Bois et al. (1992 u. 1993) .... 130
5.7    GAT: GesprächsAnalytisches Transkriptionssystem ........... 130
5.7.1  Kontext der Forschung ........... 130
5.7.2  Konzeptuelle Leitgedanken ........... 131
5.7.3  Darstellung der Konventionen nach GAT ........... 132
5.7.4  Würdigung ........... 140
5.7.5  Anwendung der Konventionen in GAT ........... 141
5.7.6  Transkriptbeispiel für GAT ........... 141
5.8    CHAT: Das ‚Chamäleon' unter den Trankriptionssystemen für multifunktionale Mehrebenenanalysen ........... 145
5.8.1  Zur historischen Entwicklung der Dokumentation von Spracherwerbsdaten ........... 146
5.8.2  Das CHILDES-System ........... 147
5.8.3  Die Grundstruktur eines CHAT-Transkripts ........... 148
5.8.4  Darstellung der Konventionen in CHAT ........... 150
5.8.5  Anwendung ........... 156
5.8.6  Beispiel für eine CHAT-Transkription ........... 158
5.9    Evaluation ........... 161
5.9.1  Gütekriterien ........... 161
5.9.2  Kritischer Rückblick und Perspektiven ........... 163
5.10  Aufgaben ........... 166

**6.    Die Transkription nichtverbalen Verhaltens** ........... 169
6.1    Grundlagen ........... 169
6.2    NichtVerbale TranskriptionsSysteme (NVTS) nach Art der Bezeichnung (Symbolisierung vs. Ikonisierung) ........... 170
6.3    Form der Anlage der Transkription ........... 177
6.4    Zu Prinzipien der Segmentierung des kinesischen Verhaltens ..... 179
6.5    Ein integrativer Vorschlag ........... 181
6.6    Ausblick ........... 184
6.7    Aufgaben ........... 185

**7.    Die Arbeit mit Transkriptionen und die elektronische Datenverarbeitung** ........... 187
7.1    Überblick zur Einsetzbarkeit von PCs ........... 188

7.2     Der PC als Hilfsmittel ..................................................... 189
7.2.1   Speicherung von Daten ..................................................... 189
7.2.2   Dateiformate für Tonmaterial ........................................ 190
7.3     Internet – Markt der Ideen und Projekte .......................... 191
7.4     Computerprogramme für das Erstellen und die Analyse
        von Transkripten ........................................................... 193
7.4.1   CHILDES und das Programm CLAN ............................. 193
7.4.2   HIAT und das Programm HIAT-DOS ............................ 196
7.4.3   EXMARaLDA ............................................................... 196
7.4.4   Ton und Text ................................................................ 202
7.4.5   PRAAT ......................................................................... 202
7.5     Der Weg zum Überblick oder wie ich mich auf
        dem Laufenden halte ..................................................... 204
7.5.1   Institutionen und Einrichtungen ..................................... 204
7.5.2   Ausblick ....................................................................... 205
7.6     Aufgaben ...................................................................... 207

**8.      Die Praxis des Transkribierens** ..................................... 209
8.1     Auswahl eines Trankriptionssystems .............................. 209
8.2     Voraussetzungen ........................................................... 211
8.3     Praktische Schritte zur Durchführung der Transkription ............. 214
8.4     Varia ............................................................................ 217
8.5     Envoi ............................................................................ 219
8.6     Aufgaben ...................................................................... 219

Literaturverzeichnis ................................................................. 221
Internetadressen ...................................................................... 233
Glossar .................................................................................... 236

# Vorwort

Wie werden Sie – Linguist, Soziologe oder Kommunikationsforscher – ein *homo faber* der Dokumentation alltäglicher und institutioneller Kommunikation? „Indem ich das Handwerk des Transkribierens erlerne", würde uns der fiktive, für multimediale Kommunikation aufgeschlossene moderne Sokrates antworten (und mit seiner heimlichen anglophonen PC-Phobie leise hinzufügen *‚transcription by doing'*). Wer die flüchtige und flüssige Gestalt von Gesprächen und Diskursen dauerhaft in graphische Repräsentationen verwandeln kann, hält sich und anderen den Spiegel unseres sozialen und institutionellen Kommunikationsverhaltens vor, sei nun man/frau Experte oder Laie, Beratende(r) oder Ratsuchende(r), Chef(in), Mitarbeiter(in) oder schlicht Betroffene(r). Mit einer möglichst authentischen graphischen Fixierung unserer flüchtigen Kommunikationsmodi eröffnen wir uns und anderen die Chance, uns mit unseren eigenen kommunikativen Praktiken zu konfrontieren und zu lernen, diese wirkungsvoller, angemessener, gerechter etc. zu gestalten, kurz: ihre Dokumentation für eine Verbesserung der Praxis zu nutzen.

Es gibt gute Gründe, ein *homo faber* der Transkription zu werden.

Der soziale Druck, Formen und Funktionen unseres Verhaltens anderen gegenüber zu legitimieren (oder legitimieren zu müssen), ist in der individualisierten Kommunikationsgesellschaft des 21. Jh.s gewachsen. Missverständnisse wollen behoben, Verstöße gegen soziale Konventionen belegt, das eigene wie das fremde Image im Sinne ausgewogener und effizienter Kommunikationsverhältnisse bedacht sein – sonst bewegt sich nichts. Veränderungen in den alltäglichen kommunikativen Praktiken müssen aber, wollen sie erfolgreich sein, gezielt auf ‚realexistierende' Beobachtungen gegründet sein. Eine grundlegende, zunehmend an Bedeutung gewinnende Grundlage einer dokumentarischen Methode der Beobachtung (vgl. Bohnsack/Nentwig-Gesemann/Nohl 2001) stellt heutzutage das technisch weit fortgeschrittene Handwerk der Verschriftlichung dar. Daher sind auch Einführungen in die *Theorie und Praxis des Transkribierens* in den gesellschaftswissenschaftlichen Fächern Linguistik, Soziologie, (Sozial-) Psychologie und Kommunikationswissenschaft heute viel gefragt.

*Ziel* dieses Buches ist es, das *Handwerk der Verschriftlichung* mündlicher Rede im Deutschen zu vermitteln und die Techniken bereit zu stellen, sich dieses autodidaktisch oder in Kursen/Seminaren anzueignen. In diesem allgemeinen Sinne richtet es sich an alle, die die Methode der ‚Verschriftlichung' kommunikativen Verhaltens zu praktischen oder Forschungszwecken erlernen wollen.

Zielgruppen dieses Buches sind somit

– alle in öffentlichen Bereichen Beschäftigte, die die Kommunikation zwischen Betroffenen mit Hilfe von Verhaltensdokumentationen verbessern wollen (z.b. ÄrztInnen, TherapeutInnen, ManagerInnen, PersonalchefInnen, LehrerInnen, DozentInnen...)

– SprachwissenschaftlerInnen, für die das Beherrschen des Handwerks der Transkription heutzutage Voraussetzung ist für
(a) Diskurs- und Konversationsanalyse,
(b) die auf Korpusbelege gegründete Grammatikschreibung,
(c) die soziolinguistische Beschreibung von Varietäten im sozialen Kontext,
(d) die Dokumentation von Spracherwerbsstadien und von nicht-muttersprachlichem Kommunikationsverhalten (interkulturelle Kommunikation) und
(e) die gebrauchs- und systembezogene Beschreibung der Sprachen dieser Welt (Sprachtypologie), um nur die wichtigsten der betroffenen Gebiete zu benennen;

– (Sprach-)SoziologInnen und SozialpsychologInnen, die die Mikroebene sozialen Verhaltens auf der Ebene interaktiver Prozesse im Alltag und in Institutionen erfassen und die der ‚kommunikativen Kompetenz' zugrunde liegenden kommunikativen Praktiken in ihrer sozialen Dynamik beschreiben und erklären sollen (vgl. auch Luckmann (1986));

– KommunikationswissenschaftlerInnen, die die fortwährenden Veränderungen unserer multimedialen Kommunikationskultur (TV, Handy, E-mail, Internet etc.) untersuchen wollen.

Das Handwerk der Sprach- und Kommunikationsforscher ist das Medium der mündlichen Rede, der Gegenstand dieses Handwerks die Materialisierung der das soziale Leben verkörpernden kulturellen Spielarten des Sprachgebrauchs. Die moderne Informationstechnologie eröffnet uns heute ein hocheffizientes Feld schneller und expliziter Verarbeitung aller Arten von Daten. Als forschende DozentInnen oder Laien sitzen wir heute nicht mehr isoliert in den Gelehrtenzimmern und verbringen Jahre mit dem Auswerten von Tausenden von Karteikarten. Mit EDV erstellte Verhaltensdokumentationen erlauben eine gründliche und sorgfältige Beschreibung und Erklärung von Kommunikation. Theorien ohne Korpusbelegungen sind heute nicht mehr denkbar.

Wenn in diesem Buch das Hauptgewicht auf Diskurstranskriptionen gelegt wird, so entspricht dies einem breiten Interesse der Kommunikationswissenschaften, eine Art modernen *homo faber communicationis* auszubilden, der/die die Komplexität des formalen und funktionalen Verhaltens in Gesprächen auf mehreren Ebenen erfassen soll. Der phonetischen Transkription, die eine wichtige Grundlage für die korpusbezogene Grammatikschreibung darstellt, haben wir jedoch in Kap. 4 einen wichtigen Platz eingeräumt; im Übrigen werden die (der Phonetik zugerechneten) Phänomene der suprasegmentalen Eigenschaften der Rede (Prosodie) in Kap. 5 behandelt.

Dieses Buch ist als *Lehrbuch* konzipiert. Es soll umfassend über alle praktischen, theoretischen und methodischen Aspekte des Transkribierens informieren.[1] Der Stand unseres Wissens zum Thema Transkription wird so vermittelt, dass über die zentralen und zugänglichen Quellen des Wissens, seien es nun Handbücher, CDs oder das Internet, informiert wird[2].

Nun zum Inhalt des Buches. Nur solche Transkriptionssysteme werden in diesem Buch berücksichtigt, die in den letzten 20 Jahren bei der Erstellung von Korpora gesprochener Sprache im deutschsprachigen Raum benutzt wurden und eine überregionale Bedeutung haben. Diese Systeme werden im Einzelnen in Kapitel 5 vorgestellt. Bedeutende andere Transkriptionssysteme wurden in der anglophonen korpuslinguistischen Forschung entwickelt (unter dem Titel „Notation systems in spoken language corpora" findet sich ein Überblick in Lenk 1999 und O'Connell/Kowal (1994)).

Kapitel 1 befasst sich propädeutisch mit den Kulturtechniken des Verschriftlichens mündlicher Rede. Die Entwicklung von Schriftsystemen spielt hier natürlich eine zentrale Rolle.

Kapitel 2 vermittelt einen gerafften Überblick über den Stand unseres Wissens auf dem Gebiet der Untersuchung ‚sprechsprachlicher Kommunikation'. Auf der Grundlage dieser Ausführungen kann in Kap. 3 der Gegenstand der Transkription definiert und in den Kontext des Forschungsprozesses gestellt werden. Kap. 4 widmet sich dann der Verschriftlichung der lautlichen Ausdrucksseite, insbesondere dem System der IPA. Die in Kap. 5 vorgestellten ‚verbalen' Diskurstranskriptionen stellen das ‚handwerkliche' Herzstück des Buches dar; sie werden durch die Erläuterung nicht-verbaler Notationssysteme in Kap. 6 ergänzt. Kap. 7 informiert über den neuesten Stand des EDV-gestützten Transkribierens. Leistungen und Eigenschaften der aktuellen Programme werden vorgestellt sowie der Zugang zu ihnen im Internet. Im Rahmen dieses Buches können wir natürlich keine Anleitung zur Benutzung von PC-Programmen zum Transkribieren geben. Die einschlägigen Informationen hierzu finden sich ohnehin in den Handbüchern der Programme (siehe Kap. 7). Mit Kap. 8 kehre ich abschließend zur Praxis des Transkribierens zurück, die in den Kapiteln 4 bis 7 immer wieder angesprochen wird.

Bei den *Aufgaben* werden zwei Schwerpunkte gesetzt. Ein Teil der Fragen soll das Verständnis von Konzepten und Methoden kontrollieren. Es wird Prob-

---

1    Es sei ausdrücklich betont, dass dieses Buch *keine* Einführung in die Methoden der Korpuslinguistik darstellt (siehe Scherer 2007). Sofern Transkription für diese relevant ist, finden sie Erwähnung (siehe Kapitel 5, 7 und 8).

2    Unabhängig von den Namen zur Zeit bestehender Programme und einzelner technischer Verfahren wird das Handwerkszeug an die Hand gegeben, sich im Internet die neuesten Informationen mit den entsprechenden Termini und Titeln selber zu suchen.

lembewusstsein verlangt, eine angemessene Verarbeitung des Wissensstoffes, keine genau festgelegte (Schulaufgaben-)Lösung. Der andere Teil der Aufgaben bezieht sich auf die Anwendung des Vorgestellten und Erläuterten. Die Transkriptionsverfahren sollen praktiziert, die Unterschiede zwischen ihnen über Anwendungen augenfällig werden. Um im Buch genug Platz für die Vermittlung des Wissensstoffes zu haben und allen, die an den Problemlösungen der Aufgaben wirklich interessiert sind, die Möglichkeit zu geben, Lösungen und Kommentare auf angemessenem Raum mit einschlägigem Material dargestellt zu finden, habe ich die in den Aufgaben zu bearbeitenden Materialien (Transkriptionen, Tonbandaufnahmen) und die Aufgabenlösungen auf meine Homepage (<http://www.personal.geisteswissenschaften.fu-berlin.de/nordit/ LINK:Buch Transkription>) ins Internet gestellt. So erliegen die Studierenden nicht der Versuchung, mal schnell im Anhang das Ergebnis nachzuschauen – es muss eine Anstrengung unternommen werden, die Lösungen im Internet aufzusuchen.

Im *Literaturverzeichnis* finden sich nur im Buch zitierte Angaben, die als Bücher, Handbuchartikel oder Einzelveröffentlichungen breite Informationen im Sinn informativer ‚Nachschlagquellen' bieten.

Das *Register* dient der praktischen Auffindbarkeit wichtiger terminologischer Schlüsselwörter.

Ich schulde vielen Kolleginnen und Kollegen Dank für Rat und Hinweise.

Ohne die kompetente Unterstützung durch Ralf Heuer-Meuthrath wäre das Kap. 7 nicht entstanden. Ralfs Kenntnisse sind die *covert agenda* dieses Kapitels.

Kathrin Kirsch, Bianca Pergande, Jenny Dallmann und insbesondere Sonja Seidel haben mich bei der Literaturverarbeitung, den Korrekturen, dem Bibliographieren und der Manuskripterstellung tatkräftig unterstützt. Dafür sei ihnen herzlich gedankt!

Mit Rat und Tat, Kommentaren, Transkriptbeispielen, Literaturhinweisen, PC-Programmen, technischen Informationen, die zur Verbesserung der vorliegenden Buchversion geführt haben, waren mir in verschiedener Hinsicht behilflich: Nils Bahlo, Ursula Bredel (Universität Köln), Gisela Brünner (Universität Dortmund), Angelika Redder und Konrad Ehlich (Universität München), Wilfried Schütte und Werner Kallmeyer (IDS, Mannheim), Peter Auer und Karin Birkner (Universität Freiburg i. Brg.), Elizabeth Couper-Kuhlen (Universität Potsdam), Irene Forsthoffer (FU Berlin), Sven Sager (Universität Hamburg), John Du Bois und Stephan Schütze-Coburn (Santa Barbara, USA).

Ihnen allen sei herzlich für die Unterstützung gedankt, Unzulänglichkeiten und Fehler fallen ausschließlich in meine Verantwortung!

Schließlich möchte ich den Studierenden des Winter- und Sommersemesters 2000/2001 und 2006 bis 2008 für viele praktische Hinweise und Kommentare zu Transkriptionssystemen und Aufgaben dazu im Rahmen von Lehrveranstaltungen zum ‚Transkribieren' danken.

Für die dritte Auflage habe ich vor allem die Kapitel 5, 6 und 7 neu bearbeitet. Die Darstellung der Transkriptionssysteme wurde nach ihrer Präsenz und aktuellen Anwendung in der Forschung gewichtet. Ansätze oder Verfahren, die aufgrund neuer technischer Entwicklungen überholt sind oder – aus welchen Gründen auch immer – im deutschsprachigen Forschungskontext nicht (mehr) praktiziert werden, wurden nicht mehr berücksichtigt. Dagegen werden neue Entwicklungen einbezogen und ständigen Hinweise auf neue Trends und technische Neuerungen gegeben.

# 1. Kulturtechniken der Verdauerung flüchtiger mündlicher Rede

Lange bevor sich im 20. Jahrhundert die Transkription als sprachwissenschaftliche Arbeitsgrundlage etablierte, haben Gesellschaften und Kulturgemeinschaften von der Antike bis zur Neuzeit symbolische Modi der Verdauerung mündlicher Rede durch langfristige Fixierung von Information(en) auf unterschiedliche Materialien entwickelt. Die kulturspezifischen Ausprägungen dieser symbolischen Repräsentationen (alphabetische und nicht-alphabetische Verschriftlichungsarten) bezeichnen wir als ,Kulturtechniken'. Die weitaus bedeutendsten sind die *Schriftsysteme,* durch die ein ungeheures kulturelles Erbe gespeichert wurde und wird. Verschriftlichungen konnten in der Regel situationsentbunden unter optimaler Kontrolle der Formulierungen mit einem großzügigen Zeitbudget für die Bearbeitung bewerkstelligt werden. Allerdings entstand im Laufe der Geschichte auch das Bedürfnis, handlungsrelevante Äußerungen in institutionellen Kontexten authentisch als Entscheidungen, Handlungsanweisungen etc. für die Gesellschaft, die Betroffenen, die Nachkommen etc. zu dokumentieren. Zwei dieser Verschriftlichungstechniken, das *Protokoll* und die *Stenographie,* werden im Anschluss an ein Kurzporträt der *Schriftentwicklung* vorgestellt.

## 1.1 Warum wir Stimmen gerne ,schwarz auf weiß' sehen möchten: Einladung zur Reflexion

,Sprechen' lässt sich nicht festhalten – das scheint die Menschen seit eh und je beschäftigt zu haben. ,Sehen' eröffnet die Möglichkeit, etwas ,dauerhaft' sinnlich wahrnehmen zu können, während ,Hören' nur flüchtige Übergangsqualitäten beinhaltet. Dass sich uns Mitteilungen umso mehr einprägen, wenn wir sie auch sehen, ist nicht erst im Zeitalter der Multimedia evident. Im Kontext der alttestamentlichen Szenen des jüdischen Volkes am Berg Sinai, zu dessen Füßen Gott Moses und dem jüdischen Volk die Gesetze verkündet, heißt es in der lateinischen Originalfassung (*Vulgata*) 2. Moses 20, Vers 18 „populus videbat voces" – *das Volk sah Stimmen.* Das Bedürfnis, besonders bedeutende mündliche Mitteilungen in den ,visuellen' Modus der sinnlichen

Wahrnehmung *dauerhaft eingebrannt* zu sehen, scheint die Autoren des alten Testamentes zu dieser expressiven Formulierung inspiriert zu haben.

Die Literatur beschäftigt das flüchtige Wort naturgemäß besonders – sie ist ja das *kollektive Gedächtnis* unseres Kulturgutes. Rabelais berichtet Ende des 16. Jahrhunderts, wie Pantagruel, Gargantua, Panurge und die Schiffsmannschaft auf ihrer abenteuerlichen Weltumsegelung in das Eismeer eintreten; ohne etwas zu sehen, hören sie Stimmengewirr und Kampflärm in der Luft[1]. Rabelais lässt den Steuermann erläutern, dass es am „Anfang vorigen Winters [...] eine große, blutige Schlacht" im Eismeer gegeben habe.

> „Alle Worte und alles Geschrei der Männer und Weiber, [...] kurz, der ganze Lärm der Schlacht gefror damals. Jetzt, wo der harte Winter vorüber ist, taut das nun alles bei dem warmen, milden Wetter wieder auf und wird hörbar." – „Bei Gott", sagte Panurg, „ich glaube, so ist es. Aber könnten wir nicht auch etwas davon zu sehen kriegen? [...]" „Seht, seht", sagte Pantagruel, „da sind noch einige nicht aufgetaut." Damit warf er uns ein paar Hände voll gefrorner Worte aufs Deck. Sie sahen ganz wie buntgefärbte Zuckerkügelchen aus. Es waren rote, grüne, azurblaue, sandfarbene, auch vergoldete Worte, und nachdem wir sie wie Schnee in den Händen hatten auftauen lassen, vernahmen wir sie auch, verstanden aber nichts, denn sie waren alle aus einer barbarischen Sprache."

Die Worte in dauerhaft erstarrter Gestalt (eingefroren) und noch dazu in verschiedenen Farben (Metapher für die verschiedenen Bedeutungsfunktionen und ihren lautlichen Klang) zu ‚sehen', macht das ‚Flüchtige' verfügbar und das *Auftauen* die zeitlich zurückliegende Rede wieder erlebbar.

Die Flüchtigkeit der mündlichen Rede gilt auch als Metapher für die Flüchtigkeit der ‚wahren', ‚guten' und ‚ewigen' Ideen. Welche Probleme könnten junge Leute nicht vermeiden, wenn sie die prophetischen, wahren Lehren der Älteren zum richtigen Zeitpunkt behalten und ernst genommen hätten! Rabelais bringt es wieder auf den Punkt:

> Ferner sagt Antiphanes, Platons Lehre sei den Worten ähnlich, welche in gewissen Gegenden, zu strenger Winterszeit gesprochen, in der Kälte erstarrten und gefrören, so daß sie nicht gehört würden. Was Platon die Jungen lehre, werde von diesen erst halbwegs verstanden werden, wenn sie alt geworden seien. Also muß man nachforschen und untersuchen, ob dies nicht vielleicht die Gegend ist, wo die Worte gefrieren.[2]

Wie kann ich die Weisheit aus der Alltagsphilosophie der flüchtigen Situation entbinden und dauerhaft zur Optimierung des Handelns nutzbar machen? Rabelais' Idee (und die noch der Frühen Neuzeit wohl allgemein) ist einfach: Wenn man die Wörter einfrieren könnte, müsste man sie genau zu jenem Zeitpunkt auftauen, zu dem jene, die die Botschaften WIRKLICH hören und nutzen wollen, innerlich bereit sind, sie zu verarbeiten. Die Metaphern zielen wohl eher auf den rechten Moment des Zuhörens ab, jener Moment, in dem

---

1    Rabelais: Gargantua und Pantagruel. Hrsg. H. und E. Heintze, Frankfurt a.M. und Leipzig 1994, S. 655f.
2    Ebd., S. 655.

Verarbeitung stattfindet und Botschaften ihre Wirkung nach innen antreten können. Das mündlich Vorgetragene aber schriftlich niederzulegen, löst das Problem der Verdauerung allerdings grundsätzlich. Daher ist das Schriftsystem wohl die bedeutendste Kulturtechnik einer Gesellschaft, um Informationen für das kollektive Gedächtnis dauerhaft zu speichern.

## 1.2 Kollektives Gedächtnis, Authentizität und Verbindlichkeit

Das flüchtige Wort festzuhalten und damit einen Zugriff auf die Konventionalität und Gültigkeit von Sprechhandlungen und institutionellen diskursiven Bedeutungen im Rahmen von Gruppen und Gesellschaften zu haben, ist der historisch überlieferte und heute noch aktuelle Zweck der Verschriftlichung des Gesprochenen. Je nach Interesse an dem authentisch Geäußerten können u.a. folgende Motivationen für und kommunikative Funktionen von Verschriftlichung unterschieden werden (siehe für viele weitere grundlegende Größen Ehlich 1994):

- Äußerungen/Diskurse auf ihre Gültigkeit, ihren Wahrheitswert hin zu prüfen und Kontinuität im konstruktiven Handeln herzustellen;
- wichtige Informationen in verbindlicher Weise an alle diejenigen weiterzuleiten, die in einer bestimmten Situation/zu einer gegebenen Zeit nicht anwesend waren und die verhandelten/beschlossenen Sachverhalte authentisch zur Kenntnis nehmen möchten;
- Speicherung von Wissen zur Bedürfnisbefriedigung von Individuen, Gruppen, Gesellschaften und Staaten (u.a.);
- authentische Wiedergabe mündlicher Äußerungen im Rahmen institutioneller Aktivitäten als Ausdruck real existierender sozialer und Statusrollen (Dokumentation wahrhaftigen verbalen und interaktiven Geschehens auf der Folie gesellschaftlich gültiger Regeln);
- materielle Grundlage des Erinnerns und der Erinnerung: Das Vergangene und Vergängliche kann wiedererlebt, möglicherweise für neue Sachverhalte produktiv erschlossen werden;
- wissenschaftliche Erkenntnisse zum gesellschaftlichen und praktischen Nutzen: Z.B. kann sprachliches Verhalten in Synchronisation mit nichtsprachlichem wissenschaftlich dokumentiert und in seinen individuellen und sozialen Auswirkungen auf das menschliche Handeln zum Zwecke der Optimierung des Kommunikationserfolgs und der Minimierung von Störungen untersucht werden (vgl. Kap. 3).

Die sichtbare Verschriftlichung des Gedachten und mündlich Geäußerten entspricht dem menschlichen Bedürfnis, schnell Gesagtes mit Zeitverzögerung kritisch zu prüfen oder in Handeln umzusetzen, Erinnerungswürdiges und für zukünftiges Handeln Relevantes im kollektiven Gedächtnis präsent zu halten und kollektiv zu kontrollieren, Wissen unterschiedlichster Art zum Nutzen aller zu speichern.

*Transkriptionen* bedienen sich, wie wir in Kap. 4 und 5 sehen werden, der traditionellen, standardorthographischen Schriftsysteme der mit dem lateinischen Alphabet verbundenen meisten europäischen Sprachen. Im Folgenden wollen wir einen kurzen Blick auf die Entwicklung und Eigenarten von Schriftsystemen werfen.

## 1.3 Schrift und Schriftlichkeit[3]

‚Schriften' (symbolische Darstellungsweisen (sprech)sprachlicher Äußerungen) sind nach der *Cambridge Enzyklopädie der Sprache* institutionalisierte Systeme von Zeichen, die von Gesellschaftsmitgliedern nach allgemein gültigen Standards verwendet und verstanden werden (Crystal 1993: 196). ‚Schriftsysteme' sind in diesem Sinne standardisierte, konventionelle und hochnormierte Vorschriften für den Gebrauch (nicht-)phonologischer Systeme zur schriftlichen Wiedergabe von Mitteilungen. Wissen kollektiv zu speichern und damit dauerhaft nutzbar zu machen, war schon früh eine manifeste Antriebskraft in der Geschichte der menschlichen Entwicklung. „Schriftsysteme haben sich wohl unabhängig voneinander zu verschiedenen Zeiten in verschiedenen Teilen der Erde (Mesopotamien, China, Mittelamerika usw.) entwickelt" (ebd.). Die frühesten Dokumente konventionalisierter schriftlicher Symbole finden sich auf Tontafeln im Nahen Osten und in Südosteuropa um ca. 3500 v. Chr. Im Ufergebiet des Euphrat und Tigris (Irak, Iran) wurden sumerische Tontafeln gefunden, die Landverkäufe, geschäftliche Transaktionen und Akte der Steuerbuchhaltung dokumentieren.

Schriftsysteme werden heute nach der Art der Beziehung von Lauten einer Einzelsprache zu den sie in der Schrift repräsentierenden Symbolen unterschieden; statt also ‚graphetische'[4] Faktoren (Größe, Stil, Zeichenanordnung und Schreibrichtung) bezüglich einer bestimmten Schrift zu unterscheiden, trennt man zunächst *phonologische Systeme* (eindeutige Zuordnung von Graphem und Phonem) von *nicht-phonologischen Systemen* (dem Wort/der Bedeutung/dem Ausdruck entspricht eine bildähnliche Form oder eine in Schriftzeichen wiedergegebene abstrakte Idee).

---

3    Einen Überblick über Formen und Funktionen von Schrift und Schriftlichkeit geben Haarmann (1998) und Günther & Ludwig (1994/96).

4    Im Unterschied zu ‚graphemischen' Eigenschaften (‚-etisch' = Ebene der Vielzahl der Einzelerscheinungen; ‚-emisch' = Ebene der Erscheinungen, denen *strukturell* in einem Zeichensystem Bedeutungen zukommen).

## 1.3.1 Nicht-phonologische Systeme

*Piktographie*
Bildhafte symbolische Repräsentationen bezeichnet man als ‚Piktogramme', die Schreibweise wird ‚Piktographie' genannt. „Grapheme haben die Form von Bildern, genannt Piktogramme: Wellenlinien bezeichnen etwa das Meer oder einen Fluß, Mensch und Tier sind durch entsprechende Umrisse dargestellt" (Crystal 1993: 197). So hat das Zeichen Λ im Chinesischen die Bedeutung „Mensch". Das Zeichen lässt noch die prototypische (zeichnerische) Abbildung des „Menschen" schlechthin erahnen: Ursprünglich war das Strichmännchen mit Kopf, Armen, Leib und zwei Beinen versehen. Im Laufe der breiten gesellschaftlichen Nutzung der Piktogramme wurde das Zeichen im Schriftzug „ausgewaschen", d.h. zu einem einfachen Symbol reduziert (Stilisierung, Abstraktion im Laufe der Gebrauchsgeschichte). Die Bedeutung dieser Zeichen ergibt sich aus ihrem Symbolwert. Piktogramme wurden bereits in Ägypten und Mesopotamien um 3000 v. Chr., in China um etwa 1500 v. Chr. gefunden.

*Problem*: Wenn der Kontext der Symbolbenutzung fehlt, sind verschiedene Möglichkeiten der Bedeutung gegeben, die nur schwer disambiguiert werden können.

*Ideographie*
*Ideogramme*, im Allgemeinen die Weiterentwicklung von Piktogrammen, geben eine Idee in abstrakter oder konventioneller Bedeutung wieder. Die meisten ideographischen Repräsentationen nutzen nonverbale Symbole in Referenz auf Vorstellungen oder Dinge, in eingeschränktem Maße aber auch alphabetisch bestimmte Wörter oder Laute. Die in der Frühzeit gefundenen sumerischen, ägyptischen, hethitischen Schriften stellen in ihrer weiteren Entwicklung eine Mischung aus piktographischen, ideographischen und sprachlichen Elementen dar. Neben der Keilschrift (s. ebd.) waren die ägyptischen Hieroglyphen eine typische ideographische Schrift.

*Ägyptische Hieroglyphen*
Um 3000 v. Chr. wurden in Tempeln, Gräbern und anderen „heiligen" Orten in Ägypten „heilige Schriftzeichen" benutzt, die man *Hieroglyphen (Hieroglyphik Grámmata)* nannte. Auch bei den Maja oder den Hethitern tauchten ähnliche Systeme auf. Da jedoch das ägyptische System das ausgereifteste war, wird dieses meist als Prototyp der Hieroglyphen angeführt. Dieses System der Hieroglyphen wurde drei Jahrtausende lang benutzt, bis es von dem *koptischen* System abgelöst wurde. Hieroglyphen wurden von rechts nach links geschrieben und bestehen in der Regel aus drei Arten von Symbolen:

– *Ideogramme* für Dinge der materiellen Welt oder für abstrakte Begriffe
– *Phonogramme*, die einen oder mehrere Konsonanten repräsentieren

– *Determinative*, d.h. Zeichen [die neben andere Grapheme gestellt werden] ohne phonetischen Wert mit einer restriktiven Funktion, d.h. sie schränken die Bedeutung des Symbols auf eindeutige Fälle ein und disambiguieren somit.

Häufig finden sich Hieroglyphen aus zwei Elementen: Einem ideographischen und einem phonetischen Symbol („Bild" und Aussprache).

*Logographie*
„Bei logographischen Schriftsystemen stehen die Grapheme für Wörter, und die Symbole heißen *Logogramme* oder *Wortzeichen*" (ebd.: 200). Die japanische Schrift *Kanji* sowie das Chinesische gelten als Beispiele für Logogramme. Ein logographisches System, im Falle des Chinesischen aus Piktogrammen und Ideogrammen entwickelt, umfasst mehrere tausend Grapheme. Das große chinesische Wörterbuch von K'ang Hsi (1662-1722) enthält ca. 50.000 Zeichen (die meisten davon sind jedoch veraltet und recht speziell)[5]. Um das Chinesische angemessen sprechen und verstehen zu können, muss man etwa 2000 Zeichen beherrschen[6].

Graphische und tabellenartige Darstellungen einzelner Schriftsysteme finden sich in Crystal (1993: 196-207).


### 1.3.2 Phonologische Systeme

Die ältesten phonologischen Systeme sind die *Silbenschriften*. Jedes Graphem entspricht einer gesprochenen Silbe, welche in der Regel aus einem Vokal-Konsonant-Paar besteht. Bereits das Mykenische war eine Silbenschrift, ein besonders gut erhaltenes Beispiel der Antike ist die im 6. bis 3. Jh. v. Chr. auf Zypern benutzte Schrift. Erst Ende des 19. Jhs. gelang es, das zyprische Silbenalphabet zu entziffern. Die zyprische Silbenschrift, der Katakana (jap. Silbenschrift: 75 Grapheme) und die Cherokee (1821 von dem Halbindianer Sequoya entwickelt: 85 Zeichen) finden sich u.a. in Crystal (1993: 201).

*Alphabetschriften*
Die Alphabetschriften gelten als die ökonomischsten und anpassungsfähigsten aller Schriftsysteme, da ein direkter Zusammenhang zwischen Graphemen und

---

5    Das japanische Kultusministerium schreibt die Kenntnis von 1850 Zeichen vor, die im Alltag gebraucht würden.

6    Lässt sich das Chinesische wie lateinische Alphabetschriften transkribieren? Das Chinesische wird durch ein komplexes System von Piktogrammen und Logogrammen schriftlich wiedergegeben, eine Transkription für das gesprochene Chinesisch gibt es nicht, es sei denn, man würde das Wiedergabesystem *Pinyin* durch Zusätze und Veränderungen für eine Transkription arbeitsfähig machen (die Dissertation zum Entwurf eines Transkriptionssystems für das geprochene Chinesisch fehlt noch).

Phonemen besteht. Statt mehrerer tausend Logogramme oder mehrerer Dutzend Silben braucht ein Alphabetschriftsystem nur eine relativ geringe Anzahl von Einheiten, die in den unterschiedlichsten Kombinationen für Bedeutungsdifferenzierungen verwendet werden können. Die meisten Alphabete der Sprachen der Welt umfassen zwischen 20 und 30 Symbole; je nach Komplexität des Lautsystems sind die Alphabete kürzer oder länger. Das in Korea verwendete Khmer-Alphabet ist mit 74 Symbolen wohl das längste, das auf den Salomon-Inseln verwendete Rotokas-Alphabet ist mit 11 Buchstaben wohl mit Abstand das kürzeste. Keine der existierenden Alphabete erfüllt die Bedingung, perfekte Entsprechungen zwischen Laut und Graphem zu realisieren. Die Annäherungen an eine optimale Entsprechung zwischen Laut und Schriftzeichen lassen sich auf einer Skala ordnen: Das Spanische und Finnische kommen dem Ideal am nächsten, Englisch und Gälisch, auf der anderen Seite, weisen zahlreiche Unregelmäßigkeiten auf. Im übrigen gilt das Gesetz: Je weniger Laut und Schriftzeichen einander entsprechen, desto größer ist die Zahl der Rechtschreiberegeln, die Schulkinder lernen müssen. Nicht alle alphabetischen Systeme erfassen das Lautsystem der gesprochenen Sprache vollständig. Für das Aramäische, Hebräische und Arabische gilt z.B., dass nur die Konsonantenphoneme graphemisch repräsentiert sind, die Kennzeichnung der Vokale aber freigestellt bleibt (diakritische Zeichen). Bei dem indischen Alphabet findet sich hinter den Konsonanten ein diakritisches Zeichen, das die Vokalqualität vorschreibt.

Das früheste uns erhaltene Dokument einer Alphabetschrift ist das nordsemitische System, das sich um 1700 v. Chr. in Palästina und Syrien entwickelte und aus 22 Konsonanten bestand. Die arabischen, phönizischen und hebräischen Alphabete gingen aus dem nordsemitischen hervor. Etwa ab 1000 v. Chr. gilt das phönizische Alphabet als Modell für das Alphabet der Griechen, die für die Vokale Buchstaben einführten. Offenbar hat das griechische System Pate für das etruskische Alphabet (um 800 v. Chr.) gestanden, aus dem sich schließlich das frühlateinische und in der Folge alle westlichen Alphabete entwickelten.[7]

*Formale Kontraste in alphabetischen Systemen*
Die Alphabetschrift erlaubt die Repräsentation des Geschriebenen auf recht unterschiedliche Weise:

– *Rechtschreibung*: Wörter werden aufgrund einer korrekten Graphemfolge identifiziert. Diese Regeln müssen als Voraussetzungen von Schreiben und Lesen früh in der Schule erlernt werden. Um „Authentizität" für soziale Stile, Dialekte und andere Varietäten der gesprochenen Sprache zum Ausdruck bringen zu können, finden sich Besonderheiten in der graphemischen Wiedergabe, die man auch *Transliteration* nennt (s. 4.2).

---

7 Viele Beispiele, Tabellen, Übersichten zu Schriftsystemen finden sich in Crystal (1993: 196ff.), in besonders schöner und breiter Ausführung in Haarmann (1998).

- *Sonderzeichen*: Wiederkehrende Bedeutungen werden oft als Logo-gramme wiedergegeben, z.B. +, @, $, & etc. Darüber hinaus verweisen einige Logogramme auf mehr als ein Wort: ✂ = „hier abtrennen", ☎ = Hinweis auf eine Telefonnummer oder † = Ableben eines Menschen.
- *Abkürzungen*: Sie gehören zum Standardrepertoire einer jeden alphabeti-sierten und geschriebenen Sprache. Anredeform und Titel werden meist abgekürzt (Hr., Dr., Fr., Fa. etc.), auch Akronyme wie USA, OECD, NATO etc. Eine Reihe von Abkürzungen stammen aus dem *Lateini-schen*, z.B. ‚i.e.‘ = *id est* oder ‚etc.‘ = *et cetera*. Während man Abkür-zungen wie NATO wie ein Wort ausspricht, werden solche Abkürzungen wie der Titel „Dr." im vollen Wortlaut ausgesprochen („Doktor").
- *Graphische Gegensätze*: Die Markierung der Worte durch (i) unter-schiedliche Farben, (ii) Unterstreichen, (iii) Gesperrtsetzen, (iv) Kursiv- oder Fettdruck hebt bestimmte Verwendungsweisen von Wörtern hervor, z.B. Schlüsselbegriffe, fokussierte Passagen, zitierte Äußerungen etc. Ähnliches kann auch die *Schriftart* des Alphabets (Arial, Courier, Times New Roman etc.) zum Ausdruck bringen.
- *Zeichensetzung*: Mit den Gliederungselementen der Zeichensetzung sol-len Rhythmus und Prosodie der gesprochenen Sprache in der schriftli-chen Fixierung weiterleben. Wesentliche Möglichkeiten der Raumauf-teilung und Zeichensetzung sind: der Abstand, der Punkt, das Semiko-lon, der Doppelpunkt, das Komma, runde und eckige Klammern, der Gedankenstrich, die Anführungszeichen („Gänsefüßchen") und der Bin-destrich. Bedeutungstragende Zeichen sind: Fragezeichen, Ausrufezei-chen und Auslassungszeichen[8].

## 1.4 Die stenographische Mitschrift

*Stenographie*, ein aus dem Lateinischen und Griechischen stammender Be-griff zur Bezeichnung einer ‚Engschrift‘, heute häufig als ‚Kurzschrift‘ be-zeichnet, ist eine aus einfachen Zeichen gebildete Schrift, die schneller als die traditionelle ‚Langschrift‘ geschrieben werden kann.[9] „Eine moderne Ste-nographie ist dem Wesen nach eine Buchstabenschrift, enthält aber Elemente der Silbenschrift und Wortschrift (festgelegte ‚Kürzel‘, ‚Sigel‘). Zusätzliche Kürze wird dadurch gewonnen, dass bestimmte Laute oder Lautgruppen sym-bolisiert oder weggelassen werden" (*Brockhaus*, [19]1986ff., „St"). Die Steno-graphie fand breite Verwendung bei Journalisten, Gerichtsprotokollanten und Bürobeschäftigten, vor allem in der ersten Hälfte des 20. Jh.s. Allerdings wurde

---

8  Einzelheiten finden sich im Duden [7]2005, Der Buchstabe und die Schriftstruktur des Wortes, 61-94, bzw. in Crystal 1993: 205ff.
9  Veraltete bzw. historische Begriffe sind ‚Tachygraphie‘ (Schnellschrift) und ‚Brachy-graphie‘ (Kurzschrift).

sie in den letzten Jahren durch das Diktiergerät (das Tonbandgerät schlechthin) in den Hintergrund gedrängt. „Für die Stenographie gibt es drei wesentliche Anwendungsbereiche: (1) ‚Notizschrift' für private Aufzeichnungen, z.B. bei Vorträgen, Vorlesungen, zum Entwerfen von Reden, Aufsätzen u.a. (‚Konzeptschrift'); (2) ‚Berufsschrift' für Telefonnotizen, Protokolle u.a., zum Notieren von Anweisungen, zur Vorbereitung von Tonbandaufnahmen, zum Mitschreiben bei Verhandlungen, zur Aufnahme von Diktaten; (3) ‚Verhandlungsstenographie' (‚Redeschrift', ‚Debattenschrift') zur wörtlichen Aufnahme von Reden in Parlamenten, bei Kongressen, Versammlungen. Man unterscheidet geometrische und kursive Stenographiesysteme. Geometrische Systeme reihen Striche, Bögen und Kreise verschiedener Größe und Stellung aneinander; bei kursiven Systemen haben die Abstriche i.d.R. eine einheitliche Schreibrichtung (wie in der Langschrift)." (*Brockhaus,* [19]1986ff., „St"). Die Geschichte der *Stenographie* ist auch die Geschichte der vorneuzeitlichen Transkription – sie ist die historische Antwort auf die Bedürfnisse der Menschen seit der Antike, das flüchtige Wort medial zu verdauern, um seine Gültigkeit überprüfbar und seine Bedeutung in unterschiedlichen Wissensspeichern/Archiven zeitlos verfügbar zu machen (vgl. hierzu Jäger und Stanitzek 2002).

Das älteste Dokument der ‚Schnellschrift' (Tachygraphie) stammt von Xenophon, der auf diese Weise die Memoiren des Sokrates aufzeichnete. Im Jahre 63 v. Chr. erfand Marcus Tullius Tiro ein System zur Verschriftlichung der Reden Ciceros, das sich über 1000 Jahre reger Verwendung erfreute. Sowohl Julius Cäsar als auch andere berühmte Kaiser und Politiker beherrschten diese Kurzschrift (Brachygraphie).

Das Mittelalter war eher durch Rückschritte denn durch Fortschritte gekennzeichnet. Kurzschrift wurde mit Hexerei in Verbindung gebracht und war verpönt. Erst im 17. Jh. kam sie in England wieder zur Blüte (für weitere Details s. Crystal 1993: 206); in der Neuzeit gelangte sie wieder zu weiter Verbreitung.[10]

Häufig wurde Stenographie für Tagebücher benutzt. Samuel Pepys verfasste über 3000 Seiten zwischen 1660 und 1669 in einer Kurzschrift, deren System Thomas Shelteon erfunden hatte. Dieses System enthält verkürzte Buchstabenformen, Punkte an Stelle von Vokalen, Abkürzungen und 165

---

10  Die im 19. Jh. entstandenen Systeme sind zumeist auch heute noch in Gebrauch. „Im deutschsprachigen Raum, wo über 600 Systeme aufgestellt wurden, sind als Erfinder u.a. Franz Xaver Gabelsberger (*Anleitung zur deutschen Redezeichenkunst oder Stenographie,* 1934) und Wilhelm Stolze zu nennen, der 1841 die Reihe der vokalsymbolisierenden und streng regelmäßigen Systeme eröffnete (*Theoretisch-praktisches Lehrbuch der deutschen Stenographie*). 1897 entstand das Einigungssystem Stolze/ Schrey. Weitere Systeme stammen von Karl Faulmann (phonetische Stenographie, 1874-1883) und A. Lehmann (1875). 1924 kam die Einheitskurzschrift zustande, die nach Vereinfachung (1936) noch heute an den Schulen gelehrt wird" (s. *Brockhaus* [19]1986ff., „St", in dem Beispiele für jede dieser drei Schriften abgebildet sind).

willkürlich gewählte Symbole, etwa eine 2 für *to* (zu), eine größere 2 für *two* (zwei), 5 für *because* (weil), 6 für *us* (uns) etc. 1906 erfand der Gerichtsreporter W.S. Ireland die Stenographiermaschine. Mit ihr wurden Gerichtsverhandlungen (Protokolle) und Tagungen gesetzgebender Körperschaften dokumentiert.

> „Die Tastatur der kleinen Maschine umfaßt 22 Buchstaben, die vom Benutzer im Zehnfingersystem angeschlagen werden: mit der linken Hand Konsonanten, die vor Vokalen stehen, mit der rechten solche, die auf Vokale folgen; erstere erscheinen auf der linken Papierhälfte, letztere auf der rechten; Vokale werden mit den Daumen geschrieben und erscheinen in der Blattmitte. Ein erfahrener Benutzer hat keine Probleme, der normalen Gesprächsgeschwindigkeit zu folgen. Das System ist standardisiert, so daß die Arbeit verschiedener Benutzer von allen gelesen werden kann, was bei handschriftlichen stenographischen Notizen nicht immer der Fall ist." (Crystal 1993: 207).

Die Kosten zur Herstellung der Maschine waren jedoch recht hoch, so dass ihre Verbreitung nicht sehr groß war.

## 1.5 Protokoll

Der Begriff ‚Protokoll' kommt aus dem Mittelgriechischen *protokóllon*, wörtlich: (den amtlichen Papyrusrollen) vorgeleimtes (Blatt). Das Protokoll ist die förmliche Niederschrift der wesentlichen Punkte einer öffentlichen oder privaten Sitzung, Versammlung oder Verhandlung. Der Begriff des Protokolls hat verschiedene fachsprachliche Bedeutungen:

- *Datenübertragung* und *Datenverarbeitung* (PC-Bereich, verschiedene Versionen eines Übersetzungsprogramms etc.)
- *Diplomatie*: die Eingangsformeln einer Urkunde, die aus folgenden Teilen besteht, nämlich der *Invocatio* (Anrufung des göttlichen Namens); *Intitulatio* (Name und Titel des Ausstellers)
- *Devotionsformeln* (z.B. *deo gratia*)
- *Inscriptio* (Adresse)
- *Salutatio* (Grußformel)

*Freiwillige Gerichtsbarkeit*
Es gibt Protokolle von Richtern, Rechtspflegern, Urkundenbeamten und Notaren, insbesondere bei der Beurkundung von Rechtsgeschäften (Verträge, Testamente, Eigentumsbescheinigungen etc.). Protokolle unterliegen bestimmten Riten der Gültigkeit, z.B. muss der Notar gewisse Willenserklärungen den Beteiligten vorlesen, bevor die notariellen Protokolle genehmigt und unterschrieben werden.

*Verhandlungsprotokolle, Verhandlungniederschriften*
Es handelt sich hier um das Sitzungsprotokoll und das Protokoll des Urkundenbeamten über die vor ihm abgegebenen Parteierklärungen oder um das Proto-

koll des Gerichtsvollziehers über Vollstreckungshandlungen. Der Brockhaus führt dazu aus:

„Ein Sitzungsprotokoll (Sitzungsniederschrift) ist über jede mündliche Verhandlung, Beweisaufnahme und Hauptverhandlung aufzunehmen. Es wird i.d.R. vom Urkundsbeamten (Protokollführer) geführt (auch mit Hilfe von Kurzschrift, Tonband u.a.) und nach seiner Erstellung vom Vorsitzenden unterzeichnet. Bestimmte Teile sind den Beteiligten vorzulesen oder vorzulegen (§ 273 StPO) und bedürfen ggf. ihrer Genehmigung (§ 162 ZPO). Das Protokoll hat neben der Angabe u.a. von Ort und Tag der Verhandlung, den Namen der beteiligten Personen (besonders Richter, Parteien, Zeugen) alle wesentlichen Förmlichkeiten und das Prozeßgeschehen zu enthalten. Jede Unrichtigkeit (z.B. Lücken, Schreibfehler) kann jederzeit durch das Gericht – grundsätzlich nach Anhörung der Beteiligten – berichtigt werden (Protokollberichtigung, § 164 ZPO). Ansonsten beweist das Protokoll die Beachtung der gesetzlichen Förmlichkeiten der Verhandlung und kann nur durch den Nachweis der Fälschung entkräftet werden (§§ 159ff. ZPO, 271ff. StPO). Für das förmliche Verwaltungsverfahren die Fertigung einer Niederschrift in § 68 Bundesverwaltungsverfahrens-Gesetz geregelt" (Brockhaus [19]1986ff. „P", 556).

Es dürfte von Interesse sein, Protokollführungen unter dem Gesichtspunkt des Zusammenhangs von Lesbarkeit und Gültigkeit zu untersuchen. Gab es Anzweiflungen? Wurden bei aufkommenden Zweifeln entsprechende Passagen genauer untersucht und daraus vielleicht der Rückschluss gezogen, Konventionen für die Protokollführung festzuhalten? Konnte die stenographische Version stets gut entziffert und eindeutig interpretiert werden?

Das Protokoll ist eine Erinnerungsform des öffentlichen Rechts. Sie dokumentiert unhintergehbare, gültige Tatbestände. Das Protokoll entspricht dem menschlichen Bedürfnis nach Sicherheit. Die flüchtige Rede soll nach gültigen Normen und Konventionen in ganz bestimmten Punkten festgehalten und erinnerbar gemacht werden. Während Transkriptionen authentische Formaspekte der Kommunikation und Konversation wiedergeben, sollen Protokolle authentische Inhalte als gültige „Wahrheiten" wiedergeben. Sprache ist für Protokolle nur ein Medium, es geht um die Gültigkeit von Inhalten, die durch die Form der Sprache festgehalten werden.

## 1.6 Die Einbindung authentischer fremder Stimmen in den literarischen Diskurs

Wie soll die starre und konventionalisierte Schrift die Lebendigkeit und den ,Farbklang' der Stimmen im Alltag wiedergeben? Wie soll sie die stimmliche Duftmarke der einheimischen, fremden, klugen, unbedarften, weiblichen, männlichen herrschsüchtigen und unterwürfigen Stimmen vermitteln, die doch im Roman zumindest in der Vorstellung lebendig werden sollen wie wenn wir die evozierte Person lebendig vor uns hätten? Denn die Stimme ist die Erkennungsmarke für den sozialen Status, die unverwechselbare Individualität und die athmosphärische Stimmungslage einer Person. Der Import fremder Stimmen, seit dem 19. Jahrhundert in Romanen eine innovative Technik zur Inszenierung einer lebendig imaginierbaren Gesellschaft und ihrer Akteure, ist eine Technik, soziokulturelle Vielstimmigkeit im literarischen Diskurs herzustellen. Die Funktion der Polyphonie muss aber in der Schrift durch besondere ‚Formen' ausgedrückt werden. Autoren wie Jane Austen, Flaubert, Balzac, Fontane, Hauptmann, Tucholsky, Döblin, Botho Strauss und viele andere haben für ihre literarischen Zwecke der situativen Vergegenwärtigung und Inszenierung individueller und sozialer Identität gewisse graphische Abweichungen von der Standardorthographie entwickelt und praktiziert. So haben sich im Schreiballtag der Schriftsteller bestimmte mehr oder weniger konventionelle Praktiken im Umgang mit nicht-standardisierten Varietäten des Deutschen herausgebildet, z.B. für Bairisch oder Berlinisch, aber auch für nicht-muttersprachliche Varietäten (‚Karl-May'-Deutsch, Deutsch von Immigranten und Ausländerregister[11]). Über die schriftsprachliche Symbolik soll die ‚identitätsspezifische Wesensart' von Personen durch die Erzeugung einer atmosphärischen Aura um ihre Stimme und Sprechweise evoziert werden.

Die seit mehr als einem Jahrhundert in unzensierten und unreglementierten Schreibkonventionen sedimentierten literarischen Gebrauchsgewohnheiten sind inzwischen in konstruktiver Form in das eingegangen, was man ‚literarische Transkription' nennt (Zwirner/Bethke 1958; Redder 2001; Selting 2001). Vier Beispiele sollen die graphische Wiedergabe mündlicher/umgangssprachlicher Stimmen illustrieren; Döblin und Meisel visualisieren die authentische Berliner, Kroetz die entsprechende bairische Variante schillernder lokaler Persönlichkeiten; Arno Schmidt durchbricht unsere standardorthographischen Sehgewohnheiten, indem er die Eigenarten unserer Umgangssprache in einem selbstentworfenen, graphematisch angelegten System wiedergibt.[12]

*Beispiel 1: Alfred Döblin: Berlin Alexanderplatz. München 1965, S. 310*

Im Walde aber gingen da allein Mieze und Reinhold, ein paar Vöglein zirpten und piepten leise. Oben die Bäume fingen zu singen an.
Es sang ein Baum, dann sang ein anderer Baum, dann sangen sie zusammen, dann hörten sie wieder auf, dann sangen sie über den Köpfen der beiden.
Es ist ein Schnitter, der heißt Tod, hat Gewalt vom großen Gott. Nun wetzt er das Messer, jetzt schneidt es schon besser.
„Ach, wie ich *mir* freue, wirklich, daß ich *nu* wieder in Freienwalde bin, Reinhold. Wissen Sie noch vorgestern, war doch hübsch, war *det nich* hübsch". „Bloß ein bißchen kurz, Fräulein. [...] *Ick hab bei Sie* angeklopft, Sie haben *nich* aufgemacht". „Die Luft brennt einem und die Autofahrt und alles". „Na, war *et nich oooch* ein bißchen

---

11  ‚Gebrochenes' Deutsch, das die Muttersprachler zuweilen mit Ausländern reden
12  Die sich in gewisser Weise aus den literarischen Vorbildern herleitenden Konventionen für die wissenschaftliche ‚literarische Transkription' werden in 4.1 und in Kap. 5 erläutert.

hübsch?" „Natürlich, wie meinen Sie?" *Ick mein* bloß, wenn man so geht. Und mit einem so hübschen Fräulein". „Hübsches Fräulein, machen Sie man *hallwege*. Ich sage ja nicht: hübscher Herr." „Daß Sie mit mir gehen – " „*Wat is* damit?" „Na, ich denke mir, an mir *is* doch *nich* weiter viel abzusehen. Daß Sie mit mir gehen, *Frollein*, können Sie mir glauben, *det freut mir* wirklich."

Die kursiv gesetzten Ausdrücke markieren die Berliner Herkunft der beiden Sprecher, sie konnotieren eine Art ‚großstädtisches Lebensgefühl'; im Wesentlichen handelt sich um sozial markierende konsonantische Varianten (*ick* statt ‚ich', *et* statt ‚es', *wat* statt ‚was'), Vokalelisionen (*hab* statt ‚habe') und grammatische/lexikalische Abweichungen (*det freut mir*; *hallwege* = halblang). Einige dieser Varianten gelten auch durchaus als überregionale Merkmale der deutschen Umgangssprache, hier allerdings berlinisch eingefärbt gedacht.

*Beispiel 2:*
Hans Meisel, ein weniger bekannter jüdisch-deutscher Schriftsteller, schrieb kurz nach seiner Auswanderung aus Deutschland 1938 den Roman *Aguilar oder die Abkehr*[13], den Thomas Mann sehr positiv rezensierte; dennoch erschien er erst *posthum* im Jahre 2001 im Verlag Weidle. In der folgenden Passage werden die ‚Berliner Varianten' des Arztes recht drastisch wiedergegeben (*j* für g, *ee* für ei, *uff* statt ‚auf', *-a* für -er).

> Jemand wollte nicht begreifen, warum Hitler gerade bei „den besten Elementen Deutschlands" so beliebt sei, und er nannte Namen von gemeinsamen Bekannten, die „zum Hakenkreuz gekrochen" waren.
> Alles schwieg betreten, bis der Arzt auflachte:
> „Macht euch bloss nicht in die Hosen! Wollt ihr meine Antwort wissen? Nun, die Jaljenfrist für ‚rücksichtslose Toleranz' und für ‚gemässigte Entschiedenheit' is abjelaufen. Und keen Mensch will dumma Aujust sein. Niemand jehört uff Dauer jern zur unterliejenden Partei".
> Jemand rief: „So spricht ein Zyniker!" (S. 74)

*Beispiel 3:*
Franz Xaver Kroetz, ein moderner deutscher Schriftsteller mit kultureller bairischer Identität, lässt die Figuren seiner Theaterstücke in bairischem Dialekt sprechen[14].
Ich zitiere aus *Stücke I* (Ausschnitt)[15]:

> „Marie: Wenns dir ned schmeckn tut, kannst es ja stehn lassn.
> Karl: Schmeckt eh.
> Marie: Liebe werst keine mehr zu meiner habn. Das ist es.

---

13  Geb. 1900, gestorben 1990; Redakteur der *Vossischen Zeitung* Ende der Zwanziger-, Anfang der Dreißigerjahre; den Roman reichte er 1938 für einen Wettbewerb ein; Thomas Mann hat ihn rezensiert und gelobt. Der Roman spielt in Barcelona vor Ausbruch des Bürgerkriegs.
14  ‚Theaterstücke' in Dialekt zu schreiben, ist natürlich etwas anderes, als fremde Stimmen varietätenspezifisch in den Roman zu importieren, zumindest gelten hier andere Traditionen. Das *Verfahren*, die literarische Transkription, ist jedoch gleich.
15  Franz Xaver Kroetz: *Stücke I*. Frankfurt a.M. (1989).

Kalr: Wennst es eh weißt.
Marie: Das nutzt nix.
Karl: Und da sollst in Ruhe essn.
Marie: Stör ich dich?
Karl: Du bestimmt ned, weil du mir wurscht bist.
Marie: Aber ned seit immer.
Karl: Das is vergessn.
Marie: Wenn man ein braucht und er merkt es, dann weiß er es ned zum schätzn. – Willst ein Friedn von meiner.
Karl: Eine Ruh mag ich.
Marie: Sag eh niemand etwas.
Karl: Mag nimmer.
Marie: Laß stehn, dann is aufd Nacht auch gleich was da."

Kroetz gibt das Bairische phonetisch relativ eng und authentisch wieder. Manche Formen kann man nur auf der Folie der Kenntnis des Bairischen verstehen. Die Wiedergabeverfahren gleichen im Wesentlichen denen der anderen beiden Autoren. Die Repräsentation von Kroetz ist jedoch ein Stück radikaler (z.b. Zusammenziehungen von Wörtern wie *aufd* [= auf die]) und ähnelt dem ‚Augendialekt' (*eye dialect*), den Gail Jefferson im Rahmen der Konversationsanalyse als Variante der literarischen Transkription konzipiert hat.

*Beispiel 4:*
Arno Schmidt: *KAFF auch Mare Crisium.* Frankfurt a.M. 1985.

> TAO? : >>*Oh meine Tao=be!*<<. : >>*Du bist* 1 Tao=genichz.<< versetzte sie prommt./ >>Mein Tao=sendschönchen? << : >> >Er< tao=get nichz mehr.<</ >>Fahren wir zusammen in den Tao=Nuß? Und überlassen uns dort dem Sinnes = Taoml? <<
> (S. 180)

Eng am Lautlichen und an der Sprechsprache orientiert, gibt Schmidt strukturell miteinander verwandte, aber unterschiedliche Bedeutungen tragende Schlüsselwörter in selbstschöpferischen graphemischen Repräsentationen wieder und schärft damit unsere Wahrnehmung von der Konventionalität der Sprache in der Perspektive einer anderen Schreibweise; das Gleiche wird in einer anderen semiotischen Form dargeboten; indem wir hinter der ‚fremden Gestalt' die vertraute aber verfremdete Bedeutung entdecken, lernen wir, dass wir Bedeutungen mit unterschiedlichen, aber semantisch äquivalenten Formvarianten darstellen können.

Wie man den multifunktionalen Modus der mündlichen Rede für wissenschaftliche Zwecke durch ein symbolisches Zeicheninventar im Modus der Verschriftlichung (zwar nicht äquivalent aber) annäherungsweise angemessen abbilden kann, ist Gegenstand (und Problem) der folgenden Kapitel.

# 1.7 Aufgaben

1. Wieviele unterschiedliche Schriftsysteme gibt es? Konsultieren Sie Crystal (1993: 194-207) und Haarmann (1998)!
2. Wie wortgetreu/sprachlich genau gibt die *Stenographie* die gesprochene Rede wieder? Welche sprachlichen und kommunikativen Manifestationen werden ausgelassen/vernachlässigt? Konsultieren Sie den großen Brockhaus sowie Crystal (1993: 206f.).
3. Bei dieser Aufgabe ist Ihre Forscherpersönlichkeit gefragt. Klären Sie folgende Fragen durch *research by doing*:
   (a) Wie werden die Bundestagssitzungen/-redner (Reden + Interaktion) dokumentiert? Durch Tonband, Stenographie oder Protokollführung? Finden Sie die genauen Modi der Dokumentation heraus und diskutieren Sie die Genauigkeit der Wiedergabe kommunikativen Verhaltens! Bedienen Sie sich des Internets!
   (b) Was wird von einem Gerichtsprotokoll verlangt? In welcher graphischen Repräsentation liegt es vor? Welcher Präzisionsgrad wird für die Wiedergabe verlangt? Was ist in der Protokollführung obligatorisch, was kann vernachlässigt werden? Gibt es genaue Vorschriften, und wenn ja, welche?
4. Wie systematisch sind die Abweichungen von der Standardorthographie in den literarischen Beispielen (1) bis (4) wiedergegeben? Zeigen Sie einige Unterschiede auf und bewerten Sie diese!
5. Überlegen Sie, welche Funktionen die unterschiedliche formale graphische Repräsentation importierter fremder Stimmen in einem Roman haben können (holen Sie sich Anregungen aus Bredel 1999: 76-103).
   (a) Ist es nicht lästig, standardorthographische Normen verletzt zu sehen und sich mühsam die Bedeutungen der Formen zu erarbeiten? Argumentieren Sie *Pro* und *Contra*.
   (b) Gibt es einen Zugewinn an Bedeutungen, Lesarten, eine Erweiterung herkömmlicher Erwartungen? Wenn ja, welche(r)?

# 2. Das Untersuchungsfeld ,sprechsprachliche Kommunikation'

*Transkriptionen* sind die Voraussetzung wissenschaftlicher Untersuchung mündlicher Kommunikationsprozesse. Sie stellen die auf dem Medium Papier (oder im PC) dauerhaft fixierte (gespeicherte) Dokumentation gesprochener Sprache in ihren vielfachen Existenzformen dar. Bevor wir den Gegenstand der Transkription als ,wissenschaftlichen' definieren (Kapitel 3), soll in diesem Kapitel ein Überblick über das Untersuchungsfeld ,sprechsprachliche Kommunikation' gegeben werden. Im ersten Teil führen wir in kommunikative Leistungen und Charakteristika gesprochener Sprache (im Unterschied zu geschriebener) ein, der zweite Teil ist ein Kurzporträt des gegenwärtigen Forschungsstandes.

## 2.1 Kommunizieren als Sprechtätigkeit

### 2.1.1 Sprechen als Ausdruck sozialer Identität

Sprechen, als Ausdruck menschlicher Fähigkeit zum Gebrauch einer Sprache, ist das wesentliche distinktive Merkmal, das den Menschen vom Tier unterscheidet.[1] Gesprochene Sprache, also Sprechen, ist um viele Jahrtausende älter als die Schrift (vgl. Crystal 1993, Kap. 31, 178). Während das Sprechen in der Sozialisation natürlich und regelhaft erworben wird, muss die Schrift in institutionellen Kontexten regelrecht erlernt werden; dass Sprechen eine primäre tragende Rolle für die Reproduktion von Gruppen und Völkern spielt (also in der Übernahme von Mustern und Werten des sozialen Verhaltens in

---

1 In der Psycho- und Neurolinguistik wird dieser Unterschied aufgrund neuerer Versuche mit Primaten, Delphinen etc. angezweifelt. Zweifellos können Tiere verschiedene Arten logischer Zeichen verstehen oder Indikatoren für ein solches Verstehen liefern. Aufgrund einer endlichen Kette von Lauten, die eine endliche Menge von Wörtern repräsentieren, kann jedoch allein der Mensch unendlich viele neue Bedeutungen hervorbringen, und dies bleibt nach wie vor die entscheidende *differentia specifica* gegenüber den Tieren.

der Kindheit), ist ein gewichtiger Hinweis auf die durch gesprochene Sprache gestiftete soziale Identität. Sprechen ist mit dem spontanen Mitteilen von Gedanken in Situationen verbunden (vgl. Schwitalla [3]2006), in denen das Individuum sich zum Zwecke sozialen Handelns mit anderen Individuen in spezifischer Weise koordiniert (vgl. Levinson 1990: Kap. 6). Die primären Impulse und Affekte menschlichen Verhaltens sind verständlicherweise mit der gesprochenen Sprache verbunden, da sie allein direktes, unmittelbares, unaufschiebbares Handeln erlaubt.

Geschriebene Sprache dagegen wird erheblich mehr kontrolliert: Standardregeln müssen eingehalten werden, da der Adressat der Äußerung/en in der Situation des Schreibens nicht gegenwärtig ist und die Mitteilung im Sinne eines fixierten, von einfachen zu komplexeren Sinneinheiten fortschreitenden Diskurses organisiert werden muss. Jeder Teil dieses fortlaufend konstruierten Diskurses kann *post factum* korrigiert werden. Während sich der Verfasser einer schriftlichen Botschaft zum Zeitpunkt der Weitergabe an den Adressaten in Übereinstimmung mit der zu übermittelnden Bedeutung identifizieren kann, muss der in der gesprochenen Sprache Handelnde mehr Zweifel in die Richtigkeit und Verlässlichkeit seiner Äußerungen setzen. Dies ist u.a. der Grund, warum der Modus der gesprochenen Sprache verschiedene Möglichkeiten vorsieht, Geäußertes nachträglich zu korrigieren, das Gesagte perspektivisch in einen neuen Kontext zu stellen.

## 2.1.2 Sprechen als Aktivität in Zeit und Raum

Wir sprechen wesentlich schneller als wir schreiben. Chafe (1982: 36) meint sogar, Schreiben dauere 10mal so lange wie Sprechen. Daraus ergibt sich natürlich auch, dass wir pro Tag erheblich größere Mengen sprechen als schreiben (vgl. auch Levelt 1989 u. Köhler et al. 1973). Um einer Kommunikationssituation mit Teilnehmern gerecht werden zu können, müssen Sprecher vorausplanen, d.h. Intentionen, Gedanken, Reaktionen auf Handlungen anderer etc. müssen möglichst rasch in Worte gefasst werden, um soziale Funktionen der Verständigung zu erfüllen. Daraus resultieren bestimmte Strategien der Sprecher: Teile der Botschaft voran- oder nachzustellen, Ausdrücke hervorzuheben, andere auszulassen etc. Sprechen steht unter Zeitdruck; dagegen können wir im Schreibvorgang probeweise formulieren, Teile nachträglich löschen oder ergänzen etc. Dabei zeigen sich auch gewisse stilistische Ausprägungen: Im geschriebenen Deutsch wird seit ungefähr 150 Jahren ein „kompakter Nominalstil" (Schwitalla 2006: 29) benutzt, während Äußerungen in gesprochener Sprache in der Regel einfach sind (Orientierung an Handlungszielen unter dem Gesichtspunkt eines knappen Zeitbudgets).

Es gibt auch eine zeitlich bedingte ‚Ungleichzeitigkeit des Gleichzeitigen' in der Kommunikation.[2] Im Vergleich mit den alltäglichen Durchschnittszeiten, nach denen verbale Interaktionsprozesse zwischen Aktanten ablaufen, stellen sich hier zeitliche Verzögerungen, Verschiebungen bzw. Verzerrungen ein. Solche sind im Telefonat über große Distanzen (Japan-Europa etc.) durch zeitliche Verzögerungen in der Übermittlung der Äußerungen bedingt; solche können bei Simultan- oder Sukzessivdolmetschen trotz Kopräsenz in der Kommunikationssituation zu Verständigungsproblemen aufgrund deplazierter Höreraktivitäten führen (u.a.). Bührig/ten Thije (2005) nennen dieses beeinträchtigende Phänomen „minimale zeitliche Zerdehnung. [...] So ist z.b. in der gemittelten oder gedolmetschten Kommunikation die Rezeption sprachlicher Äußerungen durch eine Ungleichzeitigkeit gegenüber nonverbalen Ausdrucksmitteln gekennzeichnet, die aus der Vermittlung zwischen Sprachen resultiert" (ebd.: 1228). Die Trennung oder signifikante Verschiebung der Gleichzeitigkeit von Äußerung und (präsenten, aktionsbereiten) Aktanten wird nicht mehr als kategorische Dichotomie ‚schriftlich' (= zeitliche und räumliche Distanz) vs. ‚mündlich' (= Nähe, Kopräsenz der Kommunikationsteilnehmer) erfahren, sondern eher als ein Kontinuum mit mehr oder weniger verschränkten Parametern der ‚Nähe' und ‚Distanz' in zeitlicher Synchronie und räumlicher Syntopie.[3] Es sieht so aus, als ob unsere kommunikative Kompetenz im 21. Jh. durch differenzierte Kommunikationsszenarien von Nähe und Distanz, unmittelbare und mittelbare ‚Kopräsenz' und ‚Relativität' für die Authentizität von ‚face-to-face'-Kommunikation ausgeprägt wird; wir sprechen hier von dem multi-medialen Ersatz für räumliche und zeitliche Kopräsenz in der Kommunikation.

Das Verhältnis von räumlichem und zeitlichem Kontext von Äußerungen fassen Bührig/ten Thije auch unter den Begriff ‚Medialität': So ist unter dem Gesichtspunkt medialer ‚Ersatzpräsenz' zwischen räumlicher Kopräsenz (z.B. Konferenzschaltung) und zeitlicher Kopräsenz (z.B. Japaner und Europäer kommunizieren zeitsynchron bei nur leichter zeitlicher Zerdehnung der Kommunikationssituation durch die technische Dauer der Übertragung der Mitteilung) zu unterscheiden.[4]

---

2  Bührig/ten Thije (2005) handeln diesen Aspekt unter ‚Diachronie' und ‚Synchronie' ab; aufgrund des traditionellen Gewichts, dem dieser Dichotomie in der Sprachwissenschaft zukommt, vermeide ich diese Begriffe hier.

3  Telefonieren nimmt ohnehin schon ein beträchtliches Maß unserer täglichen Kommunikation ein; die E-mail- und Internet-Kommunikation findet über gewaltige Räume unter Bedingungen zeitlicher Nähe, aber nach wie vor räumlicher Trennung statt; oft entwickelt sich über das Gefühl der zeitlichen Nähe und Unmittelbarkeit der Kommunikation ein informeller Mitteilungsstil, der, vergleichbar dem Mündlichen, den schriftlichen Äußerungen schriftdialektale Variation verleiht.

4  Ron Scollon hat kürzlich ein Programm zur Untersuchung von Diskursfähigkeiten und -fertigkeiten unter besonderer Berücksichtigung der modernen ‚Medialität' von Äußerungen vorgestellt (siehe auch: Scollon 2001).

### 2.1.3 Flüchtigkeit und (mentale) Flüssigkeit der Rede

„Die allmähliche Verfertigung der Gedanken beim Reden" (Kleist) ist das spiegelbildliche Komplement der Flüchtigkeit. Die Gedanken sind flüssig, werden durch die Wahl der Worte und ihr Aussprechen kurzfristig fixiert und wieder flüchtig. Als ‚Produzent' kann der Sprecher den Sinn und die Kohärenz seiner Äußerungen selbststeuernd aufbauen; wenn nun die Gedanken im Sprechen nicht so ‚flüssig' geworden sind, wie es im Bewusstsein der Sprecher nötig wäre, können sie das in ‚falsche gedankliche Richtung fließende Sprechen' von ungewollten Auswirkungen seiner endgültigen Flüchtigkeit dadurch bewahren, dass sie zu dem Gesagten weitere Kommentare abgeben, einen Teil für ungültig erklären und korrigieren (wobei sie selber als auch die Hörer korrekturinitiierend sein können).

Da das Sprechen stark unter dem Einfluss der Situation und der Teilnehmer an einer Interaktion steht, sind oft Korrekturen in Bezug auf die geäußerten Gedanken notwendig, die als Folgen verschiedener kommunikativer Bedürfnisse wie (i) Neu- und Umbewertungen, (ii) Richtigstellen falscher Informationen, (iii) Überschreiben alter Informationen im Lichte neuerer Erkenntnisse, (iv) Zurücknahme oder Verstärkung von Bedeutungen etc. auftreten können. Gültigkeiten und Geltungen sprachlicher Zeichen können die Sprecher in ihrer kommunikativen Wertigkeit in der fortlaufenden Redekette ändern. So gibt es verschiedene Verfahren der Korrektur, mit denen die Reichweite des zu Korrigierenden (*corrigendum*) festgelegt und die Kodierung der neuen Information (*corrigens*) geleistet wird. Abbrüche (‚Anakoluthe'), durch die ein alter Gedanke aufgegeben und durch einen neuen ersetzt werden kann, sind damit Teil von Korrekturen (vgl. Hoffmann 1997).

Von solchen spontanen Korrekturen ist die Tätigkeit des Schreibens frei: Hier kann, je nach dem zur Verfügung stehenden Zeitbudget, gelöscht und hinzugefügt werden nach dem Stand der Überlegungen und unter ständiger Kontrolle. Die Mitteilung muss nicht – wie bei der mündlichen Kommunikation – im Bewusstsein gespeichert werden; sie ist zunächst auch von den situativen Zwängen unmittelbarer Handlungskonsequenzen frei. Im Gegensatz zum Geschriebenen, das dauerhaft in expliziter Form vorliegt, wird das Gesprochene spontan durch korrektive Eingriffe laufend an die aktuellen kommunikativen Bedürfnisse der Situation angepasst nach dem Prinzip: *Teile das Notwendige mit dem geringsten Aufwand mit, und ergänze oder korrigiere diese Informationen im Lichte neuer kommunikativer Bedürfnisse oder bei Handlungsfehlschlägen/Missverständnissen in der Verständigung.*

Der Prozess des diskursiven Formulierens umfasst aber Sprecher *und* Hörer. Die zunächst diffusen Gedanken des Sprechers fokussieren bestimmte Inhalte und werden in sprachliche Formulierungen umgesetzt (vgl. die Theorie des Formulierens in Antos 1982). Die Bedeutungen des Geäußerten, erweitert um die Schlussfolgerungen, die der Hörer aus ihnen zieht, sind der Input für die Reaktion/Antwort des Hörers. Vielfältige Kontextquellen beeinflussen die semantische Organisation der Rede: Blickkontakt, Gesten, Zustimmung oder Ablehnung ausdrückende nichtverbale Verhaltensweisen der an der Interaktion Beteiligten. Die Verarbeitung von Informationen unter den spontanen und restriktiven Bedingungen des Austauschs (Sprechen und Hören als soziale Tätigkeit) bestimmt im doppelten Sinne den Sprachgebrauch in der Rede: Sprecher müssen Gedanken ordnen und verstehbar äußern, Hörer aus dem Geäußerten die Gedankenketten dekodieren, verstehen und in neue Äußerungen umsetzen. Die Spanne der Erfasssung von Informationen in einer Wahrnehmungseinheit liegt nach Pöppel (1989: 30) bei 3 Sekunden. Alles, was darüber liegt, wird nicht verarbeitet. Unser Gedächtnis merkt sich Botschaften nicht Wort für Wort; vielmehr fassen wir das Gehörte zu abstrakteren Informationseinheiten zusammen und speichern diese. Aufgabe des Sprechers ist es somit, seine Redeabsichten im Kopf des Hörers breitflächig und „auf Anhieb (zu) zünden" (Zumthor 1990: 114), damit jener Augenblick für Augenblick weiß, worum es geht.[5]

Die gemeinsame Konstitution von Bedeutungen in der Rede führt zu Zustimmung, Ablehnung, Aushandlung, Konflikt etc. All dies sind typische Erscheinungen der Alltagskommunikation, die nur durch Verschriftlichung metakommunikativer Verarbeitung zugänglich gemacht werden können.

‚Verstehen' ist dabei in nicht zu unterschätzendem Maße von den sprechsprachlichen Qualitäten (Normen) der Varietäten abhängig, derer sich Sprecher und Hörer im kommunikativen Austausch bedienen. Trotz der Tatsache, dass in der fortlaufenden Kommunikation in einer Einzelsprache kaum ein Laut dem anderen gleicht, trotz der Tatsache, dass die Alltagsrede viele sozio- und dialektale Varianten enthält, werden die Worte in der Regel vom Hörer gut verstanden. Das liegt an den grundlegenden phonemischen Unterschieden, die für die Bedeutungskonstitution im Deutschen relevant sind. Über diese Unterschiede hinaus gibt es hinreichende phonetische Normen, die die Zuordnung von Laut und Bedeutung im Prozess der konkreten Verständigung sichern[6].

## 2.1.4 Die ‚Ko-Präsenz' von Sprecher und Hörer

In der Interaktionssituation sind die Teilnehmenden in einem Raum physisch präsent (mit allen körperlichen Anzeichen von Gefühlen, Stimmungen etc.); ihre körperlichen Hüllen und das Hinweispotential ihrer Gesten kontextualisieren ihre Stimme und ihr Sprechen. Hörer nehmen *holistisch* wahr; physisch präsente Sprechende werden anders wahrgenommen als Stimmen, die man ohne Körper hört. Die Gesamtheit der körperlich-stimmlichen Aspekte (ihr Zusammenwir-

---

5   Siehe zu diesem thematischen Komplex die Übersichtsartikel von Müller (2003), Schade/Barattelli (2003) und Herrmann (2003).

6   In der Schriftsprache liegen demgegenüber eindeutige und explizite, keine Varianz duldende normative Vorschriften vor.

ken) hinterlässt bei unserem inneren Erleben größere Eindrücke als die Präsenz nur *eines* einzelnen Mediums (Stimme ohne Körper, Körper ohne Stimme etc.). Auf das Gesagte reagieren Hörer in spezifischer Weise; diese Reaktionen, schon während des Sprechvorganges, verändern Redeabsichten und konkrete Formulierungen von Sprechern. Oft gibt der Körper (Blickkontakt, Mundwinkel etc.) schon vor der Formulierung der spezifischen Worte Hinweise darauf, wie etwas zu verstehen ist (negative vs. positive Konnotation im Kontext). Die aktive Teilnahme an der Rede drücken die Sprecher nicht nur durch Gesprächswörter (*hm, ja, o.k.* etc.) aus, sondern auch durch Kopfnicken, Bewegungen der Zustimmung und Ablehnung etc.

Bürig/ten Thije (2005) unterscheiden zwischen „Syntopie" und „Diatopie der Kommunikation". Erstere bezeichnet „aus der Sicht der Aktanten ihre Kopräsenz, d.h. ihre gleichzeitige Anwesenheit in einem Raum. Hierdurch ist eine gegenseitige sinnliche Gewissheit gegeben, die den Aktanten einen kombinierten Einsatz verbaler und nonverbaler Mittel wie z.B. Blickkontakt, Mimik, Gestik und Proxemik für die Aufnahme, Durchführung und den Abbruch bzw. die Beendigung der Kommunikation ermöglicht" (ebd., 1127).

„Diatopie der Kommunikation" bedeutet dagegen die räumliche Trennung der Aktanten, d.h. den Rückgriff auf Medien, die den Verlust der Kopräsenz (Sprecher und Hörer teilen gemeinsam den Raum und den sozialen/situativen Kontext) kompensieren (z.B. Telefonieren). Mediale Kommunikation, die sich mündlich über räumliche Distanz vollzieht oder die Teilnehmer an einer Kommunikation auf verschiedene Räume verteilt (z.B. Talkshows), zeigen intensivere Höreraktivitäten, besondere Formen der Redebeitragsorganisation und unterschiedliche praktische Folgen für den Gebrauch referentieller Mittel. Die semiotischen Mitteilungen des Körpers und der Mimik fallen partiell weg – da die sinnlichen Vergewisserungsmöglichkeiten in der Interaktion entfallen, muss die daraus resultierende ‚kognitive Unsicherheit' anderweitig kompensiert werden.

‚Ko-Präsenz' von Sprecher(n) und Hörer(n) ist für die Ethnographie der Kommunikation und damit für die Anthropologie eine *conditio sine qua non* für die authentische und unmarkierte ‚face-to-face'-Kommunikation, die Wiege und Basis der menschlichen Lebenskultur und der kulturellen Reproduktion. Das Axiom der holistischen, unhintergehbaren Kommunikationssituation der in einem spezifischen sozialen und physischen Setting miteinander Kommunizierenden ist zu Beginn des 21. Jh.s durch die vielen multimedialen Facetten kommunikativer Austauschmöglichkeiten eher zur Legende geworden. Folgende neue multimdedialen Möglichkeiten untergraben die holistische Authentizität der situativen und szenischen ‚hic et nunc'-Kommunikation:

– Trotz größter räumlicher Distanzen kann zeitlich synchron mit leichten Verschiebungen mündlich kommuniziert werden (wobei die Vision von Kubrick in ‚2001 – Odysse im Weltraum', sich während der Kommunikation zu sehen, inzwischen in Videokonferenzen realisiert ist);

- Thematisch gebundene Interaktionen (Talkshows, Expertenrunden) können so gestaltet werden, dass räumlich getrennte Personen in einer simulierten Kopräsenz miteinander reden können; für sie gilt dann ein eingeschränkter physischer Raum der Wahrnehmung, d.h. es besteht in Bezug auf den „Anderen" größere kognitive Unsicherheit als in ‚unmittelbaren face-to-face' Situationen mit höheren Kontrollen des kommunikativen Geschehens (vor allem des paralingualen und nonverbalen Verhaltens etc.).
- Mediale Simulationen können die alltägliche Bedeutung einzelner Parameter ‚überspielen': z.b. Handy-Kommunikation auf Sichtnähe, die aber mit Hörunschärfe verbunden ist; hier liegt offenbar ein Reiz in der Unschärfe kommunikativer Randbedingungen.

Warum ist es wichtig und sinnvoll, Formen und Funktionen der Sprech- und Hörtätigkeit besser zu kennen? Ganz offensichtlich sind diese kommunikativen Tätigkeiten für die Rekonstruktion der Redebeiträge bei der Verschriftlichung von mit elektronischen Mitteln aufgezeichneten Gesprächen höchst relevant. Das Abhören von Audio- oder Videobändern verlangt ja von Transkribenten ähnliche Hör- und Verständnisleistungen wie von ‚online-Hörern' in der konkreten Kommunikationssiutation. Die phänomenale Ebene der Leistungen der gesprochene Sprache wollen wir nun durch ein theoretisches Kurzporträt ihrer Bescheibungs- und Erklärungsmodelle ergänzen und vertiefen.

## 2.2 Mündlichkeit: Theoretische Modelle der Form und Funktion

Die diskurs- und interaktionsbezogenen Tätigkeiten des Sprechens werden in vielfältiger Form anhand von Verschriftlichungen (non-)verbaler Kommunikationsprozesse untersucht. Es gibt derzeit einen Katalog höchstaktueller Fragestellungen, für deren Problemlösung Transkriptionen eine unverzichtbare Arbeitsgrundlage darstellen[7]. Ohne erkenntnisleitende Theorie entbehren aber solche Untersuchungen ihrer wissenschaftlichen Legitimität. Wir wenden uns daher den Konzepten und der Modellierung der Beschreibung und Erklärung gesprochener Sprache zu.

### 2.2.1 Konzeptionelle Mündlichkeit

Die Dichotomie ‚mündlich' vs. ‚schriftlich' ist in der linguistischen Diskussion doppeldeutig: Zum einen beziehen wir uns mit diesem Begriffspaar auf

---

7  Siehe für einen Katalog solcher Fragestellungen Abb. 2-2.

das *Medium* der Realisierung sprachlicher Äußerungen (*phonisch* = mündlich, *graphisch* = schriftlich). Auf der anderen Seite ist ein Unterschied in der *Modalität des Diskurses,* also seiner Gestaltung, gemeint. Welcher Art sind nun die Varietäten und die Bedeutungsstrukturen, die jeweils im schriftlichen oder mündlichen Modus des Kommunizierens benutzt werden? „Der Begriff ‚konzeptionelle Mündlichkeit/Schriftlichkeit' zielt also auf Aspekte der sprachlichen Variation, die in der Forschung häufig unscharf als ‚Umgangssprache/Schriftsprache', ‚informell/formell', ‚Grade der Elaboriertheit' usw. erfaßt werden" (Koch/Oesterreicher 1994: 587) Im Rahmen dieses Buches werden wir im Sinne von Söll (1985: 17-25) von ‚konzeptioneller Mündlichkeit' sprechen. Im Unterschied zum ‚Medium' ist die ‚Konzeption' als ein Kontinuum von Graden zu verstehen: Das linke Extrem ist dann eindeutig *Mündlichkeit* und das rechte Extrem eindeutig *Schriftlichkeit.* Das vertraute Gespräch, in dem sich zwei Liebende ihre Gefühle mitteilen, ist dann typisch *mündlich*; der Einspruch bei Gericht zu einem laufenden Verfahren ist typisch *schriftlich.* Die nahezu frei gesprochene oder zumindest so wirkende Rede eines Bundestagsabgeordneten ist mündlich vorgetragen, der Konzeption nach aber schriftlich; der persönliche Brief an einen Freund ist schriftlich formuliert, der Konzeption nach aber eher mündlich. Mit ‚Konzeption' ist also die Art der Mitteilung im Raum unter Berücksichtigung des Mediums, des Zeitfaktors der Übermittlung der Nachricht und der Reagierbarkeit auf die Mitteilung zu verstehen. Die fundamentalen Unterschiede zwischen ‚mündlich' und ‚schriftlich' lassen sich mit Hilfe von Parametern wie

- raum-zeitliche Nähe oder Distanz der Kommunikationspartner,
- Öffentlichkeit,
- Vertrautheit der Kommunikationspartner,
- Emotionalität,
- Situations- u. Handlungseinbindung,
- Verhältnis des Referenzbezuges zur Sprecher-*Origo* (vgl. Bühler 1965: 102ff.)
- kommunikative Kooperation,
- Dialog/Monolog,
- Spontaneität,
- Themenfixierungen usw.

verstehen (Koch/Oesterreicher 1994: 588). Bis auf den ersten der genannten Parameter sind alle genannten Größen als Skala zu denken. Jeder Diskurs bzw. jede Kollektion von Äußerungen lässt sich dann auf einem Kontinuum als Ausprägung dieser Parameter festlegen. Dem Möglichkeitspool entsprechen dann die Parameterwerte ‚raum-zeitliche Nähe', ‚nicht öffentlich', ‚vertraute Partner', ‚emotional', ‚situations- u. handlungseingebunden'. Wenn wir uns dieses Konzept von raum-zeitlicher Nähe zu eigen machen, lässt sich auch metaphorisch von *sozialer, emotionaler* und *referenzieller* Nähe (im Unterschied zu Distanz) sprechen. Die daraus resultierenden Kommunikationsbedingungen sind in soziolinguistischer Perspektive von Steger (1974) als ‚Redekonstellationstypen' beschrieben worden. Koch und Oesterreicher haben auf dem Hintergrund der konzeptionellen Mündlichkeit kommunikative Stile und Textsorten bestimmt. Die *Abbildung 2-1* stellt ein Modell dar, nach dem Textsorten bzw. kommunikative Gattungen auf einem konzeptuellen *Kontinuum* ‚Mündlichkeit – Schriftlichkeit' geordnet werden können.

*Abb. 2-1:* Verschiedene Äußerungsgattungen im Feld medialer und konzeptioneller Mündlichkeit/Schriftlichkeit

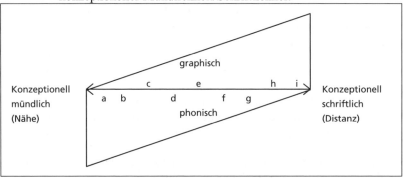

(a = familiäres Gespräch, b = Telefongespräch, c = Privatbrief, d = Bewerbungsgespräch, e = Zeitungsinterview, f = Predigt, g = wissenschaftlicher Vortrag, h = Leitartikel, i = Gesetzestext)

*Quelle:* Koch/Oesterreicher (1994: 588); Wiederabdruck mit freundlicher Genehmigung des Verlages.

## 2.2.2 Die Eigenständigkeit der Sprechsprache

Während Koch/Oesterreicher (1994) Mündlichkeit und Schriftlichkeit medial und konzeptuell voneinander abhängig und ineinander verschränkt sehen, kann man die formalen und funktionalen Merkmale der Sprechsprache auch als Leistungen eines eigenständigen Systems sehen. Stellvertretend für diese Auffassung kann die Position in Ehlich (1994: 18) zitiert werden, nach der die „Flüchtigkeit der sprachlichen Handlung als die Bedingung der Möglichkeit für ihre primäre Effizienz" gelten kann. Durch sprachliches Handeln wird in eine konkrete Situation unmittelbar eingegriffen, aus ihr folgen Handlungskonsequenzen. Aber auch das Umgekehrte kann eintreten. Aus der Situation unmittelbar folgende notwendige Handlungen kommen nicht zur Ausübung, sie werden wirkungslos. Daraus resultiert das menschliche Bedürfnis, bestimmte Handlungsergebnisse in den mündlichen Kommunikationssituationen festzuhalten und in den Bereich des *Geltenden* zu überschreiben, d.h. das aus dem sprachlichen Handeln für die Praxis Notwendige soll langfristig in den Wissensbestand überführt werden. Ehlich bezeichnet die mündliche Kommunikation als ein „prinzipiell synchrones Geschehen", das Simultaneität des Geschehens, Handeln, Speichern der Ergebnisse des Handelns in der Situation (=*kollektives Gedächtnis*) impliziert.

Ehlich (1994: 20) ist der Meinung, dass die *Situationsentbindung* durch die schriftliche Kommunikation unmittelbare Einflüsse auf wichtige kommunikative Prozeduren der Verständigung hat, die er in Anlehnung an das Bühlersche Modell beschreibt. Er unterscheidet das *Lenkfeld*, das *Zeigfeld*, das *Symbolfeld*, das *operative Feld* und das *Malfeld*. Eine Übersicht über die mit diesen Feldern verbundenen *expeditiven, deiktischen, nennenden, operativen* und *malenden* (sprechsprachlichen) Prozeduren findet sich in Ehlich (1986a). Für die genannten fünf Bereiche sind nach Ehlich in der Kommunikation Prozeduren ausgebildet worden, die je sprech- bzw. schriftspezifisch sind. Typisch für das Lenkfeld sind die sogenannten ‚Interjektionen' (*Rezeptionssignale* aus dem Inventar der Gesprächswörter), der Imperativ und der Vokativ. Imperativ und Vokativ wirken in der unmittelbaren Kommunikationssituation handlungsinitiierend, während ein schriftsprachlicher Gebrauch in der Regel zeitversetzte Wirkungen zur Folge hat. Die in der Interaktion üblichen Rezeptionssignale wie *hm, oh, aha*, etc. sind typische Feedbacksignale der direkten Interaktion, die im schriftlichen Sprachgebrauch fehlen.

Auch für das *Zeigfeld* gibt es große Unterschiede zwischen dem mündlichem und dem schriftlichen Modus. Da schriftliche Kommunikation in räumlicher und zeitlicher Distanz stattfindet, weisen zeitliche und räumliche Ausdrücke andere Bezugsdimensionen auf die *origo* des Sprechens auf. So wird nicht das Gesprochene selbst sinnlich wahrnehmbarer Gegenstand des Verweises, sondern eher der propositionale Gehalt der Verweisobjekte. Oft ist es unklar, auf welchen Teil der „zerdehnten Sprechsituation" sich die schriftlichen Ausdrücke beziehen. In der mündlichen Kommunikation dagegen haben sie meist ein direktes nachvollziehbares Verweispotenzial auf das *hic et nunc* der konkreten Kommunikationssituation.

Zu den *operativen Prozeduren* rechnet Ehlich u.a. die Satzlänge, die Subordination von Teilsätzen unter Matrixsätze, die Differenzierung von Konnektoren in nebenordnende und unterordnende[8]. Auch hier muss der Nachweis historisch geführt werden; prinzipiell lässt sich aber ein operatives Feld in der mentalen Verarbeitung von Äußerungen lokalisieren: In der schriftlichen Kommunikation kann man sich komplexe Zusammenhänge schrittweise und immer wieder aneignen, während in der mündlichen Situation eine sofortige Verarbeitung erfolgen muss und damit auch eine Begren-

---

8 Unter diesem Gesichtspunkt wäre die Rolle von *weil, obwohl, wobei* (u.a.) mit Verbendstellung in der Schriftsprache und Verbzweitstellung in der gesprochenen Sprache zu fassen (vgl. Dittmar 1997: 287)

zung der Komplexität einhergeht. Außerdem entwickelt sich aufgrund der Spanne des Gedächtnisses eine andere Tiefe syntaktischer Untergliederung. All dies bedeutet, dass das Kommunikationsverhalten doch sehr stark auf Ziele und Zwecke unter unterschiedlichen situativen, interaktionalen und medialen Bedingungen ausgerichtet ist. Formen sind Ausprägungen von Funktionen. Die sprachlichen Mittel passen sich den kommunikativen Anforderungen durch Entwicklung spezifischer Formen an. In diesem Sinne prägen offenbar die Tätigkeiten des Sprechens und Schreibens unterschiedliche Struktureigenschaften aus und ,verkörpern' sie sozusagen in dem jeweiligen Redemodus. Die unterschiedlichen Modi der kognitiven Verarbeitung und mnemotechnischen Speicherung betreffen vor allem das Symbolfeld, den aktiven und passiven Wortschatz sowie die Ablagerung des Wissens in Wissensbeständen.

Schließlich ist das Sprechen im mündlichen Kommunikationsmodus auf Grund der Nähe zu den Interaktionspartnern emotionaler: Dies schlägt sich in laut- und wortmalerischer Expressivität nieder. Letztere hat sogar in den im schriftlichen Modus repräsentierten Comics ihren ,mündlich konzipierten' Niederschlag gefunden; ähnliches ist auch für die *Chat*-Kommunikation im Internet festzustellen: Die schriftliche Form, in der ja *unmittelbar* und *synchron*, aber eben über das graphische Medium kommuniziert wird, adaptiert vom Standard abweichende graphische Repräsentationen, mit denen emotionale *hic et nunc* Zustände sinnlich erfahrbar gemacht werden sollen. Allerdings sind die prosodischen, phonotaktischen und nonverbalen Mittel im mündlichen Modus der Kommunikation sehr viel variantenreicher, multimedialer, direkter und emotionaler in ihrer Wirkung auf den Interaktionspartner.

In der Abbildung 2-2 sind typische Struktureigenschaften des sprechsprachlichen Deutsch aufgeführt, die wir in den unterschiedlichsten Ausprägungen in den Audio- und Videoaufnahmen wiederfinden, die Gegenstand der Transkription sind.

*Abb. 2-2:* Typische Formen des gesprochenen Deutsch, die zu den Struktur-eigenschaften zu transkribierender mündlicher Rede gehören[9]

| | |
|---|---|
| Gesprochene Sprache | Die gesprochene Sprache wird in konkreten Situationen zwischen Kommunikationspartnern spontan produziert, wobei Äußerungen unter sozialem Druck relativ rasch geplant und in verbale Form umgesetzt werden müssen. Die gesprochene Sprache ist eine Sprache der *Nähe*. Spontane verbale Planung geht der Äußerungsformulierung voraus; in der Regel kann nicht mehr als eine Äußerungseinheit im Vorhinein geplant werden (psycholinguistische Faustregel). |
| Korrekturen von Äußerungen (Anakoluth) | Während der Formulierung von Äußerungen können Mitteilungsabsichten geändert werden; Brüche in Äußerungen aufgrund von Veränderungen in der Planung werden als *Anakoluth* bezeichnet; da es sich um gesprächsspezifische Eigenschaften handelt, bezeichnen wir sie als *Selbstkorrekturen*, die einen Fokus (Korrekturschwerpunkt) und einen Skopus (Bezugsspanne) haben; der Skopus kann eng (Korrektur eines Artikels oder einer Präposition) oder weit (Korrektur der gesamten Verbalphrase) sein. |
| Konjunktionen | *Weil, wobei, obwohl*: Diese subordinierenden Konjunktionen treten in der gesprochenen Sprache nebenordnend auf: *weil – ich hab heute mein Heft vergessen; wobei – er hat die Hausaufgaben schon gemacht; obwohl – das betrifft uns ja nicht*. 60 bis 80% der Kinder und Jugendlichen benutzen heute koordinierende Konjunktionen in der gesprochenen Sprache. |
| Herausstellungen | Links- bzw. Rechtsherausstellung des Themas: *Herr Müller, der war leider heute krank*: Das Thema, *Herr Müller*, wird links herausgestellt; die Rechtsherausstellung wäre: *Er war leider heute krank, der Herr Müller*. Um zu fokussieren, werden die Links- bzw. Rechtsherausstellungen benutzt; man spricht von grammatisch kongruenter Extraposition, wenn das Thema korrekt mit einer Proform (sprachlicher Stellvertreter) wieder aufgenommen wird; ist dies nicht der Fall, spricht man von *freiem* Thema (*der Abend, das war mir alles zu viel*). Themaherausstellungen haben in der gesprochenen Sprache wie auch in der Presse erheblich zugenommen. |
| Kasusmorphologie | Die Endungen der obliquen Kasus werden häufig verschluckt oder morphophonologisch vereinfacht; statt *einen Mann* hört man oft *ein Mann*; diese Verschleifungen tauchen in der mündlichen Rede oft auf. |
| Reduktionen | Artikel werden häufig verkürzt – *'ne Birne = eine Birne*. |
| Wortzusammenziehungen | *Klitisierung* (Anlehnung eines schwachbetonten an ein starkbetontes Wort): Im Deutschen finden wir die *Enklise*, die Anlehnung eines schwach oder nicht betonten Wortes an das vorangehende Wort, bei gleichzeitiger phonetischer Abschwächung, z.B. *kommste* für ,kommst du'; oder *hamse* für ,haben sie' (phonologische Assimilation + Reduktion und Zusammenziehung). |
| Modalpartikel | In der gesprochenen Sprache/Umgangssprache werden viele *Modalpartikeln* (z.B. *eben, wohl, mal, ja, doch* etc.) benutzt, die als Synsemantika ihre Bedeutung aus dem Verwendungskontext beziehen; Modalpartikeln werden teilweise auch als ,Pausenfüller' benutzt. |
| Deiktische Mittel | Die gesprochene Sprache orientiert sich häufig an dem in der Interaktion vorhandenen Wahrnehmungsraum: Für Personen werden personaldeiktische Mittel statt Namen benutzt (*er* etc.), für lokale, temporale und modale Sachverhalte werden häufig deiktische Proformen (Zeigewörter) benutzt, die auf Grund fehlenden Kontextes in der Schriftsprache explizit erläutert werden müssten. |

---

9   Vgl. den Überblick über Eigenschaften des gesprochenen Deutsch in Duden (2005: 1208-1228).

*Abb. 2-3:* Modell der Sprechtätigkeit nach Levelt (1989)

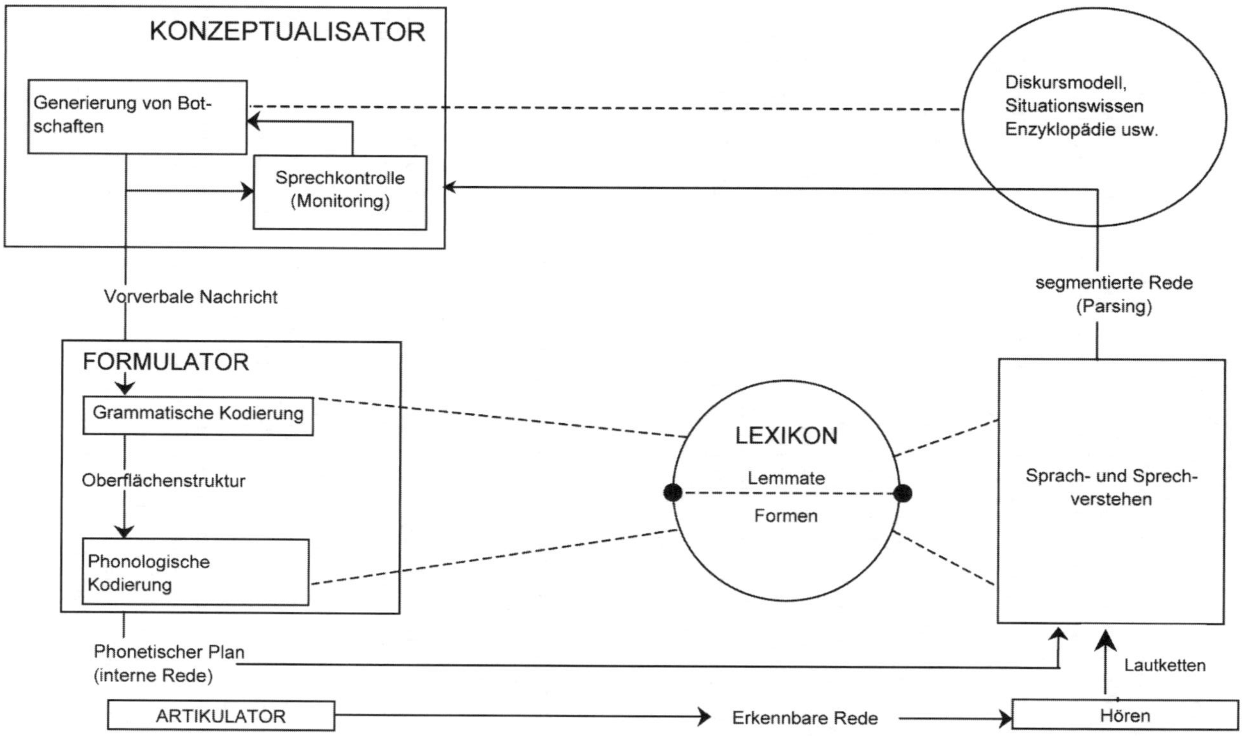

KONZEPTUALISATOR

Generierung von Botschaften

Sprechkontrolle (Monitoring)

Diskursmodell, Situationswissen Enzyklopädie usw.

segmentierte Rede (Parsing)

Sprach- und Sprechverstehen

Lautketten

Hören

LEXIKON

Lemmate

Formen

Erkennbare Rede

Vorverbale Nachricht

FORMULATOR

Grammatische Kodierung

Oberflächenstruktur

Phonologische Kodierung

Phonetischer Plan (interne Rede)

ARTIKULATOR

Levelt (1989) hat in seinem Buch *Speaking* die psycholinguistischen Dimensionen des Sprechens in einem Modell zusammengefasst. In der graphischen Abb. 2-3 sind verschiedene Ebenen des Sprechens modelliert: zunächst die Makro- und Mikroplanung umfassende Planungsebene, sodann die Umsetzung der Äußerungsabsichten in Handlungsabsichten, welche wiederum in semantische, syntaktische und morphophonologische Eigenschaften transformiert werden. Wir müssen uns also den Prozess des Sprechens als sehr komplex vorstellen, wobei die Faktoren der Interaktion im Einzelnen heute noch nicht genau erfasst sind.

Wenn wir das Modell von Levelt zum Ausgangspunkt nehmen, können wir die aus diesem Modell resultierenden Probleme des Transkribierens verdeutlichen. Für die auditiven Leistungen ist das System des sprechsprachlichen Verstehens (*speech comprehension system*) zuständig; dieses bezieht sich auf die Stimmqualität, die Einbettung des Gesagten in die Situation und Interaktion sowie auf die Interpretation der Redebeiträge im Rahmen der Redeorganisation (Überlappung, Ankleben von Redebeiträgen etc.). Nach dem anspruchsvollen Modell von Levelt müssen wir die „Konzepte" der jeweiligen Botschaften im Verbund mit dem jeweiligen Diskursmodell, dem Situationswissen, dem enzyklopädischen Wissen etc. rekonstruieren. Daher besteht die *Kunst* der Transkription darin, die Unzulänglichkeiten der Alltagskommunikation durch gezielte Anwendung instrumentellen Rekonstruktionswissens auszugleichen.

## 2.3 Eine modulare Sicht sprechsprachlicher Eigenschaften: Psycho-, sozio-, system- und diskurslinguistische Dimensionen

Wie die Abb. 2-4 zeigt, kann man die Eigenschaften mündlicher kommunikativer Praktiken in Abhängigkeit von vier Dimensionen beschreiben und erklären.

Die *psycholinguistische Dimension* beschreibt und erklärt, wie Gedanken und Ideen über eine Makro- u. Mikroplanung Input des ‚Formulators' und als Output von diesem Modul Input für den ‚Artikulator' werden (vgl. Abb. 2-3). Tatsächlich ist die Umsetzung der Gedanken in sprachliche Äußerungen höchst komplex.[10] Im Sprechen findet diese Umsetzung ihre materielle Gestalt in Pausen, Verzögerungsphänomenen, Versprechern, komplexen, aber auch einfachen Formulierungen (kommunikative Einheiten). Bei der Umsetzung von mentalen Zuständen in sprachliche Repräsentation können im Zugriff auf unterschiedliche Ebenen der Wissensbestände Fehlleistungen auf-

---

10   Siehe auch zur Theorie der Sprachproduktion Herrmann (2003).

treten, die zu Versprechern und Kontaminationen[11] führen. Heute gibt es zahlreiche neurolinguistische Einsichten in diesen Prozess, jedoch wenig gesicherte Erkenntnisse. Wenn wir diese Dimension betrachten, müssen wir zwei große Forschungsgebiete der Psycholinguistik unterscheiden:

*Abb. 2-4:* Dimensionen der Beschreibung und Erklärung gesprochener Sprache

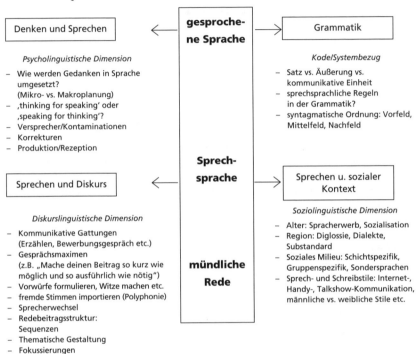

(i) Die Beschreibung der „allmählichen Verfertigung der Gedanken beim Reden" (Kleist) als Übergang mentaler Konzepte zu sukzessive in der Zeit artikulierten/‚veräußerten' sprachlichen Einheiten (Phoneme, Morpheme, syntaktische Konstituenten etc.). Mentale Bilder/Ideen/Vorstellungen werden zu sprachlichen Formen materialisiert. Offenbar sind die neurolinguistischen Prozesse, die die Versprachlichung des Mentalen sicher stellen, universeller

---

11  Siehe zu dem Begriff und einer interessanten Korpusbeschreibung Bredel und J. Dittmar (1996); ‚syntaktische Kontaminationen' liegen vor, wenn ein syntaktisches Strukturformat mit einem anderen im Zustand des Formulierens vermischt wird.

Natur. Allerdings darf dabei nicht übersehen werden, dass die Einzelsprachen sehr unterschiedliche grammatische Strukturprinzipien haben und entsprechend die Umsetzung in die sprachliche Oberfläche verschiedene Wege nimmt.

Neuerdings haben Psycholinguisten wie Slobin (1992) die Abhängigkeit der Gestaltung mentaler Strukturen von der jeweils ersterlernten einzelsprachlichen Grammatik aufgezeigt. Slobin spricht von dem Prozess des „speaking for thinking", was soviel bedeutet wie: Die im Erstspracherwerb internalisierte Grammatik strukturiert in gewisser Weise den mentalen Gang der Versprachlichung vor. Wir nutzen den uns eigenen ersterworbenen Kode, um damit auch mental die Wirklichkeit in gewissem Maße zu strukturieren. Genau in diesem Punkt sind einzelsprachliche Systeme *relativ*, d.h. ihre unterschiedlichen Kodierungsformen schlagen sich nachhaltig in den Planungswegen und Organisationsprinzipien der Rede nieder. Für die Tätigkeit des Transkribierens ist die Einsicht wichtig, dass die in der Sprechsprache linearisierten Gedanken durch komplexe (soziokulturell verschiedene) Wissensbestände aktiviert und sorgfältig rekonstruiert werden müssen.

(ii) Die Untersuchung der Prozesse des Erst- und Zweitspracherwerbs; eine zentrale Anstrengung der psycholinguistischen Forschung zielt auf eine Theorie (Beschreibung und Erklärung) des Erst- und Zweitspracherwerbs ab (vgl. Jordens 2003). Von den ersten Lauten des Kindes im frühkindlichen Spracherwerb bis zur Übernahme grammatischer, informationsstruktureller und diskursspezifischer Normen der Erwachsenensprache erstreckt sich ein Erwerbsprozess, der mehr als ein Jahrzehnt dauern kann. Ochs (1979) hat im Lichte neuer Erkenntnisse der Pragmatik herausgearbeitet, dass die Organisation von Redebeiträgen, die Sequenzierung von Äußerungen in der Interaktion, die Differenzierung illokutiver Rollen von Sprechakten etc. im Kindersprachgebrauch nicht den Normen der Erwachsenen entsprechen. Als Konsequenz aus der Sicht, dass es zwischen Kindern und Erwachsenen, aber auch zwischen Muttersprachlern und Nichtmutterspachlern in der Diskursorganisation eine Asymmetrie gibt, also Macht und Wissen in der Interaktion ungleich verteilt sind, fordert sie für die Transkription erwerbsrelevanter Gesprächsausschnitte die ‚Spaltenschreibweise', eine spiegelbildlich nach links und rechts versetzte Blockschreibweise für die asymmetrische Interaktion Kinder-Erwachsene.[12]

Für Untersuchungen nicht-normativen Kommunikationsverhaltens (Spracherwerb, interkulturelle Kommunikation etc.) müssen die Notationssymbole der Transkription also hinreichend differenziert nicht-normative Abwei-

---

12 Aufgrund technischer Schwierigkeiten, pragmatische Eigenschaften der Interaktion angemessen wiedergeben zu können (z.B. Sprecherbeitragsüberlappung, Simultansprechen, Rezeptionssignale etc.), wird die von Ochs vorgeschlagene Spaltenschreibweise mittlerweile von dem Notationssystem CHAT verdrängt, vgl. auch Kap. 5.8.

chungen vom Laut über die Realisierung von Sprechakten bis zur sequenziellen Kohärenz von Äußerungen wiedergeben.

Die *zweite Dimension*, die am Beispiel gesprochener Sprache mit Gewinn untersucht werden kann, ist die des sprachlichen Kodes, also des formalen Sprachsystems, das in der mündlichen Rede zur kontextspezifischen Anwendung gelangt. Anders als in der neueren Grammatikschreibung der Fall, sollte das Regelinventar eines einzelsprachlichen Systems aus authentischen, also in der mündlichen Rede belegten, Regularitäten erschlossen werden. Dittmar (1997) hat die Grammatikschreibung des 19. und 20. Jahrhunderts als *apriorisch* im Sinne Kants bezeichnet. Meistens wurde zur Grammatikschreibung auf schriftlich fixierte Äußerungen/Sätze bzw. die mentale Kompetenz des Sprechers/Hörers im Sinne des Verfügens über die Regeln eines sprachlichen Systems zurückgegriffen. Apriorisch bedeutet dann: Unabhängig von Zeit und Raum (unabhängig also von konkreten Äußerungen zu einem konkreten Zeitpunkt in konkreten gesellschaftlichen Situationen). Sicher gibt es das metakommunikative Bewusstsein über die Regeln, die in einer Einzelsprache korrekt oder nicht korrekt sind (Resultate der muttersprachlichen Reflexion). Es ist nicht von der Hand zu weisen, dass in der spontanen mündlichen Rede die bewusst beherrschten Regeln einer Grammatik nicht immer normgerecht angewandt werden. Zu dieser nicht-normgerechten Anwendung trägt die Umsetzung des Gedankens in die linearisierte Kette von Wörtern bei (psycholinguistische Dimension), aber auch die Komplexität der Kommunikationssituation und der in dieser zu erbringenden kommunikativen Aufgaben (soziolinguistische und diskurslinguistische Dimensionen). Die Anerkennung der Beschreibung sprechsprachlicher/korpuslinguistischer Regularitäten in den letzten Jahren scheint mir daher ein großer Fortschritt in der Grammatikschreibung zu sein (vgl. Zifonun et al. 1997). In diesem Sinne können sprechsprachliche Untersuchungen z.b. auf die formale Markierung von Fällen (z.B. *Genitiv, Dativ* oder *Akkusativ*) in mündlicher Rede abzielen, die Aktanten von in der mündlichen Rede häufig benutzten Verben untersuchen oder hypotaktische Strukturen (Teilsätze, die durch *wenn, weil, wobei* etc. eingeleitet werden) aus dem transkribierten Korpus isolieren und einer genauen grammatischen Beschreibung zuführen. Für morphosyntaktische Beschreibungen wird oft phonetische Präzision, für semantisch-syntaktisch genaue Segmentierung auf der Wortebene und für semantisch-pragmatische Analysen eine präzise Notation suprasegmentaler Eigenschaften notwendig sein.

Eine andere wesentliche Eigenschaft gesprochener Sprache ist die *dritte Dimension* der Graphik 2-4, die *soziolinguistische*. Hier geht es um die Frage, wie Form und Funktion von Äußerungen mit dem geographischen Raum, der sozialen Identität, dem Alter, dem Geschlecht und weiteren Parametern des sozialen Kontextes (einschließlich Situation) variieren. Situative Unterschiede (formale vs. informale Gesprächssituation) können einen hochsprachlich normativen Redestil verlangen (wissenschaftlicher Vortrag) oder einen informellen, der spielerischen Interaktion angemessenen Sprechstil begünstigen. Jugendsprachliche Eigenschaften von Äußerungen unterscheiden sich bekanntlich von solchen älterer Sprecher in generationsspezifischer Hinsicht. Schichtspezifische Unterschiede in der Komplexität und der Ausdruckspräzision sprachlicher Formulierungen wurden in den siebziger und achtziger Jahren unter der begrifflichen Dichotomie ‚restringierter' vs. ‚elaborierter Kode' detailliert untersucht (vgl. Dittmar 1973). Im Rahmen der soziolinguistischen Dimension werden sprechsprachliche Varietätenunterschiede erfasst (zwischen verschiedenen Dialekten, Soziolekten, Stilen und Registern; vgl. Dittmar 1997). Erkenntnisleitend für die Sprachbeschreibung ist die soziolinguistische Einsicht, dass die Vielfalt des regelhaften Sprechens in einer Kommunikationsgemeinschaft nicht durch die Intuition eines linguistischen Experten, sondern nur durch sorgfältig erhobene Korpora erfasst werden kann. Zu der soziolinguistischen Dimension gehören auch Untersuchungen zu geschlechtsspezifischen Unterschieden im Sprachgebrauch.

Die in den letzten Jahren mit pragmatischen Forschungsinteressen untersuchte *vierte Dimension* der mündlichen Rede ist die des Diskurses und des Gespräches. Wie u.a. in Schwitalla ([3]2006) und Deppermann (1999) dargestellt, bestand die pragmatische Wende in der Beschreibung von Diskursen darin, dass z.B. Sprecherbeiträge (Äußerungen zwischen zwei Sprecherwechseln) zur Grundeinheit der sprachsoziologischen Analyse gewählt wurden. Viele Untersuchungen befass(t)en sich mit der systemischen Organisation des Sprecherwechsels und der Sequenzstruktur von Äußerungen im Gespräch; manche Äußerungen können nur komplementär in so genannten ‚Nachbarschaftspaaren' verwendet werden; auf initiierende Sprecherbeiträge/-züge können – aus Sprechersicht – willkommene und nicht-willkommene Antworten (= reaktive Züge) kommen.

Vielen anderen Fragestellungen wurde in der Pragmatik nachgegangen. Welchen Maximen Sprecher in der Konversation folgen (z.B. ‚*Mache deinen Beitrag so kurz wie möglich und so lange wie nötig*') wurde ebenso untersucht wie der Stil von Witzen, der Klatsch am Kiosk, die Steuerung von politischen Diskussionen durch argumentative Konnektoren oder das Sprachwechselverhalten junger Immigranten der zweiten Generation in Großstädten.

Schließlich wurde auch das Sprechakt- und Redebeitragsgefüge von Diskursen und Gesprächen analysiert. Es entstanden Profilbeschreibungen kommunikativer Gattungen (vgl. Günthner und Knobloch 1994; Günthner 1995) sowie zahlreiche Fallbeschreibungen institutioneller Kommunikation.

Diskurslinguistische Untersuchungen werden heute interdisziplinär unter Berücksichtigung psychologischer, soziologischer und linguistischer Methoden durchgeführt. Sie sind das zur Zeit begehrteste und gesellschaftlich relevanteste Forschungsgebiet der öffentlichen und privaten Interaktion/Rede; Diskurstranskriptionen stellen die wichtigste dokumentarische Grundlage zu Untersuchungen alltäglichen und institutionellen Gesprächsverhaltens dar. Hier haben sich, wie wir in Kapitel 5, 6 und 7 sehen werden, Standards entwickelt, die auch von nur kurzfristig geschulten ForscherInnen kompetent und angemessen angewandt werden können.

## 2.4 Aufgaben

1. Nennen Sie zwei wesentliche/typische Eigenschaften der gesprochenen Sprache und erläutern Sie diese mit Bezug auf die Verschriftlichung mündlicher Rede.
2. Skizzieren Sie den Vorgang des Sprechens anhand des Modells von Levelt (Abb. 2-3). Welche Funktionen haben ,Mikro-/Makroplanung', ,Formulator' und ,Artikulator' in diesem Modell? Welcher Teil des Modells ist für die Praxis des Transkribierens einschlägig/relevant?
3. Erläutern Sie den Begriff ,konzeptionelle Mündlichkeit/Schriftlichkeit'. Charakterisieren Sie nach diesem Konzept die Dominanzkonfiguration für: ,Bundestagsrede', ,Vorlesung', ,Tutorium' im Rahmen von Seminaren, ,Chat' im Internet, ,Heuschnupfenanamnese' beim Lungenarzt, ,Erzählen einer Geschichte aus dem Urlaub' in der Grundschulklasse 3, ,Klatsch' in der Umkleidekabine der Sporthalle, ,Zeugenvernehmung' sowie ,Erzählen' bei Gericht, ,Bewerbungsgespräch', ,Ansprache' auf einer Hochzeitsfeier (dem Brautpaar gewidmet), ,Sprechstunden' im Hauptstudium, Anruf während einer Radiosendung und kurzes Gespräch mit dem Moderator.
4. Charakterisieren Sie die Dimensionen, die für sprechsprachliche Studien relevant sind!
Welche sprachliche Ebene der Transkription muss für grammatische/ sprachsystembezogene Untersuchungen und welche für diskurslinguistische Untersuchungen genau abgebildet werden?
5. Erläutern Sie unter Berücksichtigung der Abb. 2-2 fünf typische Eigenschaften der gesprochenen Sprache gemäß ihrer Form und Funktion. Begründen Sie, warum es sinnvoll ist, solche Eigenschaften bei der Erstellung von Transkriptionen zu kennen!
6. Vergleichen Sie auf der *Homepage ND*[13] die deutsche Wiedergabe der sogenannten „frog story" (Erstspracherwerbsstudien von Slobin 1992) mit der Wiedergabe der gleichen Bildergeschichte durch russische, englische oder spanische Kinder. Wählen Sie als Vergleichspunkt eine der genannten Fremdsprachen, jene natürlich, die Sie am besten beherrschen. Welche Unterschiede bestehen in der Kodierung der Zeitreferenz? Wie sind diese Unterschiede in der Transkription begründet?

---

13  <http://www.personal.geisteswissenschaften.fu-berlin.de/nordit/LINK: Buch Transkription>

# 3. Die Transkription als Dokumentationsgrundlage wissenschaftlicher Untersuchungen mündlicher Kommunikationsprozesse

Um Wissen dauerhaft zu speichern und Archive für das kollektive Gedächtnis herzustellen (siehe Kap.1), ist eine „Verdauerung" (Redder 2001) handlungsbezogener, mündlicher Sprechakte zu leisten. Für die mit Sprache befasste Gesellschaftswissenschaft (einschließlich aller hierfür einschlägigen geisteswissenschaftlichen Richtungen) ist eine Theorie sozialen Handelns unter Einschluss sämtlicher hierfür nutzbarer Zeichensysteme der kommunikativen Kompetenz ein zentrales theoretisches und empirisches Anliegen. Da sich eine solche Theorie auf umfassende Beschreibungen real existierenden kommunikativen Verhaltens im weitesten Sinne stützen muss, ist die Dokumentation kommunikativer Prozesse eine zentrale Forderung. Die Ethik empirischer Dokumentation, die Auswirkungen der Dokumentation auf die evolutionäre Ausstattung des Gehirns mit spezifischen Gedächtnisleistungen und die Rolle der Tradition im kollektiven Gedächtnis wird in anthropologischen, historischen und philosophischen Werken seit Jahrhunderten fokussiert und diskutiert (vgl. Crystal 1993: 17ff.). Die Grundlage jeglicher Untersuchung kommunikativen Verhaltens ist das ‚Einfrieren' der aktuellen Kommunikation in einer situationsentbundenen Form als *dokumentarische Transkription*, die die wesentliche *conditio sine qua non* jeder Art von Beschreibung verbaler Interaktion überhaupt darstellt[1]. Daraus ergibt sich die (Hypo-)These, die sich gleichzeitig als Paradox herausstellt:

*Um beobachtungsadäquate Verschriftlichungen gesprochener Sprache/ mündlicher Rede herstellen zu können, müssen wir bereits über ein weitgehendes Wissen über wesentliche Eigenschaften mündlicher Diskurse und Interaktionen verfügen; diese strukturellen und pragmatischen Eigenschaften sollen aber erst in den Untersuchungen systematisch herausgefunden und unserem Wissen zugänglich gemacht werden.*

Auf der Folie der Transkription werden wissenschaftliche Aussagen über das Untersuchungsgebiet ‚sprechsprachliche Kommunikation' in ‚wahr' und ‚falsch' geschieden und empirische Belege von Beschreibungen und Erklärungen als Bedingung der Möglichkeit von ‚Evidenz' (Beweisen) verstanden. Daher wird die Dokumentation flüchtiger kommunikativer Austauschprozesse

---

1  Siehe ergänzend unsere Ausführungen in Kap. 2

zum Zwecke wissenschaftlicher Analyse als die *wesentliche Aufgabe* der Transkription verstanden.

## 3.1 Gegenstand und Definition der wissenschaftlichen Transkription

Der Terminus „Transkription" (lat. *transcribere* – überschreiben, umschreiben) bezieht sich auf die Wiedergabe eines gesprochenen Diskurses in einem situativen Kontext mit Hilfe alphabetischer Schriftsätze und anderer, auf kommunikatives Verhalten verweisender Symbole. Aufgrund der altbekannten Tatsache *verba volant, scripta manent* („Wörter sind flüchtig, Geschriebenes bleibt") besteht die bleibende ‚Verdauerung' der flüchtigen Rede in ihrer schriftlichen Repräsentation.

O'Connell und Kowal (1995) verstehen unter ‚Transkription' „any graphic representation of selective aspects of speaking and of one or more persons' behaviour and setting concomitant with speaking" (1995: 646). Redder sieht als wesentliches Merkmal der Transkription die Verschriftlichung zu wissenschaftlichen Zwecken: „Anders als Schrift bzw. ein Schriftsystem (Günther/Ludwig 1994/96) ist ein Transkriptionssystem nicht für kommunikative, sondern für analytische Zwecke ausgebildet. Dementsprechend gehört das Transkribieren nicht zu den verallgemeinerten Kulturtechniken einer Sprachgemeinschaft, sondern zu den – heute weitgehend selbstverständlichen – wissenschaftlichen Arbeitstechniken empirischer Kommunikationsforschung [...]. Mittels einer Transkription wird die Flüchtigkeit des Gesprochenen überwunden, die mündliche Kommunikation verdauert und so einer sorgfältigen Betrachtung zugänglich gemacht" (Redder 2001: 1038). Dabei kann sich die Dokumentation des Verhaltens auf die gesamte Bandbreite verbalen und nichtverbalen Verhaltens beziehen und somit alphabetische Schriftzeichen als auch andere symbolische Kodierungssysteme einschließen. Bußmann (1990: 807) bezeichnet das Transkribieren als „Vorgang und Ergebnis der Wiedergabe eines Textes beliebiger Verschriftung (z.B. einer logographischen, etwa mit chin. Schriftzeichen) in Form eines alphabetischen Textes. Bei T. [Transkription] besteht zwischen transkribiertem und [zu] transkribierendem Text in der Regel keine *eins-zu-eins* Beziehung". Den Sonderfall einer *eins-zu-eins* Beziehung zwischen Lauten und ihren schriftlichen Symbolen (eineindeutige Abbildung) stellen wir in Kapitel 4 für die IPA dar.

Eine auf die Wiedergabe des mündlichen Lautsystems bezogene Definition gibt Helmut Richter (1982: 588): „Wir wollen unter einem *Transkriptionssystem* eine Reihe von Zuordnungen einer mindestens eingliedrigen Kette graphischer Symbole zumindest einer sprachlichen Repräsentation eines ‚Bündels' – quasi gleichzeitig auftretender – lautlicher Eigenschaften verstehen: Diese Zuordnungen mögen gewisse Bedingungen der Eindeutigkeit erfüllen und mit einem gewissen Verbindlichkeitsanspruch versehen sein". Wesentlich weiter gefasst wird die Bestimmung der ‚Diskurstranskription' durch Du Bois (1991: 72): „discourse transcription can be defined as the process of creating representation and writing of a speech event, so as to make it accessible to discourse research". Das Attribut „accessible to discourse research" ist freilich eine recht triviale Bestimmung des Gegenstandes, denn die unterschiedlichsten sprachlichen Repräsentationsebenen können unter dem Gesichtspunkt ‚Diskursforschung' für eine Beschreibung relevant sein.

Den meisten Definitionen von ‚Transkription' liegen wissenschaftliche Kriterien zugrunde. Die schriftliche Wiedergabe soll nicht nur ‚ungefähr' oder annäherungsweise authentisch, sondern eine die reale Kommunikationssituation möglichst genau abbildende Verschriftlichung sein[2]. Daher soll das Zeicheninventar die mündlichen kommunikativen Vorgänge analog und beobachtungsadäquat abbilden. Andererseits ist der Verschriftlichungsvorgang mittels der Symbole des Zeicheninventars nur durch genaues Zuhören und erneutes ‚Wiederhören' möglich; durch hörsportliches Training entwickelt sich der ‚Laien'-Transkribent zum umfassend und allseitig feinhörigen Experten der Verschriftlichung mündlicher Rede. Hierin unterscheidet sich der Transkriptionsexperte kaum vom Musiker. Man wird wohl vom Transkribenten nicht ein absolutes Gehör verlangen, aber immerhin eine sensible Wahrnehmung feinster stimmlicher, semantischer und pragmatischer Inszenierungsmuster.

Neben dem wissenschaftlichen Zweckcharakter der Transkription betrachten Ehlich/Rehbein (1979) das Verschriftlichen als einen Prozess der zunehmend feinkörnigen Erfassung sprechsprachlicher Einzelphänomene und unterstreichen daher in ihrem Verständnis von Transkription deren ‚Arbeitscharakter'; ein gutes Notationsdesign hat daher in ihrem Sinne die Charakteristika *Einfachheit, leichte Verwendbarkeit der erstellten Transkripte, schnelle Erlernbarkeit*. Von besonderer Bedeutung ist natürlich die theoretische Zielsetzung, der das Transkript dienen soll. Jede Transkription steht in einem spezifischen wissenschaftlichen Erkenntnisinteresse. Der Beschreibungsfokus einer Untersuchung ist eng mit der dokumentarischen Methode des Transkribierens verbunden.

*Was wie* (in welcher grob- oder feingranulierten Form) mit w*elcher Qualität* und *Menge* von Symbolen verschriftlicht wird, ist eine Funktion der wissenschaftlichen Fragestellung.

Thibault/Vincent (1990: 115ff.) kommen z.B. für die Untersuchung der soziolinguistischen Varietäten des Französischen in Montréal zu folgendem Verständnis von Transkription[3]: „Überhaupt keine Transkription, so detailliert sie auch sein möge, kann sämtliche Charaktereigenschaften des Mündli-

---

2    Allerdings ist laut Richter (1982) eine vollkommen identische Lautwiedergabe durch zwei oder mehr Transkribenten empirisch bisher nicht nachgewiesen. Die Genauigkeit einer lautlichen Trankription ist also *relativ*.

3    Übersetzung aus dem Französischen von mir – ND

chen reproduzieren. Eine der wichtigsten Funktionen der Transkription besteht darin, mündliche Produktionen derart zu standardisieren, dass ein Auffinden und die Analyse von Formen und Strukturen erleichtert wird." Für den Entwurf ihres eigenen Systems halten die Autorinnen fest: „Die Transkriptionen folgen der Orthographie der Standardsprache; dies ermöglicht es, die Vorkommen lexikalischer Einheiten in Konkordanzlisten festzuhalten, unabhängig von den lautlichen Variationen, die sie im mündlichen Sprachgebrauch haben" (ebd.). Wie wir in den Kap. 4 bis 7 sehen werden, sind die *Prinzipien der Verschriftlichung* (Notationssymbole) für die Praxis viel wichtiger als die Definition der Transkription ‚an sich‘, d.h. die Praxis des Transkribierens ist immer von den Größen abhängig, die gemäß den Zielen einer Untersuchung operationalisiert werden sollen. Für folgende Dimensionen müssen erwartungsgemäß Entscheidungen getroffen werden[4]:

- Angaben zur Gesprächs-/Redesituation (Zeit, Ort, Teilnehmer, Medium der Dokumentation etc.)
- Angaben zur Repräsentation des Gesprochenen auf dem Papier: Abbildung der zeitlichen Sequenzierung des Sprechens (einschließlich des Simultansprechens) als Abbildung in den schriftlichen Reihenfolgen; die hier zu treffenden Entscheidungen sind von weitreichender Bedeutung für die Lesbarkeit und die Rekonstruktion des tatsächlichen Gesprächsverlaufs.
- Kriterien für die Einteilung der Lautketten in kommunikative Einheiten (Wörter, Äußerungen, Handlungsräume von Äußerungen).
- Art der graphischen Darstellung der Lautketten (phonetische Abbildung?, literarische Transkription?, Augendialekt?).
- Kontextspezifische Kommentare zum parasprachlichen und nonverbalen Verhalten der Gesprächsteilnehmer in der Perspektive des transkribierenden Forschers.
- Parasprachliches Verhalten und Prosodie (Pausen, Redepartikeln, Gliederungssignale, Sprechfluss, Lautstärke, *crescendo* und *decrescendo* des Sprechens etc.)

Ein informativer Überblick über eine Vielzahl der das Transkriptionsdesign bestimmenden Parameter findet sich in Du Bois et al. (1992) einerseits, in Deppermann & Schütte (2008) andererseits.

Die Transkription ist einer unter drei wesentlichen Arbeitsschritten im Prozess der in Kap. 2 beschriebenen Erforschung von sprechsprachlichen Eigenschaften mündlicher Kommunikation; nach Maßgabe der gestellten Forschungsaufgabe erfolgen in chronologischer Reihenfolge:

(1) die Sprachdatenerhebung (Aufzeichnung kommunikativer Ereignisse *online* und *in situ*);
(2) die Verschriftlichung der Audio- oder Video-Aufzeichnungen und

---

4  Die für die zu treffenden Entscheidungen relevanten praktischen und untersuchungskonformen Lösungen werden in den Kap. 4, 5, 6 und 7 vorgestellt.

(3) die wissenschaftliche Auswertung von Transkripten (einschließlich der Veröffentlichung der Ergebnisse).

Input von (2) ist eine für diese Zwecke taugliche und valide Sprachdaten-erhebung (elektronische Dokumentation), die als Voraussetzung für brauch-bare Verschriftlichungen gewisse Gütekriterien erfüllen muss.

## 3.2 Sprachdatenerhebung

Aufzeichnungen von Kommunikationsereignissen sollen nach soziolinguisti-scher Forschungsethik (Labov 1980) im wesentlichen zwei Bedingungen ge-währleisten: (a) die *Natürlichkeit* und (b) die *gute Lautqualität* der Aufnahme.

Die Antworten zu diesen zwei Punkten wollen wir in 3.3 dazu nutzen, eine Reflexion darüber anzustellen, in welchem Maße – wenn überhaupt – authentische Kommunikationsereignisse in einer konkreten Situation durch die Transkription rekonstruiert werden können (ein ethisches Dilemma).

*Die Natürlichkeit der Aufnahme*
Als wichtigstes zu überwindendes Forschungsproblem jeglicher soziolinguis-tischen Untersuchung hat Labov das *Beobachterparadoxon* bezeichnet: „Der Soziolinguist muss also das Sprachverhalten von Personen in Situationen do-kumentieren, in denen diese sich völlig unbeobachtet fühlen; jedoch kann dieses nur durch *systematische* Beobachtung geschehen" (Dittmar 1997: 54). Labov hat viele Möglichkeiten aufgezeigt, dieses Beobachterparadoxon zu überwinden, z.B.:

– indem ein Telefonanruf während eines Interviews inszeniert und damit Informalität hergestellt wird;
– indem Fragen an den Interviewten gestellt werden, die seine Betroffen-heit und die natürliche ‚Normallage' seines Verhaltens auslösen;
– indem emotionale Themen angesprochen werden, die die Interaktions-partner die Formalität der Aufnahmesituation vergessen lassen.

In der Tat ist der Grad des formellen vs. informellen Stils, der in den Aufnah-men dokumentiert wird, eine Frage der Güte (*Validität*) sprachlicher/kommu-nikativer Daten: *Je natürlicher und authentischer sie sind, desto besser.*

Soziolinguisten haben kreative Auswege aus dem Dilemma des Beo-bachterparadoxons aufgezeigt:

– Die Probanden, Interviewten oder Aufzunehmenden können unter ent-sprechender Anleitung sich selber in informellen Situationen aufnehmen;
– die Forscherpersönlichkeit kann während des Gesprächs vollkommen passiv bleiben – ein weiterer Teilnehmer an der Interaktion kann indirekt eine leitende Rolle übernehmen;

- die Anwesenheit weiterer vertrauter Personen während des Gesprächs kann die Informalität des Stils bestärken;
- die zu Beobachtenden *wissen* im Rahmen einer ‚teilnehmenden Beobachtung‘, *dass* sie aufgenommen werden, aber nicht wann/zu welchem Zeitpunkt (Längsschnittuntersuchungen).

Viele Faktoren, die die stilistische Variation von Aufnahmen beeinflussen, werden in einem Überblick über (soziolinguistische) Feldforschung von Hufschmidt und Mattheier (1976) zusammengetragen. Machte man dialektologische Aufzeichnungen vor 50 Jahren noch in einem speziell dafür vorbereiteten Aufnahmewagen, kann man heute aufgrund der kleinen Tonbandgeräte ziemlich natürliche Situationen schaffen, in denen das Tonbandgerät als solches nur noch wenig negative Auswirkungen auf den natürlichen Stil der Sprecher hat. Aufzeichnungsgeräte für Minidisks (MD-Recorder, vgl. 7.2.2) sollten wegen Qualitätseinschränkungen in der Lautwiedergabe[5] nur verwendet werden, wenn die lautliche und prosodische Qualität der Aufnahme in der Analyse keine Rolle spielen; alle normalen MC-Geräte, insbesondere jedoch die digitalen DAT-Rekorder, bringen technisch gute Ergebnisse. Kleine Mikrofone, die an der Kleidung befestigt werden, und in der Erhebungssituation unauffällige, leistungsstarke Kleingeräte reduzieren die negativen Auswirkungen des Beobachterparadoxons zugunsten von mehr Natürlichkeit der Aufnahme.

*Lautwiedergabe*

Valide und zuverlässige Transkriptionen (technisch gute und störungsfreie Aufnahmen) setzen eine einwandfreie lautliche Qualität der Aufnahme voraus. Eine für Forschungszwecke brauchbare Aufnahme in natürlichem Kontext muss mindestens folgende Anforderungen erfüllen:

- Hintergrundgeräusche (Radio, Fernseher, Autolärm etc.) sind zu vermeiden. Es gibt Richtmikrofone, die den Schall der Stimme fokussieren und Nebengeräusche ausfiltern.
- Mikrofone sollten an der richtigen Stelle, ganz in der Nähe der aufzunehmenden Person, platziert werden. Am besten befestigt man sie locker im Oberkörperbereich nahe dem Hals; einerseits ist damit die gute Qualität der Aufnahme gesichert, andererseits wird dadurch die Anwesenheit des Mikrofons am ehesten vergessen.

---

5   Die Frequenzen werden an den Extremen reduziert und den ‚Mittelwerten‘ angepasst (Komprimierungsverfahren). Damit sind die phonetischen Eigenschaften verzerrt.

*Audiogeräte*[6]

Der Markt gibt mehr an Technik her, als der Soziolinguist gebrauchen oder überschauen kann. Aus diesem Grund soll hier eine kleine Übersicht gegeben werden, die weder Vollständigkeit noch Allheilmittel darstellen kann oder soll. Es geht vielmehr darum, den Einsatz von Audiogeräten nach Kriterien abzuwägen, die je nach Forschungsschwerpunkt und finanziellen Mitteln zu geeigneten Wahlen führen.

Die Auswahlkriterien für Aufnahmegeräte richten sich nach der Relevanz der folgenden sieben Eigenschaften für die durchzuführenden Aufnahmen:

1. **Aufnahmeformate** – Ein Gerät sollte in CD-Audio-Qualität (44,1 kHz Abtastrate, 16bit, 2 Kanäle) aufzuzeichnen in der Lage sein. Dies geschieht in der Regel im so genannten *wav-Format*. Eine Aufnahme von dieser Qualität wäre für phonetische Analysen brauchbar. Verlangt der Forschungsschwerpunkt keine Aufnahmen guter phonetischer Qualität, kann durchaus auch auf das *mp3-Format*[7] zurückgegriffen werden. Bedingt durch die geringere Datenmasse sind hier Langzeitaufnahmen von vielen Stunden oder Tagen möglich. Bei modernen Aufnahmegeräten können die Formate gewechselt werden.

2. **Bedienung und Größe** – Bei einem Aufnahmegerät, das täglich in der Feldforschung eingesetzt wird, sollte auf gute / einfache Bedienbarkeit (einfache Menüführung, lesbares Display, Gewicht und Anschlüsse) geachtet werden (man erspart sich Ärger und Zeitverlust).

3. **Software und Übertragung der Daten auf den PC** – Man sollte darauf achten, dass das Aufnahmegerät keine spezielle Software erfordert[8], die zur Übertragung von Audiomaterial erst installiert werden muss. Ein modernes Aufnahmegerät verfügt über einen USB-Anschluss, mit dem das Gerät mit jedem handelsüblichen Computer (PC, Macintosh etc.) verbunden werden kann. Das Gerät sollte als Massenspeichergerät erkannt werden und über den Dateimanager des Betriebssystems ansprechbar sein. So ist der schnelle Zugriff auf die Dateien an jedem Computer dieser Welt gewährleistet, ohne erst Software installieren zu müssen.[9]

4. **Preis** – Der Preis für Aufnahmegeräte variiert stark und ist abhängig von verschiedensten Faktoren. Naturgemäß sind gute Geräte auch sehr teuer.

---

6  Der Markt wandelt sich schnell, die Technologie verbessert sich ständig. Über die modernsten und geeignetsten Gerätetypen muss man ständig neu recherchieren. – Ich danke Nils Bahlo, Längsschnitterforscher der „Jugendsprache" (DFG DI 279/16-1), für die technischen Daten/Angaben zu „Audiogerääten".

7  Der MPEG1-Audio Layer 3 ist ein Dateiformat, welches sich der Psychoakustik bedient, um mit Verlusten die Datenmenge der Aufnahme zu reduzieren. Ein weiteres komprimiertes Format stellt *Ogg Vorbis* dar.

8  Bei den Minidiskrekordern ist dies häufig nicht der Fall.

9  Es ist zu bedenken, dass einige ältere Betriebssysteme wie Windows 98 spezielle USB-Treiber benötigen können.

Ist man jedoch bei der Qualität der Aufnahmen und der Bedienbarkeit des Gerätes etwas flexibel, kann man auch für unter 100 Euro einen Minidisk- oder einen MP3-Rekorder und ein günstiges Mikrofon erwerben. Dies ist für Studien zu empfehlen, die keine phonetischen Auswertungen verlangen. Semi-Professionelle Geräte kosten zwischen 300 und 400 Euro und bieten schon ein gehobenes Maß an Qualität.

5. **Nebengeräusche und Mikrofone** – Aufnahemgeräte sollten möglichst einen Anschluss für ein externes Mikrofon haben. Je nach Aufnahmesituation bedarf es häufig spezifischer Mikrofone bzw. einer bestimmten Hardware, die je nach den Bedürfnissen austauschbar ist. Aufnahmen mit eingebauten Mikrofonen sollten wegen der Nebengeräusche vermieden werden (Festplattenrekorder der Archos AV-Serie). Dagegen weisen Geräte mit einem Flash-Speicher (MP3-Rekorder, Flashrekorder) keine solche Laufwerksgeräusche beim Einsatz interner Mikrofon auf; mit ihnen kann man durchaus passable Aufnahmen machen.

6. **Akkulaufzeit** – Man achte darauf, dass der Akku austauschbar ist, oder über mehrere Stunden die Energie bereitstellt.

7. **Haltbarkeit** – Geräte mit beweglichen Teilen – wie z.B. Minidiskrekorder oder auch Festplattenrekorder – halten in der Regel nicht so lange wie Flash-Rekorder, die weniger mechanische Verschleißteile besitzen.

Für eine Übersicht über aktuelle Audiogeräte in Printmedien sei hier auf die Internetseite **http://www.audiotranskription.de**[10] verwiesen. Dieses ehemals studentische Projekt verkauft heute Hardware für Audioaufnahmen und Transkriptionen. Hier finden Sie Erläuterungen zu verschiedenen Rekordern, Kundenmeinungen und Kaufempfehlungen für jedes Budget.

*Videoaufnahmen*

Informative Aufnahmen müssen gut überlegt sein. Ein Split-Monitor erlaubt die Darstellung der gleichen Person in zweierlei Perspektiven. Am wichtigsten ist es bei den Videoaufnahmen jedoch, die Interaktion der Individuen möglichst authentisch festzuhalten. Eine exzellente (noch nicht veraltete) Übersicht über die Technik der Videoaufnahme gibt Goodwin (1981: 40-46). Bei Videoaufnahmen muss besondere Aufmerksamkeit der Perspektive geschenkt werden – sie kann frontal von vorne, von der Seite etc. erfolgen. Je nach der Perspektive bekommt man unterschiedliche Beobachtungsmomente. Gleichzeitig muss man auch auf eine gute Lautqualität achten.

*Möglichkeiten und Grenzen der Rekonstruktion authentischen Redeverhaltens durch Verschriftlichung*

In radikaler, aber auch korrekter Weise hat Dorothea Frank (1980) gezeigt, dass eine Audio- oder Videoaufnahme immer nur einen beschränkten Authentizitätsgrad erreichen kann; m.a.W. alle unsere Daten sind in irgendeiner

---

10   Stand: November 2008

Weise durch intentionale Aspekte einer Erhebung beeinflusst und *mehr oder weniger* authentisch. Die ängstliche Frage der Forschenden lautet oft: Was ist authentischer oder könnte authentischer sein als das ‚authentische Dokument', das ich habe? Diese Frage ist müßig. Aus der Erstspracherwerbsforschung kennen wir die Diskussion so genannter *‚gaps'*, also von Lücken in den Daten. Hierzu ist festzustellen: Wir können immer nur das beschreiben, was wir in empirisch kontrollierter Weise vernünftig erhoben haben; dabei ist die Möglichkeit der Fehlerhaftigkeit bzw. der Lücken in den Aufnahmen omnipräsent, d.h. aus der Perspektive einer bestimmten Fragestellung lassen sich *post factum* immer Lücken feststellen. Wir können jedoch immer nur das beschreiben, was an Daten faktisch vorliegt. Labov (1980: 184) hat dieser Einschränkung legitimerweise das positive, eher konstruktivistische ‚kumulative Paradoxon' gegenübergestellt: *„Je mehr über eine Sprache bekannt ist, desto mehr können wir über sie herausfinden."*

Zur Bewertung der Validität und Zuverlässigkeit von Aufnahmen sind allerdings noch allgemeingültige Gütekriterien zu entwickeln.


## 3.3  Die Rolle der Transkription im Rahmen kommunikationswissenschaftlicher Untersuchungen

Unter ‚Ethik des Forschungsprozesses' soll hier der Zusammenhang zwischen ‚Erklärungsadäquatheit' und praktischer Durchführung einer Untersuchung (*Erhebung, Verschriftlichung der Aufnahmen* und *Auswertung*) verstanden werden. Oft wird in der sozialwissenschaftlichen Forschungspraxis ungerechtfertigt die Trennung vollzogen zwischen denen, die Daten (a) beschaffen, (b) kodieren und (c) erklären (die Ergebnisse veröffentlichen). Stattdessen argumentieren wir hier für die *tendenzielle Unteilbarkeit* des Forschungsprozesses gemäß dem Prinzip: *Die Erklärung kommplexer Kommunikationsprozesse gewinnt in dem Maße an verstehender Tiefe, wie die die Daten auswertenden ForscherInnen mit den Datenbeschaffern und -kodierern identisch sind.*

Für die sinnverstehende Rekonstruktion der Kommunikation bei der Verschriftlichung ist die (vorausgegangene) Teilnahme an der authentischen Interaktionssituation von Nutzen[11]. Das Wiedererleben und intensive Verarbeiten der authentischen Kommunikation durch eigene Anschauung, das Anfertigen von *Situations-* und *Abhörprotokoll* sensibilisieren für das feinsinnige Verstehen sprachlicher und kontextueller Details und fördern die Genau-

---

11  Gemäß unseren Vorschlägen in 8.1 wird ja von den Datenelizitierern (Interviewern) nach der Aufnahme jeweils ein ‚Situationsprotokoll' angefertigt. Die bereits intensiv teilnehmend erlebte Aufnahmesituation wird beim Anfertigen des Situationsprotokolls noch einmal in der Verarbeitung durchlebt; das ‚Abhörprotokoll' (vgl. 8.1) vertieft das Verstehen wiederum im Schulterschluss mit der Erinnerung an die Aufnahme im Situationsprotokoll.

igkeit der Transkription sowie eine kontextangemessene Interpretation der sprachlichen Äußerungen und kommunikativen Intentionen. Die Teilnahme an der Erhebung optimiert *post factum* die Wiedergabeleistungen der Verschriftlichung (*rückbezüglicher Verstehenszugewinn*); die bei der Transkription (= Arbeit am sprachlichen Material) entstehenden Projektionen struktureller Typik der kommunikativen Muster erweisen sich häufig als richtungweisend für den nachfolgenden Forschungsprozess (*projektiver Analysezugewinn*).

In diesem dynamischen, den Forschungsprozess fördernden Spannungsverhältnis von retrospektiver und prospektiver Verarbeitung gleicht die Arbeit des Transkribierens einer *mäeutischen Tätigkeit*[12], d.h. die vordergründige Tätigkeit des Transkribierens hat den *das Individuum in die Spezifik der kommunikativen Daten sozialisierenden Nebeneffekt*, durch optimale Kenntnisse des Kontextes die Kommunikationsereignisse besser rekonstruieren und Musterauffälligkeiten des sprachlichen Materials analyseprojizierend sensibler wahrnehmen zu können. Die mäeutische Funktion des Transkribierens kann man einerseits in Analogie zum Erlernen einer (zweiten) Sprache[13] sehen; zum andern gleicht sie dem emotionalen Erleben physischer oder körperlicher Tätigkeiten als ,psychologischer' (bedeutender) Nebeneffekt der eigentlichen zweckgebundenen Tätigkeit[14].

---

12  Diesen Prozess stellen auch Ehlich und Rehbein (1976) in Rechnung, wenn sie von „halbinterpretativen Arbeitstranskriptionen" (HIAT) sprechen und damit unterstellen, dass Bearbeitungsprozesse eines Transkripts gewisse Oberflächen- und Tiefenbedeutungen des Diskurses ausleuchten helfen.

13  Die Beobachtungen an mir selber als auch an anderen zur Tätigkeit des Transkribierens legen eine Analogie zu Spracherwerbsprozessen nahe. Das Kind oder der Zweitspracherwerber hört viel, was er/sie zunächst nicht versteht, sich aber mit der Zeit über Kontexte, Gesichter, Körperbewegungen, Handlungen etc. erschließt. Die Fokussierung auf die Aufnahme und die Wiedergabe aller Details dieser Aufnahme durch Symbole eines Kodierungssystems führt zu einer wiederholten, intensiven Verarbeitung einzelner Signalbündel und mündet schließlich in ein relativ umfassendes, mit den einzelnen Zeichen kontextualisiertes Verstehen ein.

14  Das vertiefte, der Authentizität sich annähernde Sinnverstehen ist ein Nebeneffekt der auf das Transkribieren gerichteten Tätigkeit, hinsichtlich des Endprodukts, der Beschreibung und Erklärung des Dokuments und einzelner seiner Aspekte häufig jedoch wichtiger als die reine Arbeitsleistung selbst. Vergleichbar ist der Effekt mit fokussierten, mechanischen Tätigkeiten (routinierten Praktiken, professionellen Routinen), in deren Vollzug das ,Bekannte' nur angewendet, nach innovativem Erleben jedoch neugierig gesucht wird. Die Bindung der Aufmerksamkeit an mechanisch zu vollziehende Prozesse macht offenbar mentales Erleben in einer Weise frei, die zu einem tieferen Sinnverstehen der Interaktionskopie und zu Fragestellungen der Untersuchung beiträgt.

## 3.4 Aufgaben

1. Was ist der Unterschied zwischen einem (verschriftlichten) „wörtlichen" Protokoll einer Mitgliederversammlung des Zentralrats der Juden und einer wissenschaftlichen Zwecken dienenden Transkription der gleichen Versammlung?[15]
2. Nennen Sie die wichtigsten Faktoren der Sprachdatenerhebung, die als Input in die Aufnahme Auswirkungen haben und das Transkriptionsprodukt beeinflussen.
3. Fertigen Sie für die eigene in Kapitel 8 beschriebene Aufnahme (Elizitierung eines Tischgesprächs) ein *Situationsprotokoll* und ein *Abhörprotokoll* an.[16]
4. Überlegen Sie am Beispiel der Aufnahme eines Tischgesprächs (Kap. 8, Aufgabe 3 und 4) und unter Vorgabe eines soziolinguistischen/kommunikationswissenschaftlichen Beschreibungszieles, welche Auswirkungen es auf die Forschungsresultate hat, wenn *Erhebung*, *Transkription* und *Auswertung* in drei Teilprozesse ‚gesplittet' von unterschiedlichen Personen ausgewertet werden ODER diese drei Arbeitsgänge von *ein und dergleichen* Person durchgeführt werden.
5. Welcher Unterschied besteht zwischen den beiden folgenden Fragestellungen:
   (a) Beschreibung der Konjunktion *weil* mit koordinierender Funktion (*weil + Verbzweitstellung*) und subordinierender Funktion (*weil + Verbendstellung*); konsultieren Sie dazu den Aufsatz Dittmar & Bressem (2005).
   (b) Welchen emotionalen Status haben die Sprechregister: *langsam vs. schnell sprechen* und *leise vs. laut sprechen?*

---

15  Mitgliederversammlungen des Zentralrats der Juden in Berlin werden „wörtlich" protokolliert, d.h. das auf Tonband Aufgenommene wird in Standardorthographie reproduziert. Anfragen unter
16  Vorgaben („Formulare") hierfür finden Sie auf der ND Homepage http//www. personal.geisteswissenschaft.fu-berlin.de/nordit/LINK: Buch Transkription.

„Dessenungeachtet warf er [Pantagruel – ND] noch drei oder vier Hände voll [einge-
frorene Worte, die nun aber in der milden Luft wieder auftauten – ND] davon aufs
Deck. Unter ihnen gab's recht häßliche, bitterböse Worte, von denen uns der Steuermann sagte, daß sie zuweilen wieder dahin zurückkehrten, von wo sie hergekommen
wären, und die Kehle, die sie ausgesprochen, durchschnitten: ganz erschreckliche
Worte! Und andere, die auch nicht gerade schön aussahen. Als sie auftauten, hörten
wir: heng, heng, heng, heng, hi, Zecke, Fackel, Schielaug, Scheißdreck, Scheißhau-
fen, frr, ferrr, ferrr, bu, bu, bu, bu, bu, bu, bu, bu, rr, track, track, trr, trr, trrr, trrr, hu,
hu, hu, hu, uf, uf, uf, Gog, Magog und ich weiß nicht, was sonst noch für barbarische
Laute, [...]"
*(Aus: Rabelais: Gargantua und Pantagruel. Hrsg. v. H. und E. Heintze. Frankfurt
a.M. 1994 [EA 1532-1553]. Viertes Buch, Kap. 56, S. 656.)*

# 4. ‚Sage mir, wie du sprichst und ich sage dir, wer du bist': Lautliche Authentizität

Scherer/Giles (1979) u.a. haben in der Sozialspychologie die Aura einer
Stimme und die sie auslösenden positiven und negativen Empfindungen untersucht. Mittlerweile ist ja bekannt, dass Stimmen für öffentliche Medien
nach Kriterien des Wohlklangs getestet werden (z.B. im Bereich der Wer-
bung und Telekommunikation). In Analogie zu dem „Mode-Model" könnte
man von einem „Sprech-Model" reden, d.h. einer Person, die ihre Stimme
mit schön klingenden Prosodieverläufen und Tönen kleidet, die affektive
Wirkungen auf die Adressaten ausüben. Ein Transkriptionssystem, das diese
affektiven (parasprachlichen) Eigenschaften einer Stimme abbildet, existiert
unseres Wissens nicht. Allerdings verbinden sich mit dem Klang der Stimme
(Euphonie vs. Kakophonie) positive oder negative Empfindungen.

Von größter Bedeutung war die Wiedergabe stimmlicher Unterschiede
für die räumliche Erforschung der Sprache bereits im 19. Jahrhundert. Be-
kanntermaßen gliedert sich das Deutsche in viele Varietäten, unter denen
die *Dialekte* eine besondere Rolle spielen. Wenkers Dialektatlas (begonnen
nach der Gründung des Deutschen Reiches 1871) sollte die lokale und re-
gionale Lautvielfalt der Varietäten des Deutschen kartieren (vgl. Bar-
bour/Stevenson 1998). Was wir im Alltag schon immer tun, nämlich bei
Begegnungen mit uns nicht vertrauten fremden Sprechern anhand der
Stimme (Klang, Melodie, Aussprachevarianten) ihren lokalen, regionalen
und sozialen Hintergrund zu identifizieren (kognitive Funktion: Reduzierung interpersonaler Unsicherheit), wurde mit dem Dialektatlas dann systematisch in eine Geographie gemeinsam geteilter vs. verschiedener lautlicher (grammatischer und lexikalischer) Qualitäten eingebracht (vgl. Dittmar 1997). Allerdings gehen die *literarischen* Versuche, varietätenspezifische Unterschiede beim Import fremder Stimmen (Polyphonie) in Roma-

nen bei der Inszenierung von Gesprächen abzubilden, bereits auf den Beginn des 19. Jahrhunderts zurück.[1]

## 4.1 Die literarische Umschrift

Sie wurde bewusst zu wissenschaftlichen Zwecken bereits in den fünfziger Jahren in der deutschen Dialektologie verwendet und stellt seit den achtziger Jahren eine weitgehend auf ‚gute sprachliche Intuition' gegründete Standardform der Verschriftlichung dar; so wird beispielsweise eine umgangssprachliche oder leicht dialektale Realisierung von *in der Schule* als *‚inner schul'* oder *‚in èr schul'* wiedergegeben. In der *Lautbibliothek der deutschen Mundarten* verstehen Zwirner/Bethke (1958) den Begriff ‚literarische Transkription' so:

> „Den Text, der das auf Band Gesprochene bzw. vom Band Abgehörte in leicht lesbarer Form wiedergibt, nennen wir die *literarische Umschrift*. Es ist etwa die Form, in der die Mundart in der populären Literatur wiedergegeben wird [...] Von der Orthografie soll in den Fällen abgewichen werden, wo der gesprochene Laut durch einen anderen Buchstaben oder durch eine andere Buchstabenverbindung besser wiedergegeben wird" (ebd.: 34f.).

So wird anstelle von *g* z.b. *j* bzw. *ch* geschrieben *(janz, wenich* usw.); *ch, ck, qu, r, sch, v, x, z* werden mit „dem oder den Lautwerten, die sie in der Hochsprache haben" verwendet (ebd.: 35). Der Apostroph dient zur Wiedergabe ausgelassener Laute, z.B. *m'r* für „mir".

Wie literarische Autoren in ihren Büchern (einschließlich *Comics*) authentische fremde Stimmen repräsentieren, wurde exemplarisch in Kap. 1 (1.6) illustriert. Mit Bezug auf das erste deutsche literarische Transkriptionssystem HIAT schreiben Redder/Ehlich (1994):

> „Das bedeutet z.B., daß „kannste" für standardorthographisch „kannst du" oder „kömmer" für standardorthographisch „können wir" etc. steht. Solche Verfahren sind uns aus der Verschriftung von Dialektliteratur vertraut. Wird ein Laut ‚ausgelassen', so fehlt er auch bei der Verschriftung, wobei die Maxime: ‚so wenig Apostroph-Verwendungen wie möglich' gelten sollte; daher transkribiert man *un* für „und", *nen motor* für „einen Motor", *gibts dat* für „gibt es das" etc. Auch die Interpunktion wird den deutschen Regeln entsprechend verwendet, denn diese spiegeln in systematischer Weise syntaktische und pragmatische Funktionen wider, die in der gesprochenen Sprache intonatorisch markiert werden – was die Transkribenten ebenso verstehen wie jeder andere Hörer oder jede andere Hörerin auch" (1994: 11).

---

1  Fritz Schütze, Soziologe an der Universität Magdeburg, ist der Meinung, dass die ersten dokumentarischen Wiedergaben in der Literatur sich in Jane Austens „Emma" (1806) wiederfinden. Andere behaupten, Dostojewski habe als erster Quasi-Transkripte von „tatsächlichen" Unterhaltungen literarisch wiedergegeben. Kommunikative Authentizität haben auch Balzac, Fontane, Tucholsky und viele andere in den Roman importieren wollen (Spielarten der ‚Polyphonie').

Für Redder (2001) sind typische Merkmale der ‚literarischen Transkription‛ sogenannte lautliche Verschleifungen.

> „Verbale Verschleifungen (*nonich* für ‚noch nicht‛), phonetische Variation (*gekricht* für ‚gekriegt‛, *Bombom* für ‚Bonbon‛) und Apokopierungen (*mach, hab, garnich*) sind entsprechend literarisch transkribiert [...]" (Redder 2001: 1042).

Nach Selting (2001: 1062) nimmt die ‚literarische Umschrift‛

> „[...] die Standardorthographie als Basis der Wiedergabe der regionalisierten mündlichen Standard- und Umgangssprache, und notiert umgangssprachliche oder dialektale Abweichungen von dieser regionalisierten Norm als Abweichungen von der Standardorthographie [...] Im Beispiel ist diese Art der Verschriftlichung gewählt mit Notationen wie *hab, jetz, is, find* statt der Standardversionen *habe, jetzt, ist* und *finde*."

In Selting et al. (1998) werden eine Reihe von Konventionen für die Wiedergabe in der literarischen Umschrift angegeben. Die angeführten Beispiele decken nicht alle Fälle ab, geben aber doch die prototypischen Erscheinungen wieder und erlauben es, analoge Konventionen, falls notwendig, zu bilden.

Klein/Schütte (2000) fassen die ‚literarische Transkription‛ (LT) unter den Oberbegriff ‚Transliteration‛ und verstehen darunter eine orthographische Verdeutlichung von Aussprachebesonderheiten, die vom Standard abweichen; in der LT werden alle Wörter ‚klein‛ geschrieben. Hyperkorrekte Schreibweise für Fälle, in denen die Orthographie regelhaft von der Lautung abweicht (*grap, könich, oißerst*), soll vermieden werden; bei silbischer Realisierung der Endsilbe wird [e] als [en] transkribiert (*fahren*), bei lautlicher Verschmelzung reduziert (*sehn, könn*); nur bei auffälligen Abweichungen vom Standard (ohne regelhafte Beziehung zur Orthographie) wird die Abweichung nach Regeln der Orthographie verschriftlicht (*nemme, vadder, bleiwe*). „Es wird also immer analog zu den Regeln der Orthographie verfahren: z.B. Markierung eines kurzen Vokals durch Konsonantenverdoppelung (*nemme, vadder, mudder, hüwwe, drüwwe*)" (ebd.: 4).

‚Lexikalisierte Verschleifungen‛ werden gemäß Duden (2005: 1209) zusammengeschrieben, z.B. Präp. + ‚das‛: *ans, aufs, fürs, ins* etc. Abweichende Verschleifungen werden durch ein Gleichheitszeichen markiert, das die Information ‚zwei verschiedene Morpheme‛ enthält, z.B. *auf=m* („auf dem/einem"), *mi=m* („mit dem/einem")

*Zusammenziehungen* innerhalb eines Wortes werden so geschrieben, wie man sie hört; Vokal- und Konsonantendehnung wird durch Doppellaut indiziert: (i) *ham, haam* für „haben"; (ii) *worn* für „worden"; (iii) *saan* für „sagen"; (iv) *erfunn* für „erfunden"; (v) *jezoon* für „gezogen".

Zusammenfassend stellt die LU nach Klein/Schütte (2000: 3) „den Versuch dar, die Einbußen [einer nicht-phonetischen Umschrift- ND] möglichst gering zu halten, indem sie sich grundsätzlich auf das orthographische System stützt und dieses zur Präzisierung der Lautwiedergabe um eine Reihe von Sonderzeichen ergänzt, die aber bisher nicht einheitlich geregelt sind."

Wie wir am Beispiel von HIAT und GAT in 5.4 und 5.7 sehen werden, gibt es gewisse (unterschiedliche) Konventionen für e-Elisionen, Zusammenziehungen innerhalb von Wörtern und Verschleifungen zwischen Wörtern. Typisch für die LU ist die allgemein geltende Kleinschreibung. Unter „Augendialekt" versteht Jefferson eine radikale Variante der LT im Rahmen der Konversationsanalyse (vgl. Selting 2001: 1062f.). Indem sich die ‚Augendialekt'-Schreibweise der bekannten orthographischen Traditionen bedient, ist das Lesen im Prinzip einfacher, aber durch die Rezeption ungewohnter Buchstabenkombinationen (*sarick* für ‚sage ich', *faschte::ste* für ‚verstehst du'), die den Lautklang direkt und unkonventionell wiedergeben, wird das ‚Umgeschriebene' als fremd wahrgenommen (vgl. dazu auch Texte von Arno Schmidt mit ähnlichen Effekten, 1.5). Da die lautlichen Besonderheiten stark ins Auge fallen sollen, können wir den ‚Augendialekt' auch eine ‚expressive literarische Umschrift' nennen.

Edwards (1992a: 368) nennt den ‚Augendialekt' „an impressionistic extension of English spelling". Sie kritisiert an diesem Konzept „uninformativeness, inconsistency, ambiguity, faulty phonetics and poor readability" und Gumperz/Berenz (1993) unterstellen dem ‚Augendialekt' „to trivialize participants' utterances by conjuring up pejorative stereotypes" (zit. nach O'Connell/Kowal 1995: 648). Selting (2001: 1062f.) sieht den ‚Augendialekt' durch Gail Jefferson nach dem

> „Alphabet der Schriftsprache verwendet, um die phonetische Realisierung möglichst genau anzudeuten. Ein Beispiel ist:
> "V: my wife //caought d'ki:d, = […] =lightin' a fiyuh in Perry's celluh" (Sacks/ Schegloff/Jefferson 1974, 731). Eine solche Transkription setzt die Vertrautheit des Lesers mit den verwendeten impliziten Orthographiekonventionen sowie mit der dargestellten Sprachvarietät voraus und ist für Nichtmuttersprachler dieser Varietät nur schwer verständlich (Gumperz/Berenz 1993; O'Connell/Kowal 1995, 648). Der Unterschied zwischen der ‚literarischen Umschrift' und Jeffersons 'eye-dialect' ist vor allem ein gradueller: Während die ‚literarische Umschrift die Notation von Abweichungen von der Standardorthographie einschränken will, verwendet Jefferson solche Abweichungen z.T. exzessiv. Aber auch die literarische Umschrift setzt die Bekanntheit der Bezugsnorm für den Leser voraus."

Klein/Schütte fassen ihre Kritik folgendermaßen zusammen:

> „[…] Die *populäre phonetische Umschrift* [hiermit ist der oben charakterisierte 'Augendialekt' gemeint – N.D.] ist ein Kompromissversuch, der die Nachteile der beiden bisher genannten Systeme [,orthographische Umschrift' vs. ‚wissenschaftliche, phonetische Umschrift' – ND] zu vermeiden sucht. Da es aber kein verbindlich eingeführtes Alphabet gibt, sind Abstriche nach beiden Seiten zu machen, d.h. es ist weniger gut lesbar und gleichzeitig weniger präzise" (2000: 3).

Die im Folgenden präsentierten Transkriptionssysteme bleiben explizite Konventionen für die LT schuldig. Beispiele (insbesondere aus HIAT, DIDA, siehe oben) erläutern jedoch den praktischen Anwendungsbedarf. Die explizitesten Konventionen sind am IDS in Mannheim ausgearbeitet worden und finden sich in den von Kallmeyer u.a. herausgegebenen vier Bänden zur „Stadtsprache Mannheim" (vgl. Kallmeyer 1994 ff.).

## 4.2 Die Transliteration

Der traditionelle Begriff der ‚Transliteration' wurde im Zusammenhang mit Übersetzungen einer Ausgangs- in eine Zielsprache geprägt. Wird die Ausgangssprache in einem anderen Schriftsystem geschrieben als die Zielsprache, wird die Transliteration von authentischen (Eigen-)Namen, Orten, Kennzeichnungen notwendig. So wird das in kyrillischer Schrift geschriebene russische Wort СПУТНИК („Weggefährte, Satellit") im Deutschen durch die graphische Repräsentation *Sputnik* wiedergegeben. Abzugrenzen ist die ‚Transliteration' von der ‚Transkription', bei der die Laute der Ausgangssprache durch Buchstaben der Zielsprache ausgedrückt werden (vgl. dazu Redder 2001: 1049). So gibt die Schreibweise *Gorbatschow* wieder, wie der Name des früheren sowjetischen Staatschefs im Russischen ausgesprochen wird, während die genaue Transliteration *Gorbačev* wäre. Sowohl die Transliteration als auch die Transkription sind in ihrer Verwendung mit bestimmten Problemen verbunden. Verwendet man die Transkription, so macht man sich von den Konzeptionen der Zielsprache abhängig. Im Deutschen schreibt man *Tschaikowski*, im Englischen *Tchaikovsky*, im Holländischen *Tsjaikowskij* und im Ungarischen *Csajkovszkij*. Wendet man die Transliteration an, so ist das Problem oft das Fehlen geeigneter diakritischer Zeichen als Anreicherung des Zielsprachensystems. Transliteriert man z.B. Ausdrücke aus dem Tschechischen ins Deutsche, so fehlt oft der sog. ‚Háček', ein diakritisches Sonderzeichen über den Konsonanten. Wichtig wäre es, internationale Konventionen für die Transliteration zu entwickeln, so dass nicht auf der einen Seite *Peking* und auf der anderen Seite *Beijing* verwendet werden. Der kyrillische Buchstabe ‚я' wird oft durch *ia, ja* oder *ya* transliteriert. Solche Unterschiede könnten zu Problemen beim Nachschlagen von Begriffen führen.

Was traditionellerweise LT genannt wird, heißt in den „Transkriptionsrichtlinien für die Eingabe in DIDA" (Klein/Schütte 2000) ‚Transliterationssystem': „Bei der Verschriftlichung von Diskursen kann man prinzipiell zwischen mindestens 4 Transliterationssystemen unterscheiden:

a. orthographische ‚Umschrift', z.B.: *Spitzbuben*
b. wissenschaftliche ‚phonetische Umschrift' [IPA: ʃpizbuːbe]
c. ‚populäre' phonetische Umschrift: *Schbidsbuuwe*
d. literarische Umschrift: *Spitzbuwe*" (ebd.: 2f.).

## 4.3 Die ‚phonetische Umschrift' (IPA)

Im Folgenden soll das wesentliche Kriterium der Zweckbestimmung von ‚Transkription' zur Anwendung gelangen, nämlich gesprochene Sprache in ihrer authentischen lautlichen Form wiederzugeben. Ich beziehe mich auf die Schaffung eines allgemeinen phonetischen Repräsentationssystems zum Ende des letzten Jahrhunderts (API/IPA[2]), das auf alle Sprachen angewandt werden kann. Für die Tausenden von Einzelsprachen der Welt wurden über die Jahrhunderte eigene alphabetische und nicht-alphabetische Schriftsysteme (vgl. 1.3) entwickelt, die Eigenschaften der jeweils gesprochenen Einzelsprachen mit unterschiedlich vielen Graphemen (Schriftsymbolen) wiedergeben. Die Entwicklung eines Systems, das die lautlichen Eigenschaften im 1:1 Verhältnis ‚Laut – graphisches Symbol' wiedergibt, wurde Ende des 19. Jahrhunderts ein mehrfach motiviertes praktisches gesellschaftliches Bedürfnis:

– Fremdsprachliche Systeme sollten in Erhaltung ihrer Authentizität für jedermann zugänglich gemacht werden; dazu bedurfte es eines Verfahrens der ‚Transliteration' (z.B. Übertragung russischer (kyrillischer) Schriftzeichen ins Lateinische).
– Um die Möglichkeiten der Erlernung von Fremdsprachen zu verbessern, sollten Wörterbücher und grammatische Lehrbücher mit einer von den Einzelsprachen unabhängigen, allgemein lesbaren Umschrift die in der jeweiligen ‚Hochsprache' authentischen sprechsprachlichen Eigenschaften von Wörtern und Äußerungen wiedergeben.

Dies sollte eine international gültige ‚phonetische Transkription' leisten, die Schiefer/Pompino-Marschall (1996) verstehen als

„eine Methode, mittels welcher gesprochene Sprache unter Verwendung eines Alphabets oder Notationssystems schriftlich aufgezeichnet wird. Die verwendeten Notationssymbole sind inhaltlich bezüglich ihres Lautwertes genau definiert. Sie sind zu verstehen als Abkürzung der artikulatorischen Deskription der zu transkribierenden Laute und werden in [ ] gesetzt. So stellt im System der IPA... etwa [m] die Abkürzung dar für ‚bilabialer stimmhafter Nasal' oder [e] für ‚mittelhoher ungerundeter Vorderzungenvokal' " (ebd.: 1583).

Man unterscheidet grundsätzlich zwischen der *breiten* oder *phonematischen* (zwischen / / gesetzten) Transkription und der *engen ohrenphonetischen* Transkription (*narrow transcription* vs. *broad transcription*). Bei der breiten Transkription werden nur bedeutungsunterscheidende Phoneme in der jeweiligen Sprache mit unterschiedlichen Symbolen notiert. Dagegen wird in der engen Transkription jeder auditiv erfassbare Unterschied dargestellt. Nach Schiefer und Pompino-Marschall kann man als Beispiel die Notation für das /r/ anführen. Im Falle der breiten Transkription notiert man für das apikal-alveolare *r* im Bairischen und für das uvulare *r* im Schwäbischen das gleiche

---

2    API = Association Phonétique Internationale; IPA= International Phonetic Association. Die ‚internationale phonetische Umschrift' wurde von dieser zweisprachigen Assoziation Ende vorletzten Jahrhunderts geschaffen.

Phonem, nämlich /r/. In einer engen Transkription sind dagegen beide *r*-Realisierungen unterschiedlich zu repräsentieren: Der apikal-alveolare Vibrant (nach IPA) als [r], der uvulare Vibrant als [R].

Der die lautlichen Eigenschaften von Fremdsprachen oder Dialekten einer Einzelsprache notierende Transkribent muss professionell ausgebildet sein. Eine passive Beherrschung der Notationssymbole genügt nicht, vielmehr muss die sorgfältige Zuordnung der Symbole zu einem bestimmten Lautwert von Grund auf erlernt werden. Dies geschieht durch ein gezieltes Training und eine gezielte Schulung des Gehörs. Unter Linguisten gibt es das geflügelte Wort ‚je musikalischer jemand ist, desto genauer fällt die phonetische Transkription aus‘. Dies trifft oft zu, aber eben nicht immer.

Andere Autoren motiviierte zur Formulierung der IPA-Konventionen das Problem der Transliteration: Arabische, indische, chinesische etc. Schriftsysteme sollten lesbar/transparent gemacht werden, indem Äquivalente in der lateinischen Schreibweise gebildet wurden. Für eine *universelle* Transliteration forderte Sir William Jones schon 1788 zentrale Grundsätze, die auch heute noch Gültigkeit besitzen. Er unterschied in seinen Ausführungen zwischen alphabetischen und nicht-alphabetischen Notationssystemen.

*(a) Das alphabetische System*
Hier finden vorzugsweise *lateinische* Buchstaben – ergänzt durch ausgewählte *griechische* und *kyrillische* – Anwendung, die artikulatorisch definiert sind und eindeutig einen Laut abbilden. Die Lautwerte der eingeführten Symbole – viele sind in den europäischen Sprachen nicht belegt – werden zu Demonstrationszwecken für verschiedene Sprachfamilien (Arabisch, Indisch, Amharisch etc.) mit einem Beispiel belegt. Da europäischen Sprachbenutzern solche Beispiele in der Regel fremd sind, ist das Erlernen des Systems je nach Einzelsprache schwierig (vgl. die dazu speziell entwickelten diakritischen Zeichen in *Abb. 4-5*).

*(b) Das nicht-alphabetische System*
Hier soll die Artikulation eines Lautes direkt abgebildet werden. Dabei kann man zwei Typen von nicht-alphabetischen Notationen unterscheiden:

(i) Es werden neue Buchstaben geschaffen, „die jedoch aus einzelnen Teilen artikulatorischen Inhalts zusammengesetzt sind. Bekannt sind die Alphabete von Alexander Melville Bel (1867) und Ernst Brücke (1863); beide Autoren orientieren sich an der Artikulation der Laute, wobei sie spezielle Zeichen für Artikulationsstellen, Artikulationsmodi und die Hervorbringung (Phonation) erstellen, aus welchen sich die Notationssymbole zusammensetzen" (Schiefer/Pompino-Marschall 1996: 1584f.; siehe dort auch einschlägige Beispiele).

(ii) Otto Jespersen veröffentlichte 1904 eine nicht-alphabetische Notation auf der Grundlage griechischer Buchstaben, die die artikulierenden (beweglichen) Organe abbilden sollen (>alpha< bezeichnet dabei die Lippe, >beta< die Zungenspitze, >gamma< das Zungenblatt, >delta< das Gaumensegel und >epsilon< den Kehlkopf). Die Artikulationsstellen markierte Jespersen durch lateinische Buchstaben, den ‚Grad der Öffnung' durch Zahlen (bezogen auf Vokale). Durch Kombinationen von Buchstaben und Zahlen werden besondere Artikulationsstellen in einer eindeutigen Notation festgelegt (vgl. ebd.: 1585). Das Notationssystem von Jespersen bildet eindeutiger als das alphabetische System die Lautqualitäten ab, konnte sich jedoch aufgrund seiner Abstraktheit und Losgelöstheit von anderen gängigen Symbolsystemen und seiner schwierigen Lesbarkeit nicht durchsetzen. Gleichwohl bildet das System von Jespersen die Lautwerte angemessener ab.

## Hundert Jahre IPA

Während Jespersen sich mit seiner Idee für nicht-alphabetische Notationen nicht durchsetzen konnte, hatte er jedoch mit seiner Ende der achtziger Jahre des 19. Jahrhunderts vorgetragenen Idee, ein Notationssystem zu schaffen, das auf alle bekannten Sprachen anwendbar und verbindlich sein sollte, viel Erfolg. Diese Idee wurde von den Mitgliedern der von Paul Passy gegründeten *Internationalen Phonetischen Assoziation* (engl. *International Phonetic Association*, frz. *L'Association Phonétique Internationale*) mit großem Enthusiasmus aufgenommen; nach zweijähriger Arbeit entstand ein erster Entwurf, der 1888 veröffentlicht wurde. Er geht auf vorliegende Ausarbeitungen von Pitman und Ellis (1847) zu einem ‚phonotypischen' Alphabet zurück[3]. 1900 entstand eine *zweite* Fassung, eine *dritte* wurde 1949 vorgelegt, wobei diese letzte Version allgemein und weithin die Bedürfnisse für phonetisches Transkribieren erfüllte. Die seit 1889 unter dem Namen *Le Maître Phonétique* erscheinende Zeitschrift der Gesellschaft *International Phonetic Association* wird seit 1971 unter dem Titel „Journal of the International Phonetic Association (JIPA)" in normaler einzelsprachlicher Autographie publiziert.

Die Gründer der IPA waren Fremdsprachenlehrer; durch die Schaffung universeller phonetischer Äquivalente für die Lautsysteme der Weltsprachen wollten sie die Didaktik des Fremdsprachenunterrichts effizienter gestalten.

Die IPA bezeichnet sich als kollektiven Autor; der Titel der maßgeblichen Veröffentlichung heißt „The Principles of the International Phonetic Association", London (letzter Nachdruck 1984). Im ersten Teil werden die Grundlagen erläutert, die Entstehungsgeschichte der Gesellschaft, die dem ausgewählten Alphabet zugrundeliegenden Prinzipien, die Kriterien für die Abgrenzung zwischen phonematisch breiter und phonetisch enger Transkription; des Weiteren wird ein Abriss über die Kardinal-Laute, die Symbole für Konsonanten und Vokale gegeben sowie eine Übersicht über die Diakritika mit Beispielen für ihre Anwendung abgedruckt. Den Rest der Veröffentlichung (53 Seiten) füllen Textproben aus der Äsop-Fabel „Der Nordwind und die Sonne", die in 51 Sprachen transkibiert wurde (siehe hierzu 4.8).

Lange blieb diese Version verbindlich; auf Anregung des Phonetikers Peter Ladefoged wurde schließlich 1989 eine Überarbeitung des Alphabets vorge-

---

3   Die Quellen werden in Schiefer/Pompino-Marschall (1996) zitiert.

nommen, die nach zweijähriger Vorbereitung in den so genannten ‚Kiel Conventions' schriftlich niedergelegt wurde.[4] Inzwischen ist eine umfassende Dokumentation und Darstellung von der *International Phonetic Association* (1999) unter dem Titel *The IPA Handbook* veröffentlicht worden. Im Folgenden sollen die IPA-Prinzipien nach den ‚Kiel Conventions' kurz erläutert werden.

## Die Prinzipien der IPA

Nach der neuesten Version ist das Symbolinventar der IPA so strukturiert, dass alle in den Sprachen der Welt vorkommenden Laute abgebildet werden können. Dieser Abbildung liegen phonetische Werte zugrunde (Beschreibung der Artikulation). „Die Symbole des IPA sind Abkürzungen für die Intersektion dieser Kategorien. Z.B. ist [p] die Abkürzung für die Kombination der Kategorien *stimmlos, bilabial* und *Plosiv*" (Schiefer/Pompino-Marschall 1996: 1586).

Der Konstruktion der IPA liegen folgende Überlegungen zugrunde:
Bedeutungsunterscheidende Laute (Phoneme) sollen als zwei verschiedene Symbole notiert werden (z.B. die Aussprache des /s/ im Deutschen, einmal als [s] und als [z]). Sind sich zwei Laute sehr ähnlich und haben diese in keiner der berücksichtigten Sprachen phonemischen (phonematischen) Status, werden sie mit dem gleichen Symbol notiert. Zur genaueren Abbildung können *Diakritika* verwendet werden, um die feinen Unterschiede dieser Laute hervorzubringen.

Diakritika können, sollen aber nicht übermäßig benutzt werden; sie werden daher beschränkt auf: (i) die Bezeichnung von Daueraкzentposition und Tonhöhe, (ii) die Differenzierung feiner Lautunterschiede („Lautschattierungen") und (iii) die Setzung eines Diakritikums, um die Schaffung einer größeren Anzahl von neuen Symbolen zu vermeiden.

Festgehalten wurde an dem Grundsatz, für die alphabetische Notation einen Bezugsrahmen zu schaffen; dies wurde durch die artikulatorisch-akustische Definition von Kardinalvokalen geleistet. „Die primären Kardinalvokale sind gegeben durch akustisch gleichmäßige Unterteilung der Abstände innerhalb der (in den meisten Sprachen ungerundeten) Serie vom höchstmöglichen Vorderzungenvokal [i] und dem offensten Hinterzungenvokal [ɑ] mit [e, ɛ, a] und eine gleichartige (in den meisten Sprachen gerundete) Serie weiter zum höchstmöglichen Hinterzungenvokal [u] mit [o, ɔ]" (Schiefer/Pompino-Marschall 1996: 1587). Die sekundären Kardinalvokale sind bei gleicher Zun-

---

4  Die Ergebnisse dieser Tagung sind in dem *Journal of the International Phonetic Association* (JIPA) Nr. 19 (1989, 67-80) festgehalten (eine letzte Revision findet sich in JIPA Vol. 23, 1993, 32-34). Das vollständige <u>I</u>nternational <u>P</u>honitic <u>A</u>lphabet (IPA) findet man auch problemlos im Internet zum Herunterladen.

genhöhe/-position durch die entgegengesetzte Besetzung des Merkmals ‚Lippenrundung' markiert (vgl. zum Vokalinventar *Abb. 4-1*)[5].

*Abb. 4-1:* Das *Vokalinventar* des IPA

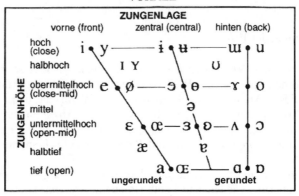

*Das Notationsinventar der IPA: Symbole im Einzelnen*
Die Repräsentationssymbole der IPA setzen sich wie folgt zusammen: Grundlegende Quelle ist das lateinische Alphabet, z.B. die Laute [a, e, i, o, u] als Vokale und [p, t, k; m, n] als Konsonanten. Im Lateinischen werden griechische Buchstaben hinzugefügt, welche jedoch in ihrer Form den lateinischen Buchstaben möglichst angepasst werden. Weitere Symbole werden durch (Um-)Drehung von Buchstaben geschaffen: z.B. [m] umgekehrt (also auf dem Rücken liegend): [ɯ], [v] umgekehrt, also die Spitze nach oben: [ʌ], [o] nur an der linken Seite geöffnet [ɔ]. Ergänzt werden die Buchstaben durch die Hinzufügung von Diakritika (vgl. *Abb. 4-5*), die dem Buchstaben eine Information über die Artikulationsstelle oder den Artikulationsmodus hinzufügen (Punkte, Striche, Tilde, kleine Kreise, Winkel, Buchstaben in *petit* etc.).

―――――――――――――――
5    B. Pompino-Marschall sei herzlich für die Erlaubnis gedankt, die Abbildungen 4-1 bis 4-6 hier übernehmen zu dürfen.

*Abb. 4-2:* Konsonanten (pulmonal)[6]

| ARTIKULIERENDES ORGAN | labial | | apikal/laminal | | | | | dorsal (uvular) | | | glottal |
|---|---|---|---|---|---|---|---|---|---|---|---|
| **ARTIKULATIONS-STELLE** / **ARTIKULATIONS-MODUS** (stl. sth.) | bilabial | labio-dental | dental | alveolar | post-alveolar | retroflex | palatal | velar | uvular | pharyn-gal | glottal |
| plosiv | p b | | t d | | | ʈ ɖ | c ɟ | k g | q ɢ | | ʔ |
| nasal | m | ɱ | n | | | ɳ | ɲ | ŋ | N | | |
| gerollt | ʙ | | r | | | | | R | | | |
| geschlagen | | | ɾ | | | ɽ | | | | | |
| frikativ | ɸ β | f v | θ ð | s z | ʃ ʒ | ʂ ʐ | ç ʝ | x ɣ | χ ʁ | ħ ʕ | h ɦ |
| lateral-frikativ | | | ɬ ɮ | | | | | | | | |
| approximant | | ʋ | ɹ | | | ɻ | j | ɰ | | | |
| lateral-approximant | | | l | | | ɭ | ʎ | ʟ | | | |

schraffierte Flächen kennzeichnen unmögliche Artikulationen

*Abb. 4-3:* Konsonanten (nicht pulmonal)

| Clicks | Implosive (sth.) | Ejektive |
|---|---|---|
| ʘ bilabial | ɓ bilabial | ' Diakritikum, wie in: |
| ǀ dental | ɗ dental/alveolar | p' bilabial |
| ǃ (post-)alveolar | ʄ palatal | t' dental/alveolar |
| ǂ palatoalveolar | ɠ velar | k' velar |
| ǁ alveolar lateral | ʛ uvular | s' alveolar frikativ |

*Abb. 4-4:* Weitere Symbole

ʍ stl. velar-labialer Frikativ

w sth. labial-velarer Approximant

ɥ sth. labial-palataler Approximant

H stl. epiglottaler Frikativ

ʕ stl. epiglottaler Frikativ

ʡ epiglottaler Plosiv

ɕ ʑ alveolo-palatale Frikative

ɺ alveolarer lateraler Schlag

ɧ gleichzeitig ʃ und x

Doppelartikulationen und Affrikate können durch Klammerung gekennzeichnet werden:

k͡p t͡s

---

6 Bei paarweisen Symbolen kennzeichnet das rechte den stimmhaften Konsonanten. Schattierte Flächen kennzeichnen unmögliche Artikulationen.

73

*Abb. 4-5:* Diakritika

| | | | | | | | | | | | |
|---|---|---|---|---|---|---|---|---|---|---|---|
| ◌̥ | stimmlos | n̥ d̥ | ◌̹ | gerundeter | ɔ̹ | ʷ | labialisiert | tʷ dʷ | ◌̃ | nasaliert | ẽ |
| ◌̬ | stimmhaft | s̬ t̬ | ◌̜ | weniger gerundet | ɔ̜ | ʲ | palatalisiert | tʲ dʲ | ⁿ | nasale Lösung | dⁿ |
| ʰ | aspiriert | tʰ dʰ | ◌̟ | vorverlagert | u̟ | ˠ | velarisiert | tˠ dˠ | ˡ | laterale Lösung | dˡ |
| ◌̤ | behaucht | b̤ a̤ | ◌̠ | rückverlagert | i̠ | ˤ | pharyngalisiert | tˤ dˤ | ◌̚ | ungelöst | d̚ |
| ◌̰ | laryngalisiert | b̰ a̰ | ◌̈ | zentralisiert | ë | ◌̴ | velarisiert od. pharyngalisiert | ɫ | | | |
| ◌̼ | linguolabial | t̼ d̼ | ◌̽ | mittelzentralisiert | e̽ | ◌̝ | erhöht | e̝ ɹ̝ | (ɹ̝ = sth. alveolarer Frikativ) | | |
| ◌̪ | dental | t̪ d̪ | ◌̘ | vorverlagerte Zungenwurzel | e̘ | ◌̞ | erniedrigt | e̞ β̞ | (β̞ = sth. bilabialer Approximant) | | |
| ◌̺ | apikal | t̺ d̺ | ◌̙ | rückverlagerte Zungenwurzel | e̙ | | | | | | |
| ◌̻ | laminal | t̻ d̻ | ˞ | rhotaziert | ɚ | ◌̩ | silbisch | ɹ̩ | ◌̯ | nichtsilbisch | e̯ |

*Abb. 4-6:* Suprasegmentalia

- ˈ Hauptbetonung
- ˌ Nebenbetonung
- ː lang
- ˑ halblang
- ◌̆ extra kurz
- . Silbengrenze
- | kürzere (Takt-/Fuß-)Gruppe
- ‖ größere (Intonations-)Gruppe
- ‿ verschliffen (fehlende Grenze)
- ↗ global steigend
- ↘ global fallend

TÖNE UND WORTAKZENT

| STUFEN | | | KONTUREN | | |
|---|---|---|---|---|---|
| ◌̋ oder | ˥ | extra-hoch | ◌̌ oder | ˩˥ | steigend |
| ◌́ | ˦ | hoch | ◌̂ | ˥˩ | fallend |
| ◌̄ | ˧ | mittel | ◌᷄ | ˦˥ | hoch steigend |
| ◌̀ | ˨ | tief | ◌᷅ | ˩˨ | tief steigend |
| ◌̏ | ˩ | extra-tief | ◌᷈ | ˧˦˧ | steigend-fallend |
| ↓ | | Downstep | | | etc. |
| ↑ | | Upstep | | | |

Die Kriterien ‚Sorgfalt', ‚Einfachheit' und ‚Übersichtlichkeit' wurden für die Erstellung einer tabellarischen Übersicht über die IPA-Konventionen angewandt (*Abbildungen 4-1* bis *4-6*). Die pulmonalen Konsonanten werden nach artikulierendem Organ, Artikulationsstelle und Artikulationsmodus untergliedert. Die nicht-pulmonalen Konsonanten (‚Clicks', stimmhafte Implosive und Ejektive) werden in einer Kombination aus Sonderzeichen und Diakritika notiert. Weitere Symbole spezifizieren Besonderheiten der Artikulationsstelle und des Artikulationsmodus für eine eher kleine Anzahl von Sprachen, die allerdings keine weite Verbreitung haben. Akzente, Striche, Pfeile und Rundbögen werden zu Notationen der ‚Suprasegmentalia' (Prosodie) genutzt: Mit ihnen soll die Betonung, die Länge der Silbe (Steigen oder Fallen), der Ton, sowie die Qualität der Intonationsgruppe erfasst werden. Die Anzahl der pulmonalen Konsonanten musste, um die Anwendung des Systems auf alle Sprachen zu sichern, möglichst gering gehalten werden; die Größen für Artikulationsstelle und Artikulationsmodus wurden auf das notwendigste begrenzt; Zusatzinformationen finden sich bei den ‚weiteren Symbolen' und bei den nicht-pulmonalen Konsonanten. Die Suprasegmentalia spezifizieren ebenfalls nur die notwendigsten Parameter für Dauer, Akzent und Tonhöhe. Für die Darstellung des Vokalsystems wurden als wesentliche Parameter die Zungenstellung, die Zungenhöhe und die Lippenrundung (gerundet vs. ungerundet) gewählt. So werden drei Zungenstellungen (*vorn – zentral – hinten*) und vier Zungenhöhen (von *geschlossen* nach *offen*) unterschieden.

Phonetisch valides Transkribieren mit Hilfe der IPA-Konventionen setzt in der Regel Übungen nach Anleitung durch Experten (Phonetiker) voraus; als Hilfe für das selbstständige Praktizieren der phonetischen Transkription sei das Lehrbuch von Pompino-Marschall (1995) empfohlen. Ein sorgfältiges Studium der Abbildungen 4-1 bis 4-6 ist eine kognitive Voraussetzung zur Lösung der Aufgaben am Ende des Kapitels. Sie sind so formuliert, dass Studierende grundlegende praktische Einsichten in das Transkribieren mit IPA gewinnen, verschiedene Feinheiten der Transkription zu unterscheiden sowie Vor- und Nachteile von Notationsvarianten abzuschätzen lernen.

## 4.4 Die Heidelberger Umschrift ‚PDL' (Pidgin-Deutsch-Lautschrift)

Eine in vieler Hinsicht vereinfachte Transkription, die zum Zwecke der morpho-syntaktischen Beschreibung nicht-normativer Varietäten entwickelt wurde, stellt die Heidelberger Umschrift „Pidgin-Deutsch-Lautschrift" (PDL) dar, die 1974 für das Heidelberger Forschungsprojekt „Pidgin-Deutsch ausländischer Arbeiter" (vgl. Klein/Dittmar 1979) entwickelt wurde.

Hier werden die IPA-Werte auf Buchstaben des lateinischen Alphabets übertragen, die maschinenschriftlich (PC) geschrieben werden können. Es ergibt sich ein relativ einfaches System hinreichender Äquivalenzen. Suprasegmentalia und Diakritika fehlen allerdings, da sich diese Zusatzzeichen der IPA nur mit größerem Aufwand im PC schreiben lassen. Einige wenige äußerungsgliedernde Merkmale wurden zusätzlich zur IPA entwickelt, spielen aber für die Auswertung im Prinzip keine entscheidende Rolle. Die Forscher entwickelten dieses System, um das Deutsch von Ausländern in seiner oft fragmentarischen, interlingualen Struktur und in seinen besonderen lernerspezifischen Eigenheiten möglichst authentisch und als dokumentarische Grundlage für die Erstellung eigenständiger grammatischer Regeln wiederzugeben.

Auch in dieser Transkription ist der lautliche (grammatische) Aspekt der wichtigste. Bei diesem Projekt ging es vornehmlich um morphosyntaktische Eigenschaften von Lernervarietäten des Deutschen als Zweitsprache.

*Abb. 4-8:* PDL-Umschrift

| PDL-Umschrift | | | | | | | |
|---|---|---|---|---|---|---|---|
| **Konsonanten** | | | | **Vokale** | | | |
| IPA | PDL | IPA | PDL | IPA | PDL | IPA | PDL |
| [b] | B | [x] | x | [a] | A | [ʏ] | ü |
| [d] | D | [ç] | X | [a:] | aa | [y:] | üü |
| [g] | G | [j] | j | [e:] | ee | [ɔ] | o |
| [p] | O | [h] | h | [ɐ] | ä | [o:] | oo |
| [t] | T | [m] | m | [ɛ:] | ää | [ə] | c |
| [k] | K | [n] | n | [ɪ] | i | | |
| [f] | F | [ŋ] | q | [i:] | ii | | |
| [v] | w | [ʀ] | r | [ʊ] | u | | |
| [s] | s | [l] | l | [u:] | uu | | |
| [z] | z | [ʃ] | ' | [ʌ] | ö | | |
| [ʃ] | ß | | | [ø:] | öö | | |

Die folgende Erzählung (Aufnahme aus dem Heidelberger Projekt ‚Pidgin-Deutsch') illustriert IPA-analog die PDL-Lautschrift (vgl. die Entsprechungen IPA-PDL in Abb. 4-8) mit anschließender Übersetzung in deutsche Umgangssprache:

Miguel B., SP-09 (M), erzählt dem Interviewer (W), dass der Betriebsingenieur ihm mit Entlassung droht, wenn er nicht seine Arbeit wiederaufnimmt, obwohl er krank geschrieben ist. (Nur die Lerneräußerungen werden in PDL wiedergegeben).

W    Sie waren krank, ja, hat es da Probleme gegeben mit der Firma (...)?
M    probläma, ja
W                        Welche?
M                        ƀaq iç kraqk injänjör mir zaxcn „mainc biro komcn" uq daq iç zaxc „ƀarum duu niç komcn aacbait?" iç za „aa iç kraqk, iç niç komcn aacbait". „ƀarum? fifiil woxcn duu kraqk? iç zax „aa, iç waic niks, iç niç doctor". Uq daq injänjör zaxcn „nästc monat niç komcn aacƀáitc, duu foct cpanis au". „ ƀarum? & alcs monat bcsaalc, ƀarum iç foct?"

[Übersetzung der kurzen Erzählung (sinngemäß): Als ich krank war, sagte der Ingenieur zu mir: „Komm in mein Büro"; ich antwortete darauf „Warum?" Er sagte: „Warum kommst du nicht zur Arbeit?" Ich sage: „Naja, ich bin krank, ich kann nicht zur Arbeit kommen!" (Der Ingenieur:) „Warum? Wieviele Wochen bist du schon krank?" Ich sage: „Naja, das kann ich nicht bestimmen, das macht der Arzt". Und darauf sagte der Ingenieur: „Wenn du nicht im nächsten Monat arbeitest, musst du zurück nach Spanien." „Warum? Ich bezahle doch jeden Monat alles (meine Kosten – ND), warum soll ich fort?"]

Für eine morphophonologische/-syntaktische Analyse ist die PDL-Transkription eine hinreichende Basis. Sie indiziert grob granuliert die abweichenden oder fehlenden grammatischen Markierungen[7]. Für eine Lernervarietätenanalyse ist die Dokumentation der nicht-normativen Realisierungen unabdingbar. Die PDL genügt einer mit einfachen Mitteln zu erstellenden phonetischen Basistranskription. Eine umfassende morphophonologische Analyse auf der Grundlage der PDL liegt mit Tropf (1983) vor, wobei die im engeren Sinne untersuchten Variablen fein granuliert erfasst wurden.

*Fazit*: Die von der PDL gelieferte phonetische Basistranskription ist eine (im Vergleich zur IPA) praktische, gut lesbare Arbeitsgrundlage für morphosyntaktische/-phonologische Analysen. Alle feineren (engeren) Untersuchungen spezifischer Variablen wie etwa Auslautverhärtung, Epenthese, nominale und verbale Flexionsendungen etc. müssen durch erweiterte ‚fein granulierte‘ phonetische Zeichen erfasst werden; diesen Ansprüchen vermag jedoch nur die IPA mit ihrem engmaschigen Netz an Distinktionen zu entsprechen (siehe unten).[8]

## 4.5  SAMPA (Speech Assessment Methods Phonetic Alphabet)

SAMPA ist ein Ende der achtziger Jahre begonnenes und im Laufe der neunziger Jahre fertiggestelltes Programmpaket zur IPA-getreuen phonetischen Transkription durch EDV. SAMPA liefert Lösungen für (a) die Transkription und (b) die Kodierung. Die Wahlen für (a) umfassen die gleichen Probleme,

---

7   Auslautender Dental fällt oft weg, die obliquen Kasus (z.B. Akk. oder Dat.) sind nicht realisiert, die Verbflexion fehlt nahezu vollständig, der „Infinitiv" (= unmarkierte Verbform) wird oft hyperkorrekt benutzt, andererseits ist auch die Stammform des Verbs lernerspezifisch vereinfacht.

8   Eine ganze Reihe von IPA-Symbolen haben keine Entsprechung in PDL. Die Darstellung beschränkt sich auf das Phonemsystem des Deutschen, ließe sich aber jederzeit nach Bedürfnis weiter differenzieren. Bei der Wiedergabe von Dialekten oder fremdsprachlich Gesprochenem sind daher Schwierigkeiten zu erwarten. Hier einige Lautungen, über die das Deutsche (auf der Allophonebene) durchaus verfügt, die bei der PDL aber nicht berücksichtigt sind:
   –   gespannte kurze Vokale: [e], [i], [u], [o]
   –   r-Allophone: [ʁ] (uvularer stimmhafter Frikativ, oft intervokalisch, z.B. in „Herren")
   [Ξ]   (uvularer stimmloser Frikativ, oft nach stimmlosem Plosiv, z.B. in „trat")
   [ɣ]   (velarer stimmhafter Frikativ, oft vor vorderen Vokalen, z.B. in „Briese")
   [r]   (apikaler Trill, sog. Zungenspitzen-R, z.B. in slawischer oder bairischer Lautung)
   [ɾ]   (apikaler Approximant, so ähnlich wie das „Zungenspitzen-R", nur mit 1 Schlag)
   [ɐ]   (zentraler, halbtiefer Vokal, im Deutschen als „vokalisiertes R", z.B. in „aber")
   [ʒ]   (postalveolarer sth. Frikativ, z.B. in „Garage")
   Das in PDL vorgesehene Zeichen für [R] (uvularer Trill) repräsentiert eine Hyperlautung, wie sie kaum in gesprochenem Deutsch zu erwarten ist (außer auf der Bühne ). Ebenso kommen bestimmte Besonderheiten der Lautung, z.B. Aspiration, Palatalisierung etc. nicht angemessen zum Zuge.

die bereits im Rahmen der IPA-Etablierung auftauchten[9]. Im Wesentlichen konnten die IPA-Lösungen in veränderter Form übernommen werden. Das Problem der Kodierung (b) bezieht sich auf die Auswahl der Symbole im ASCII-Modus. Es wurde entschieden, in dem ASCII-Bereich 32-127 alle notwendigen Zeichen auszuwählen. Allerdings wurden gemäß der neuen PC-Serie verschiedene Anpassungen vorgenommen, teilweise über die Definition von „code pages"[10] für Einzelsprachen. Eine umfassende Übersicht über die SAMPA Prinzipien findet sich in Gibbon/Moore/Winski (1997: 684-732). Die vollständige Übersicht über alle für das Deutsche relevanten Zeichen findet sich dort auf den Seiten 708-710.

Unterschiedliche Formate IPA-basierter Transkriptionsversionen der Äsop-Fabel „Nordwind und Sonne" werden in Pompino-Marschall (1995: 256ff.) diskutiert.


## 4.6  Vor- und Nachteile von IPA, PDL und SAMPA

Für Fremdsprachenlexika und -grammatiken sowie zur systematischen Erfassung des Lautbestandes einer Einzelsprache im systemlinguistischen Sinne (jedoch auf empirisch gesicherter Grundlage) ist IPA ein unverzichtbares, ausgezeichnetes Instrument. Soll die Grammatik von Lernervarietäten (Erst- und Zweitspracherwerb), Minderheitensprachen oder Dialekten eine möglichst genaue Abbildung des alltäglichen Sprachgebrauchs sein, muss auf IPA-Transkriptionen eine präzise grammatische und Varietätenbeschreibung gegründet werden. Für valide typologische Erkenntnisse ist IPA daher eine wichtige Dokumentations- und Beschreibungsvoraussetzung. IPA ist im Wesentlichen auf Experten, also eine kleine Anzahl von Anwendern, zugeschnitten. Auch der Kreis der Leser dieser speziellen Notation ist klein – die Lektüre der Notate ist mühsam und von unmittelbarem Gewinn wohl nur für jene Anthropologen, Spracherwerbsforscher und Minderheitensprachen archivierende Linguisten, die nicht-normative grammatische Regularitäten aus dem Gebrauch erschließen und ihre formalen und funktionalen Leistungen typologisch vergleichen wollen. Gleichwohl werden Studierende aus einer Detailtranskription viele Einsichten

---

9   Phonemische oder allophonische Notation? Sollen und können die phonetischen Symbole für ALLE Sprachen gelten? Welche Beziehung besteht zwischen der kontextfreien und der kontextspezifischen Aussprache eines Lexems?

10  Eine sogenannte „code page" enthält Informationen darüber, nach welcher Norm die Zeichen (Buchstaben, Zahlen, Satzzeichen u.ä.) im Computer dargestellt werden; auf DOS-Rechnern in den USA wird üblicherweise die codepage 437 (englisch) benutzt und in Europa, wo z.B. für das Deutsche die Umlaute mittels besonderer Buchstaben repräsentiert werden sollen, ist es die codepage 850 (mehrsprachig). Modernere Programme benutzen heutzutage UNICODE, einen Zeichensatz, der die meisten länderspezifischen Zeichen enthält.

in die mikroskopische Formenwelt von Sprachen gewinnen und sich dazu der modernen und praktisch zu handhabenden Konventionen des SAMPA für PC bedienen können. Allen, die nach Eisenbergschen Prinzipien varietätenspezifische nicht-normative Grammatiken auf der beobachtungsadäquaten Grundlage exakter Transkriptdokumentationen formulieren wollen, sei daher die fein granulierte SAMPA-Lautschrift empfohlen, die den Vorteil anschließbarer grammatischer Auswertungsprogramme liefert. Allerdings fehlen sowohl in IPA wie in SAMPA noch wichtige, dem neuesten Forschungsstand entsprechende suprasegmentale Notationskonventionen, die den Sprachgebrauch nicht nur als fein granuliertes kognitives, sondern auch als emotionales und interaktionales Medium zwischenmenschlicher Kommunikation beschreibbar machen.

Solchen Ansprüchen versuchen interaktionsbezogene diskursspezifische Transkriptionssysteme gerecht zu werden, die wir in Kapitel 5 vorstellen.

## 4.7 Aufgaben

Für die Bearbeitung der folgenden Aufgaben werden Tonbeispiele gebraucht, die jedem Interessierten per Internet zur Verfügung stehen. Ein Link zu den Beispielen findet sich auf meiner Homepage (siehe <u>Internetadressen</u> im Anhang) unter ‚Aufgaben Transkriptionsbuch‘[11]

1. Sprechen Sie den kurzen Text der Äsop-Fabel (s. 4.8) auf Tonband
   (a) Tanskribieren Sie den ersten Absatz gemäß dem Zeicheninventar des IPA.
   (b) Vergleichen Sie die Version aus Pompino-Marschall (1995: 276) mit der Ihren.
   (c) Transkribieren Sie den ersten Absatz in SAMPA (s. 4.5).
2. Hören Sie sich die Tonbeispiele zu dieser Aufgabe an. Es handelt sich um zwei kurze Ausschnitte: Das Pidgin-Deutsch eines Spaniers und den vorderpfälzischen Dialekt eines Heidelbergers (Aufnahmen aus den siebziger Jahren).
   (a) Notieren Sie beide Passagen je einmal in IPA, in PDL und in SAMPA.
   (b) Welche Unterschiede lassen sich hinsichtlich des Transkribierens einer ‚muttersprachlichen‘ und einer ‚lernersprachlichen‘ Stimme feststellen?
   (c) Wie wirken sich die Unterschiede auf die Validität der Transkription aus?
3. In Margret Sperlbaum (1975: 64) findet sich die Transkription zum Gesprächsausschnitt eines norddeutschen Sprechers (Elektrikers) in Dortmund. Isolieren Sie aus der IPA-Transkription die formalen Merkmale der *nominalen* und *verbalen* Flexion und versuchen Sie mit Hilfe von Eisenberg (1998) eine dialektbezogene Bestandsaufnahme der Kasusformen. Welche phonetischen

---

11  Die phonetische Umschrift ist in den auf meiner HP angebotenen Word-Dokumenten mit der Schriftart (dem Font) ‚SIL Encore IPA93‘ dargestellt, wie sie für eine Installation unter der Internetadresse http://www.sil.org/computing/fonts/ipareadme.html kostenfrei per Download aus dem Internet zu bekommen ist.

Zeichen sind die ‚formalen' Träger der Flexionsmerkmale? Begründen Sie Ihre Resultate und diskutieren Sie kritisch die Schwierigkeiten der Analyse (phonetische Grundlagen der Segementierung).

4. Hören Sie sich die Tonbeispiele (http://userpage.fu-berlin.de/~nordit/HP/) zu dieser Aufgabe mehrmals an. Es handelt sich um Tonbandproben von unterschiedlichen Varietäten des Deutschen als Minderheitsprache (dachlose Außendialekte des Deutschen).

(a) Überlegen Sie sich, welche Wörter mündlich miteinander ‚verschmolzen' ausgesprochen werden; prüfen Sie, ob beispielsweise Verben und Klitika phonetisch wie EIN WORT realisiert werden, aber als unterschiedliche grammatische Einheiten markiert werden sollen.

(b) Transkribieren Sie die drei kurzen Proben nach IPA (handschriftliche erste Version) und dann nach SAMPA („Reinschrift" auf Computer).

(c) Um welche Minderheitssprachen/dachlose Außendialekte handelt es sich? Begründen Sie Ihre Option mit Hilfe von Kriterien!

5. Übernehmen Sie das IPA-Transkriptionsbeispiel (deutscher Dialekt) dieser Aufgabe aus dem Internet (Homepage ND, siehe Anhang) auf einen Rechner.

(a) Welche Vorbereitungen müssen getroffen werden, damit Sie eine solche IPA-Transkription ausdrucken können?

(b) Legen Sie für diese Transkription Wortgrenzen fest!

(c) Übersetzen Sie die dialektale Passage in umgangssprachliches Deutsch.

(d) Transkribieren Sie die umgangssprachliche Fassung, nachdem Sie sie auf Tonband in Ihrer eigenen Varietät gesprochen haben, in IPA, und vergleichen Sie diese Fassung mit der originalen Transkription.


## 4.8 Anhang

Die Äsop-Fabel „Nordwind und Sonne" (nach Gibbon/Moore/Winski 1997)

Einst stritten sich Nordwind und Sonne, wer von ihnen beiden wohl der Stärkere wäre, als ein Wanderer, der in einen warmen Mantel gehüllt war, des Weges daherspazierte. Sie kamen überein, dass derjenige der beiden als stärker gelten sollte, der den Wanderer dazu brächte, seinen Mantel auszuziehen.

Der Nordwind begann, so stark er konnte, zu wehen. Doch je mehr er wehte, desto fester hüllte sich der Wanderer in seinen Mantel, und so musste der Nordwind schließlich aufgeben.

Nun begann die Sonne zu scheinen, und es wurde warm, so dass der Wanderer sofort seinen Mantel auszog. Da musste der Nordwind zugeben, dass sie Sonne stärker war als er.

# 5. Die Verschriftlichung von Diskursen und Gesprächen: Pragmatische Authentizität

## Vorbemerkung

Es werden nur solche Transkriptionssysteme für Diskurse vorgestellt, die im deutschsprachigen Raum genutzt werden und sich somit auch in der Praxis durchgesetzt haben.[1] Ein guter Überblick über die korpuslinguistischen Transkriptionsverfahren in der anglophonen (und internationalen) Forschung findet sich in Lenk (1999). Informative Forschungsübersichten geben die Handbucharartikel von Redder (2001) und Selting (2001). O'Connell und Kowal (1995) vergleichen Transkriptionssysteme unter den vier Parametern ‚verbale‘, ‚prosodische‘, ‚paralinguistische‘ und ‚außersprachliche Komponente‘ und diskutieren auch theoretische Anforderungen an Transkriptionssysteme (siehe hierzu 5.1 und 5.2). Eine anschauliche Einführung in „mündliche Verfahren der Verschriftlichung" aus konservationsanalytischer Sicht liefern Lehnen und Gülich (1997) mit zahlreichen Beispielen und praktischen Erläuterungen. Die genannte Literatur geht in die Ausführungen dieses Kapitels ein, auch wenn sie nicht immer explizit zitiert wird.

## 5.1 Grundlagen: Anforderungen an eine technisch, theoretisch und praktisch angemessene Transkription

Die kommunikationswissenschaftliche Analyse von verbalen Interaktionen und Diskursen setzt das WAS von Äußerungen (Semantik) mit ihrem WIE (ihre formale Organisation) und ihrem WARUM (Handlungscharakter, Pragmatik) in Relation. Transkribenten dokumentieren das mittels materieller Zeichen Geäußerte durch Verschriftlichung so ‚authentisch‘ wie möglich (vgl. ‚Rekonstruktion‘ in 3.2 und 3.3).

Für folgende Dimensionen müssen erwartungsgemäß bei der Erstellung von Transkriptionskategorien Entscheidungen getroffen werden:

---

[1] Das System „discourse transcription" (DT) von du Bois et al. (1993), das ich unter 5.6 in der ersten Auflage dargestellt habe, findet sich unter „Buch Transkription" auf meiner HP (siehe Internetadressen im Anhang).

81

- Angaben zur Gesprächs-/Redesituation (Zeit, Ort, Teilnehmer, Medium der Dokumentation etc.);
- Angaben zur Repräsentation des Gesprochenen auf dem Papier: Abbildung der zeitlichen Sequenzierung des Sprechens (einschließlich des Simultansprechens) in Abfolgen graphischer Linearisierung; die hier zu treffenden Entscheidungen sind von weitreichender Bedeutung für die Lesbarkeit und die Rekonstruktion des tatsächlichen Gesprächsverlaufs (siehe unten);
- Kriterien für die Einteilung der Lautketten in linguistische Einheiten (Morphologie, Syntax, Pragmatik von Wörtern und Äußerungen; prosodische Einheiten);
- Prosodie und parasprachliches Verhalten (Pausen, Redepartikeln, Gliederungssignale; Sprechfluss, Tempo, Lautstärke, *crescendo* und *decrescendo* des Sprechens etc.);
- Art der graphischen Darstellung der Lautketten (phonetische Abbildung vs. literarische Transkription);
- kontextspezifische Kommentare zum kommunikativen/nonverbalen Verhalten der Gesprächsteilnehmer in der Perspektive des transkribierenden Forschers.

Diese Dimensionen systematisiert Edwards (1995: 20f.) unter drei Oberbegriffe:

a) ‚Transkription': Schriftliche Darstellung dessen, WAS WER WIE unter WELCHEN UMSTÄNDEN sagt (Gesprächskontext, temporale Gliederung der Sprechaktivität; prosodische Aspekte; Metakommentare zum nicht-sprachlichen Verhalten u.a.).

b) ‚Kodierung': Beziehung abstrakter Kategorien der verbalen Botschaft zueinander, d.h. syntaktische, semantische und pragmatische Kategorien.

c) ‚Mark-up': Spezifizierungen, die für die Formatierung des Textes relevant sind (kursiv, unterstreichen etc.) und dazu dienen, durch eine spezifische Computer Software verarbeitet oder interpretiert zu werden (Segmentierung des Textes, Katalogisierung seiner Teile zum Zwecke der Wiederherstellung, Tabulierung etc.)

Einen informativen Überblick über eine Vielzahl der das Transkriptionsdesign bestimmenden Parameter findet sich in Du Bois et al. (1993) sowie in Edwards (1993b) und Deppermann & Schütte (2008).

Die im Folgenden dargestellten Transkriptionssysteme werden unter dem Aspekt ihrer *Beobachtungsadäquatheit* präsentiert. Wir verstehen darunter die Formulierung eines differenzierten Inventars von Kategorien, das die wesentlichen kognitiven und konstitutiven Eigenschaften von Gesprächen/Diskursen abbildet: Den Sprecherwechsel und die Überlappung von Redebeiträgen, die Segmentierung der mündlichen Äußerungen in Wörter, die Darstellung ihrer melodischen Ausprägungen (Tonhöhenverlauf, Lautstärke, Tempo etc.) sowie auffällige Erscheinungen ihrer formalen Gestalt und Gestaltung. Das Kategorieninventar muss einerseits allgemeinen theoretischen und praktischen Anforderungen der Verschriftlichung genügen, andererseits den jeweils vorgegebenen (linguistischen, sprachsoziologischen, kommunikationswissenschaftlichen) Untersuchungsinteressen. In welchem Maße die Transkriptionssysteme in diesem Sinne gewissen *Gütekriterien* entsprechen, soll dann in 5.9 einer *Evaluation* unterzogen werden. Auf dem langen Marsch in diese Richtung sind *Gütekriterien* hilfreich.

> „Als semiotische Systeme zweiter Stufe, genauer: als Verschriftungen zweiter Stufe[2], unterliegen sie [die Gütekriterien – ND] der kritischen Erprobung und Entwicklung ihren Zwecken entsprechend ebenso wie primäre sprachliche Handlungsformen. Eine einzelsprachliche oder gar sprachtypbezogene Verallgemeinerung ist bislang noch nicht erreicht worden, wohl aber ein gewisser Standard hinsichtlich wesentlicher Gütekriterien (Edwards/Lampert 1993; Selting et al. 1998)" (Redder 2001: 1038).

Zunächst erarbeiten wir uns erkenntnisleitende Maxime zur Erstellung von Transkriptionssymbolen und formulieren dann ein Kategorienraster zur Bestandsaufnahme der Gemeinsamkeiten und Unterschiede der Transkriptionssysteme.

## Notationsdesign

Die meisten Beiträge in Edwards/Lampert (1993) stimmen darin überein, dass das Design eines Notationssystems für Beschreibung und Erklärung sprachlich-kommunikativer Erscheinungen beträchtliche theoretische Auswirkungen hat. Die *authentische Abbildung in verschriftlichter Form* anstrebenden Symbolinventare würden nach Edwards (1993b; 1995) ihre form- und funktionsbezogenen Ziele verfehlen, wenn die Transkriptionskategorien *schlecht definiert*, die gewählten graphischen Repräsentationen nicht *zugänglich* oder nur schwer *lesbar* und eine elektronische Ver-/Bearbeitung der Sprachdaten nicht *grundlegend* überlegt wären. Daher formuliert Edwards (1993b; 1995) Prinzipien (i) des kategoriellen Zuschnitts, (b) der Lesbarkeit und (c) der computergestützten Datenverarbeitung. Diese Gesichtspunkte werden von Du Bois (1991) und Du Bois et al. (1993) in folgenden Maximen thematisiert (vgl. auch Deppermann & Schütte 2008: 3.1), von denen wir die wichtigsten auswählen:

---

2    Zeichensysteme ‚erster Stufe' sind die (semiotischen) sprechsprachlichen Kodes der Einzelsprachen.

*Maxime 1:*
*Definiere den Untersuchungszielen angemessene, optimale Verschriftlichungs-*
*kategorien!*
Die Kategorien sollen natürlich *explizit* definiert, hinreichend *allgemein* (und
damit nicht abhängig von spezifischen diskursiven oder einzelsprachlichen
Kontexten) und schließlich so angelegt sein, dass z.b. Diskursphänomene
wie Überlappung, ,Ankleben' von Äußerungen, Tonhöhenbewegungen etc.
distinktiv notiert werden (sich also klar voneinander abheben und damit bei
der Analyse leicht handhabbar werden).

*Maxime 2:*
*Mache dein System zugänglich (z.B. so leicht und einfach lesbar wie mög-*
*lich)!*
Die Wahl der Transkriptionssymbole sollte vornehmlich nach Prinzipien der
*Einfachheit* des in Kommunikationsgemeinschaften bestehenden Bekannt-
heitsgrades von Zeichen und der *optimalen Lesbarkeit* (für non-verbales Verhalten ikonische Symbole wählen!) vorgenommen werden. Die Kodierungen
sollten den semiotischen Erwartungen der Mitglieder einer Kommunikationsgemeinschaft, die den Leserkreis der Transkripte bilden, möglichst nahe
kommen; notwendige wissenschaftliche Detailliertheit bzw. die Wahl besonderer Symbole ist gegen Lektürevereinfachungen von Fall zu Fall abzuwägen; auf jeden Fall sollte das von der Gestaltforschung erarbeitete Prinzip
beachtet werden, dass informationsüberlastete Texte leicht zu „Gestaltzer-
fall" führen und nicht mehr erkenntnisfördernd bearbeitet werden können[3].
Am ehesten kommt eine entsprechend den Untersuchungszwecken modifizierte Standardorthographie in Betracht, die nach Prinzipien der *literarischen
Umschrift* (vgl. 4.1) für authentische Markierungen der gesprochenen Sprache Abweichungen (Sondernotationen) vorsieht.

Die Notationssymbole sollten im übrigen leicht erlernbar und allgemein
zugänglich sein (z.B. verfügbarer Zeichensatz in gängigen PC-Programmen)
und die Eigenschaften der mündlichen Rede (Verschleifungen, Ellipsen, Ka-
susschwund, Klitika in Anlehnung an Verben etc.) konsistent (und dennoch
gut lesbar) erfassen. Hinter der Forderung nach Zugänglichkeit steht der
Wunsch, Transkripte für möglichst viele unterschiedliche Zwecke/Erkennt-
nisinteressen verwertbar zu machen. Leicht ,zugänglich/lesbar' sein impliziert auch kognitive Einfachheit:

- Die Information über eine kommunikative Funktion sollte – der einfachen Interpretation wegen – möglichst nahe (*adjazent*) der Bezugsgröße
  erfolgen.
- Den Silbenkern betreffende prosodische Information sollte unmittelbar
  dort plaziert werden und nicht, wie z.B. bei CHAT, außerhalb des Be-
  zugsbereichs (vgl. Edwards 1992a).

---

3   Diese Auffassung vertrat Ochs schon (1979).

- Ungleiches/Unähnliches sollte visuell als Kontrast wahrgenommen werden können.

Das Prinzip der ‚Logischen Priorität‘ findet dort Anwendung, wo bestimmte Voraussetzungen gelten, um die Äußerung zu verstehen; informationsbezogene Symbole dieser Art platziert man sinnvollerweise *vor* der entsprechenden Äußerung.

*Maxime 3:*
*Wähle stabile und robuste Zeichen!*
Die gewählten Zeichen sollten in ihrer Anwendung in keiner Weise für Verwechslungen, technische Mängel, mangelnde Distinktivität etc. anfällig sein. Kontraste sollten sie deutlich abbilden – Unschärfe, Verwechslungen mit anderen Zeichen etc. sollten vermieden werden.

*Maxime 4:*
*Wähle dein Zeicheninventar nach den Prinzipien der Ökonomie aus!*
Für häufig in der mündlichen Rede vorkommende Phänomene (Wortformen, prosodische oder redeorganisatorische Aspekte) sollten einfache, übersichtliche, sowohl wortintern als auch suprasegmental gut diskriminierende Zeichen gewählt werden; aufwendige Notationen (z.b. numerische Verschlüsselung; komplexe nicht-ikonische Ausdrücke) sollten vermieden werden. Auf wortinterne Differenzierungen (phonetische Feintranskription, z.B. IPA, 4.3) sollte nur zweckbedingt zurückgegriffen werden (z.b. zur Dokumentation nicht-normativen Gebrauchs von Ausdrücken in Lernervarietäten/Minderheitensprachen oder stark abweichenden Dialekten). Die Aufteilung der Transkriptionsfläche auf dem Papier sollte so gewählt werden, dass Bedeutungsfunktionen sich gegeneinander gut abheben. Zur Ökonomie gehört auch leichte Erinnerbarkeit: Auf ‚Ikonizität‘ gegründete Zeichen werden leichter memoriert als ‚abstrakte‘ Zeichen, die keine hilfreiche Assoziation zu dem Gegenstand ihrer Abbildung aufweisen.

*Maxime 5:*
*Gestalte dein System so, dass es für verschiedene Arbeitszusammenhänge und Funktionen anpassungsfähig ist!*
Mit einem einfachen Inventar sollte zunächst eine ‚grobe Transkription‘ (‚broad transcription‘, Edwards 1995: 20) erstellt werden (siehe nächster Abschnitt). Die Übergänge zwischen der groben Erstfassung und der darauf folgenden untersuchungsspezifischen Feintranskription sollten möglichst flexibel erfolgen können. Zu diesem Zwecke sollte man auch einige Zeichen für spätere Bedeutungsfunktionen reservieren. Hierzu gehört z.B. ein angemessener Rand für Index-Informationen sowie die bewusste Schaffung von Leerstellen, die für spätere Kodierungen vorgesehen werden können. Der organische Ausbau eines elementaren Systems durch feinkörnige Anschlusskatego-

rien macht eine differenzierte Mehrebenenanalyse für unterschiedliche gesprächsanalytische Zwecke möglich.

*Maxime 6:*
*Gestalte dein System so, dass es für EDV-gestützte Analysen von sprachlichen und kommunikativen Funktionen leicht und angemessen verwendet werden kann!*
‚Systematizität' und ‚Vorhersagbarkeit' sind wichtige Gestaltungsparameter einer Kodierung der Daten zwecks PC-Verwertung (vgl. Kap. 7.). Computer interpretieren Zeichen sozusagen *wörtlich* nach den programmierten Vorschriften. Daher soll man „underselection" (Übersehen relevanter Phänomene) oder „overselection" (übertriebene Beachtung nicht-relevanter Phänomene) vermeiden.

Reflexionen über die Computerauswertungen von Transkriptionen (eingeschlossen Empfehlungen für Programmpakete) finden sich in Deppermann und Schütte (2008).


*Exkurs Softwarepakete*
Beschäftigt man sich auf wissenschaftlicher Basis mit der Erstellung von Transkriptionen und deren Auswertung, kommt man heute nicht mehr darum herum, sich mit speziellen EDV-Programmen zu beschäftigen, die das Handwerkszeug des Linguisten sind. Tonaufnahmen liegen häufig in einem digitalen Format vor (*wav, mpeg, ogg vorbis* etc.) und können so recht einfach durch die gängigen Programme verarbeitet werden. Doch nicht nur die Arbeit an Korpora direkt (siehe z.B. PRAAT oder EXMERaLDA u.a.), sondern die Unterstützung der Arbeit durch Programme, die das Abspielen, Aufarbeiten, Konvertieren und Sortieren von Audio- und Videomaterial unterstützen, wird immer wichtiger (siehe z.B. das multimodale Programm ELAN). Linguisten wie Martin Hartung und Wilfried Schütte *<http://www.ids-mannheim.de/prag/personal/schuette. html>* haben freundlicherweise einige EDV-Programme auf der Internetseite des Gesprächsanalytischem Informationssystems[4] vorgestellt, die fast alle aus dem Freewarebereich[5] stammen. Unter *<http://www.gais.ids-mannheim.de/ technik/software.html>* und *<www.audiotranskription.de>* finden Sie erste Informationen zu verschiedenen Softwarepaketen (u.a. Gerätetests, Verwendungsszenarien für diese Geräte, Freeware zum Audio- und Video-Transkribieren, weiterführende Adressen), die den Vorteil gegenüber den Printmedien haben, dass sie in regelmäßigen Abständen durch das GAIS-Team aktualisiert und gepflegt werden.

---

4   Das GAIS-Projekt bietet seit 2001 der Forschungsgemeinschaft verschiedene Informationen an, die den Forschungsalltag erleichtern oder auch erst ermöglichen.
5   Also kostenlos.

86

Es folgen nun einige Kommentare zu den oben genannten Maximen. Aus konversationsanalytischer Sicht unterstreicht Deppermann (1999: 46 ff.) die Bedeutung der *Relevanz* der zu wählenden Transkriptionskategorien: Das Inventar solle sowohl für die Fragestellung der Untersuchung als auch die teilnehmerrelevanten Kategorien des Gesprächs adäquat und hinreichend flexibel sein. Des Weiteren plädiert Deppermann für eine *sparsame Interpretation*. Das Transkript sollte möglichst wenig interpretieren und die Interaktion *sui generis* abbilden. Diese Eigenschaften entsprechen den oben postulierten Anforderungen an *Beobachtungsadäquatheit*.

Wie wir unter 5.2 (Vergleichsraster) sehen werden, verbirgt sich allerdings die ‚Hauptlast' der für ein Transkriptionsdesign zu treffenden Entscheidungen hinter der *Maxime 1* ‚Definiere den Untersuchungszielen angemessene, optimale Verschriftlichungskategorien'. Untersuchungsziele können recht unterschiedlicher Natur sein. Die räumliche Anordnung von Sprecherbeiträgen hat Auswirkungen auf die graphische Repräsentation von wenigen (mindestens zwei) vs. vielen Beteiligten am Gespräch (Problem: Darstellung der Beitragsüberlappungen). Eine vorgeschriebene komplexe Kodierung von Einheitenbegrenzungssymbolen (prosodisch und/oder syntaktisch-semantisch definierte Mehrwortgruppen) im Grob- oder Feintranskript stellt sich für spezielle Beschreibungsziele, die sich unter der qualitativen Dynamik der Auswertungen entwickeln, später möglicherweise als erkenntniserschwerend heraus. Viele der hier relevanten Parameter werden in 5.2 unter ‚Vergleichsraster' diskutiert.

Aus den genannten Hintergründen entstehen daher Probleme der Vergleichbarkeit von Daten(banken). Sie müssen nach Kriterien der *Validität* (Vergleichbarkeit unterschiedlicher Kodierungen je nach gewähltem Transkriptionssystem) und *Reliabilität* (Konsistenz gewählter Kodierungen innerhalb und zwischen Transkriptionssystemen) gelöst werden.

‚Grob-' vs. ‚Feintranskription'

Unter ‚Grobtranskript' verstehen wir die Wiedergabe eines Diskursausschnitts durch ein elementares Inventar von graphischen Symbolen. Das forschungslogische Primat des einfach gehaltenen, mit Informationen nicht überfrachteten Grobtranskripts hat als erste Ochs (1979) formuliert: Das zu untersuchende Verhalten wird mit einem rudimentären Zeicheninventar repräsentiert, das im Laufe der Entwicklung spezifischer Beschreibungsinteressen verfeinert, erweitert, fein granuliert zugeschnitten werden kann. Im Wesentlichen werden die Sprecher der Redebeiträge mit Siglen identifiziert und der kontinuierliche Lautstrom in Wortketten (und ggf. in rudimentäre prosodische Einheiten) segmentiert. Die meisten Designer von Transkriptionssystemen stimmen darin überein, dass ein Grobtranskript leicht lesbar, überschaubar und einen möglichst geringen Grad an Kodierung aufweisen sollte. Es soll einen ersten unverfälschten Blick auf ‚discourse-fresh data' ermöglichen.

Nach Du Bois et al. (1993: 15) sollten im Basistranskript nur die Zeichen vertreten sein, die das unmittelbare Verstehen des Diskursausschnitts sichern und durch das vordringliche Untersuchungsinteresse motiviert sind. „Transcriptions will always display the most basic ‚broad transcription' features [...][6], but other features will be displayed only when relevant to the item currently under discussion" (ebd.).

Eine Ausdifferenzierung der Untersuchungsbereiche macht dann die Feintranskription für bestimmte segmentale, prosodische, parasprachliche oder nonverbale Bereiche notwendig. An das Basisinventar sollen sich daher gut auswertbare Kategorien für Feintranskriptionen anschließen lassen.[7] Diesen Vorstellungen entspricht grosso modo auch der in GAT benutzte Begriff ‚Basistranskript' (vgl. Selting et al. 1998: 96): „Das Basistranskript enthält die Wiedergabe des Wortlautes der Sprecherbeiträge, eine minimale prosodische Transkription, die nötig ist, um Mißverständnisse hinsichtlich der semantischen Struktur und pragmatischen Funktion der Einheiten im Gesprächskontext auszuschließen, die Notation von Überlappungen, schnellen Anschlüssen, Pausen, Dehnungen, Abbrüchen, sogenannten para-verbalen und non-verbalen Aktivitäten und Ereignissen in einfacher Beschreibung, sowie interpretierende Kommentare" (ebd.).

Dieser ‚Mindeststandard' „kann dann im weiteren Forschungs- und Arbeitsprozeß wie auch für Spezialfragestellungen und -bedürfnisse nach dem ‚Zwiebelprinzip' weiter ausgebaut und verfeinert werden" (Selting et al. 1998: 92).

Im Unterschied zu dem ‚Basistranskript' und ‚Feintranskript' (vgl. Selting et al. 1998) soll das ‚Primärtranskript' nach Ehlich und Rehbein „die faktischen Verhältnisse der kommunikativen Kontinuität und Synchronizität" so authentisch wie möglich gewährleisten. Da erst in weiteren analytischen Schritten eine Verfeinerung des Transkripts im Sinne einer ‚segmentierten Fassung' realisiert wird, werden die mit einer „gewisse[n] hermeneutische[n] Leistung beim Verschriften der mündlichen Äußerungen" zu erbringenden Arbeitsschritte auch „halbinterpretativ"[8] genannt (vgl. Redder 2001: 1047).

---

6   Die Segmentierung/Markierung/Identifizierung von neun Diskursphänomenen gelten für Du Bois et al. (1993: 14) als unverzichtbar: 1. Wörter, 2. Sprecher und Sprecherbeiträge (‚turns'), 3. intonatorische Einheiten, 4. überlappendes Sprechen, 5. Übergänge zwischen den Intonationseinheiten, 6. Abbruchphänomene (Wörter, Intonationseinheiten), 7. Pausen (mittellang und lang), 8. Lachen und 9. die Repräsentation von Unverständlichkeit (vgl. 5.6). Kommentar: Für ein ‚Basistranskript' muss bereits relativ viel kodiert werden.

7   „Das Konzept sieht Mindeststandards für ein Basistranskript vor. Bei Bedarf kann es für weitere Analysen um differenziertere Annotationen z.B. zur Prosodie ergänzt werden und wird dann zum Feintranskript" (Schneider 2002: 196).

8   „HIAT ist ‚halbinterpretativ', insofern bei der Verschriftung selbst bereits Entscheidungen über ein Verständnis getroffen werden, die dem ersten Schritt eines hermeneutischen Prozesses entsprechen – gerade so, wie dies jeder Hörer für sich beim Verstehen einer Äußerung tut" (Redder/Ehlich 1994:10)

Das ,Primärtranskript' nach Ehlich/Rehbein (s. ebd.) kann insofern auch als ,Grobtranskript' gelten, als „Einheitenbildungen [...] als zweiter, über die verschriftete Wiedergabe hinausgehender analytischer Schritt betrachtet" (ebd.) werden (=Segmentierung).

Im ,Basistranskript' von GAT und CHAT dagegen werden in einem elementaren Umfang *Äußerungseinheiten* (bei CHAT obligatorisch) oder *Phrasierungseinheiten* (DT, GAT) notiert – es werden also erste (grundlegende) Kodierungen vorgenommen.[9] Zum Problem ,Kodierung' ist anzumerken, dass Wörter und Morphemgrenzen in jedem Falle kodiert werden müssen; wie *informativ* das Basistranskript sein soll, hängt vom Typ des Diskurses/Gespräches ab. Bei einem (mehrsprachigen, pluridialektalen) Gespräch mit mehreren Teilnehmern (Gruppe) hat man schon sehr viel damit zu tun, die Redebeiträge Wort für Wort wiederzugeben und ihre Sprecher jeweils zu identifizieren. Bei dialogischen Aufnahmen mit Lernern (L1 oder L2) müssen oft zum elementaren Verständnis der Äußerungen Kontexthinweise (Prosodie, parasprachliche, nonverbale Angaben) gegeben werden. Darauf haben u.a. Ochs (1979) und McWhinney (o. J.) hingewiesen. Wie *elementar* oder *reich* das Basistranskript sein soll, muss daher im Zusammenhang mit den Untersuchungsinteressen entschieden werden. Im Prinzip ist der Forderung von Ehlich/Rehbein (1976; vgl. Redder 2001: 1047) zuzustimmen, zwischen einer neutral-beobachtenden (Erst-)Transkription und einer segmentierenden, kodifizierten Version der Transkription zu unterscheiden.

Was *wie* bei einem Vergleich der Transkriptionssysteme im Basistranskript bzw. im erweiterten Feintranskript notiert wird, ist insbesondere von der (a) räumlichen Anordnung von Informationen und (b) dem Typ und der Ebene der Beschreibung abhängig (vgl. Edwards 1993b: 10). Beide Dimensionen spielen bei der Erstellung eines Kategorienrasters zum Vergleich der unterschiedlichen Zeicheninventare von Transkriptionssystemen eine grundlegende Rolle.

*Neuste Trends*

Auf der Tagung „Gesprächsforschung" im März 2008 am IdS in Mannheim hat Magret Selting (Universität Potsdam) die Ausarbeitung einer neuen Version <GAT 2> durch eine Gruppe von Linguisten angekündigt. Nach der mündlich skizzierten Konzeption soll GAT 2 drei Ebenen der Transkripterstellung unterscheiden: (i) das Rohtranskript, (ii) das Basistranskript und (iii) das Feintranskript.. Das (i) Rohtranskript soll demnach durch Einheiten einfach-

---

9    Wie wir später noch sehen werden, haben solche Kodierungen Auswirkungen auf die Analysen, wenn man z.B. die semantischen und diskursiven Leistungen von Diskursmarkern wie *also* untersuchen will. In vielen Fällen (vgl. Dittmar/Kirsch 2000) können sie dem Ende *oder* dem Anfang einer Äußerung zugeschlagen werden. In der Tat weisen sie oft anaphorische und kataphorische Referenz zugleich auf, worauf der Blick verstellt wird, wenn sie bereits ,vorkodiert' sind.

ster Art repräsentiert sein, die mit allen gängigen Transkriptionswerkzeugen und Texteditoren hergestellt und verarbeitet werden können (z.b. Konventionen für ‚Ein- und Ausatmen‘, ‚Pausen‘, ‚Lachen‘, ‚Rezeptionssignale‘..., aber auch Kodierungen für ‚wortinterne‘ und ‚wortübergreifende Prozesse‘...). Dem ‚Rohtranskript‘ soll das (ii) Basistranskript eine minimale prosodische Transkription hinzufügen, die eine explizite Bestimmung der semantischen Strukturen und der pragmatischen Funktionen von Einheiten im Gesprächskontext erleichtern soll. Es sollen Notationskonventionen für (u.a.) ‚Intonationsphrase‘, ‚Hauptakzent‘, ‚Tonhöhenbewegung am Einheitenende‘ sowie Konventionen für ‚unmittelbaren Anschluss‘, ‚Dehnung‘, ‚Glottalverschluß‘ vorgeschlagen werden. Die (iii) Feintranskription ist dann die feinkörnigste Stufe einer integrierten Transkription. Sie dient im Wesentlichen der Verfeinerung der prosodischen Transkription.

## 5.2 Dimensionen eines Vergleichsrasters für Transkriptionssysteme

Im folgenden Raster ergänzen sich theoretisch Notwendiges und praktisch Wünschbares[10]. Sieben Dimensionen sollen im folgenden hierarchischen Entscheidungsdiagramm unterschieden und dann kommentiert werden.

Unser Schema (Abb. 5-1) ist taxonomischer Natur. Es deckt die für den Vergleich relevanten Kategorien vorliegender Transkriptionssysteme ab. Teilbereiche werden neuerdings auch zum Zwecke einer Vereinheitlichung von „Annotationsverfahren für gesprächsanalytische Transkriptionen" (Schmidt 2002c: 237) unter dem Gesichtspunkt computergestützter Annotationsstrukturen (Schneider 2002) diskutiert (vgl. dazu Kap. 7). In diesem Kapitel geht es um den Vergleich dessen, was Edwards (1995: 20f.) ‚transcription‘ und ‚coding‘ genannt hat.

‚Validität‘ und ‚Reliabilität‘ (Edwards 1995: 31f.) der Transkriptionssymbole im Vergleich werden unter Gesichtspunkten computergestützter Verarbeitung in Kap. 7 behandelt.

---

10  Vergleiche ausgewählter Einzeleigenschaften finden sich auch in Schneider (2002) und O'Connell/Kowal (2000).

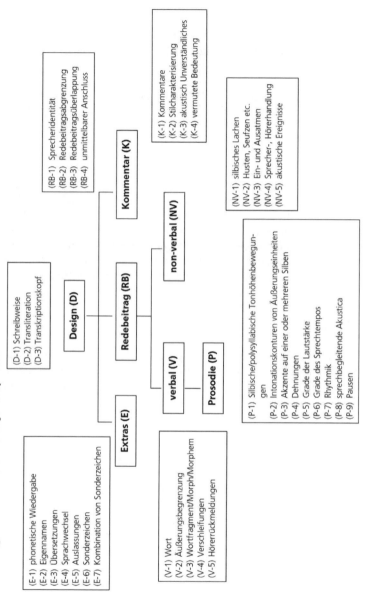

*Abb. 5-1:* Vergleichsraster für Transkriptionssysteme

Mit ,Design' [D] ist die semiotische Wahl der räumlichen Wiedergabe zeitlich geordneten Sprechens durch ein Transkriptionsformat gemeint. Unter den Voraussetzungen der *Format*-Wahl sind z.B. die vielgestaltigen Formen und Funktionen der ,Redebeiträge' [RB] durch geeignete Transkriptionssymbole zu erfassen. Diese wiederum werden – im Rückgriff auf Crystal (1969) und Couper-Kuhlen (1986) – unterteilt in ,verbale' (segmentale) [V], ,prosodische' (nicht-segmentale) [P] und ,nonverbale' [NV] Anteile an dem kommunikativen Verhalten. Die nicht-segmentale Ebene der paralinguistischen Phänomene (Crystal 1969: 131; Couper-Kuhlen 1986: 4) wird aus Gründen der Ökonomie unter den Dimensionen ,non-verbal (NV)' und ,Kommentar (K)' behandelt. Diesen die Struktur von Redebeiträgen repräsentierenden drei kommunikativen Ebenen entspricht je ein Kategorieninventar. Gemäß Crystal (1969) kann der Unterschied zwischen ,verbal' und ,prosodisch' mit Hilfe des Kriteriums [+/– segmental] getroffen werden. Wie bei allen Unterteilungen ist die Trennschärfe der Unterscheidung relativ. Die Zuordnung im Einzelfalle lässt sich m.E. jedoch jeweils explizit durchführen[11] (vgl. die Erläuterungen unten). ,Kommentare' [K] sind ,metakommunikative' Informationen des Transkribenten zu Eigenschaften der Redebeiträge, ,Extras' [E] repräsentieren Notationsdesiderate besonderer Belange.

### 5.2.1 Design (D)

Mit der Transkription wird ein komplexes natürliches Kommunikationsereignis, eigentlich ,Schallereignis', das aus miteinander interagierenden Individuen in einem mehrdimensionalen Raum besteht (,Situation'), eindimensional in einer Zeichenkette auf Papier abgebildet. Mit der Transkription wird das authentische Kommunikationsereignis aus der Situation entbunden. Dabei geht der in der authentischen Situation dauernd stattfindende Austausch zwischen den Interaktionspartnern einerseits und ihrem unmittelbaren sozialen und physischen Kontext andererseits verloren. Die als Laute materialisierten Zeichen der mündlichen Rede müssen in Form von Wörtern linear auf dem Papier angeordnet werden, weil für gleichzeitiges Reden und die unmittelbare Ablösung eines Redners durch einen anderen angemessene Lösungen gefunden werden müssen. Zuerst muss das *Problem der räumlichen Anordnung* gelöst werden. Drei Lösungen mit weitreichenden methodischen Implikationen werden praktiziert: (a) die Partiturschreibweise, (b) die sequentielle Anordnung (der Sprecherbeiträge) und (c) die ,Spalten'-Schreibweise. Die weiteren zu lösenden Fragen betreffen die Wahl des *alphabetischen Kodes* und die Gestaltung des *Transkriptionskopfes*; die relevanten Gesichtspunkte werden unter den Kategorien (D-1), (D-2) und (D-3) differenziert:

---

11  Z.B. ,hustendes Sprechen' gehört in den ,prosodischen' (paralinguistischen), ,Husten' in den ,nonverbalen' Bereich.

(D-1) Schreibweise
(D-2) Transliteration
(D-3) Transkriptionskopf

(D-1) Schreibweise

*Partiturschreibweise*

Bei der Partiturschreibweise (vgl. 5.4 Ehlich & Rehbein (1976) und 5.5) ist das Transkript nach Art einer Partitur in der Musik angelegt. Es „enthält also eine grundsätzlich endlose Zeile pro Sprecher, die je nach Seitenbegrenzung jeweils umgebrochen wird [...]. Die Zeilen der verschiedenen Diskursteilnehmer (wie Musikinstrumente) sind – zu Zeilenbeginn durch einfache Sprechersiglen identifiziert – untereinander angeordnet und werden entsprechend umgebrochen, so daß sich im Zeitverlauf der Schriftrichtung pro Umbruch eingangs eine eckig die Sprecherzeilen zusammenklammernde und durch Unterstrich im Leseverlauf stützend markierte *Partiturfläche* ergibt, die zwecks leichter Referierbarkeit i.a. klein durchnummeriert wird" (Redder 2001: 1047). „Die Reihenfolge der Sprecher innerhalb des Partiturblocks bleibt über das gesamte Transkript eines Diskurses konstant. Ferner sind zu jedem Sprecher sowie zu Segmenten des gesamten Partiturblocks Kommentarzeilen möglich" (Klein/Schütte 2000: 1).

Die Partiturschreibweise hat folgende Vorteile: Alle Sprecherbeiträge werden eindeutig auf der zeitlichen Achse linear von links nach rechts verlaufend auf dem Papier angeordnet; der Partiturblock sichert die chronologische Abfolge der Sprecherbeiträge. Das ‚Miteinander-Interagieren' vieler Sprecher kann sinnfällig auf der zeitlichen Ebene repräsentiert werden.

Um den besonderen Untersuchungsinteressen der KommunikationsforscherInnen möglichst wenig vorzugreifen, wird eine Segmentierung in Einheiten (Mehrworteinheiten/Äußerungen/prosodische Einheiten) in der Regel nur dann vorgenommen, wenn der Sinn einer kommunikativen Einheit nicht anders als mit Hilfe der Setzung einer ‚Grenze' (terminale Markierung) verstanden werden kann. Illustrieren wir das Problem an einem Beispiel. Dittmar/Kirsch (2000) untersuchten in einem Korpus Deutsch lernender russischer Juden in Berlin die Funktion des Diskursmarkers *also* im Aufbau von Äußerungen. Das gewählte Transkriptionssystem CHAT (vgl. 5.8) verlangt obligatorisch die Grenzmarkierung einer Äußerung. Diese (‚terminale') Markierung verstellt allerdings den Blick auf die ‚Zwischenposition' von *also* wie im folgenden Beispiel:

*AAA: außerdem [=! lacht] ich hatte ein mh # wörterbuch # ich habe das sel-
ber gemacht sozusagen alle neue wörter habe ich äh # da hi hineinge-
schrieben # und mit diesem wörterbuch habe ich ständig gearbeitet.
*also* # wenn wenn der zu ende war ich habe ange///fangen von vorne
an wieder alles zu wiederholen

(Quelle: RUSIL, Sprecher: rs21q)[12]

Wenn das Äußerungsende obligatorisch im Grobtranskript markiert werden
muss, kann man den Diskursmarker *also* dem Ende der vorangehenden oder
dem Beginn der folgenden Äußerung zuschlagen. Durch die Vorschrift einer
voreiligen Kodierung können ‚falsche' Beschreibungsergebnisse provoziert
werden. In einem solchen Falle ist die Nicht-Markierung sinnvoll. *Partitur-
schreibweisen* stellen also mit der notenähnlichen Endloszeile einen ‚Fließtext' her, dessen Konstituenten und Mehrwortgruppen schrittweise und pro-
zesshaft segmentiert werden können.

*Sequentielle Struktur*
Die ‚sequentielle Struktur' des Transkriptionsformats beschreiben Selting et
al. (1998, vgl. 5.7) folgendermaßen: „Neue Sprecherbeiträge (Turns), die ohne Simultansprechen einsetzen, beginnen mit einer neuen Transkriptzeile.
Das Untereinander der Zeilen bildet ikonisch das Nacheinander der Sprecherbeiträge ab. Es wird also keine Partiturschreibweise verwendet" (ebd:
97). Überlappungen können optisch nicht so übersichtlich wie bei der Partiturschreibweise dargestellt werden, lassen sich jedoch in den meisten Fällen
klar und überschaubar repräsentieren. In der ‚sequentiellen' Transkriptionspraxis wird die rechte Grenze der *Phrasierungseinheit* (GAT) oder der
*Äußerungseinheit* (CHAT)[13] in der Regel durch funktionale Symbole markiert. Schaut man sich Transkriptionen mit GAT an, so fällt auf, dass die Dis-
kursabschnitte in kleine *funktionale* bzw. *prosodische Einheiten* segmentiert
sind. Dieses Verfahren ist also ‚einheitensegmentierend', wobei dies graduell
gilt: CHAT schreibt die terminale Äußerungsmarkierung strikt vor, GAT
kommt ihr in der Transkriptions*praxis* oft nach, verlangt sie jedoch nicht obligatorisch.
    Die sequentielle Struktur eignet sich besonders gut zur Analyse von Ge-
sprächen mit wenigen Beteiligten (z.B. ‚Zweiergespräche', Interviews) und
kurzen Beiträgen, die Partiturschreibweise für ‚Mehrparteiengespräche'
(‚orchestrale Wiedergabe'). In Spracherwerbsstudien wird die sequentielle

---

12  „rs 21 q" ist ein erwachsener Jude mit der Muttersprache Russisch, der vor einigen
    Jahren nach Berlin ausgewandert ist und dessen Kompetenz in ‚Deutsch als Zweit-
    sprache' im Rahmen des GIF-geförderten Projektes RUSIL („dt.-israel. Vergleich der
    soziolinguistischen Integration russischer Juden in Deutschland und in Israel") unter-
    sucht wurde; die Transkription erfolgte nach CHAT (siehe 5.8).
13  In CHAT ist diese Markierung vorgeschrieben; die Begründung dafür ist einfach: Oft
    muss der Transkribent die Äußerungseinheit als solche markieren, damit man die ler-
    nerspezifische Äußerung (L$_1$-, 2$_2$-Erwerb) überhaupt versteht.

Architektur mit obligatorischer Äußerungsgrenzmarkierung gerne gewählt (CHAT), da die nicht-normativen Äußerungen oft ohne Äußerungsbegrenzung nicht verstanden und dann für die Analyse nicht verarbeitet werden können. Grenzmarkierungen sind hier für die Analyse hilfreich.

*Spaltenschreibweise*[14]

Eine dritte Möglichkeit besteht in der Spaltenschreibweise. Wenn man der Argumentation von Ochs (1979) folgt, dass Kinder unterhalb des Alters von sechs Jahren noch keine stabile kommunikative Kompetenz haben in Bezug auf diskursorganisierende Prinzipien wie Sprecherwechsel, Sprecherbeitragsübernahme, ‚simultan und überlappend sprechen' etc., kann man zu dem Schluss kommen, dass eine chronolineare Partiturschreibweise äquivalente Erwachsenenkompetenzen widerspiegelt, jedoch nicht die typische Asymmetrie zwischen Erwachsenem und Kind. Diese ‚Asymmetrie' ist der Grund, warum Ochs für einen Wechsel von ‚Erwachsenenspalte' zu ‚Kinderspalte' in der Transkription plädiert: Den Redebeiträgen soll möglichst wenig vorinterpretierte Kompetenz unterstellt werden. Wenn es um die Morphosyntax von Kindern oder Zweitspracherwerbern geht, ist es durchaus vertretbar, ausschließlich die Lerneräußerungen genau zu transkribieren, die des Interaktionspartners jedoch nur insoweit, wie sie für das Verständnis der Lerneräußerungen von Bedeutung sind. Segmentale und suprasegmentale/prosodische Notationen wären nur in dem Maße nötig, wie es für die korrekte Beschreibung von morphosyntaktischen Variablen eben notwendig ist. Die pragmatischen Parameter wie ‚Überlappung', ‚simultan' oder ‚langsam' und ‚schnell' sprechen etc. sind dann nur von geringer Bedeutung; in diesem Falle werden die Wörter möglichst phonetisch transkribiert, diskursrelevante Informationen jedoch nur soweit gegeben wie zur syntaktischen Analyse notwendig.

Der Nachteil der Spaltenschreibweise besteht darin, dass dem Simultansprechen nur kompliziert und unübersichtlich durch Indexbildung Rechnung getragen werden kann (oder gar nicht dokumentiert wird, weil es bei äußerungsbezogenen Auswertungen keine Rolle spielt).

(D-2) Transliteration

Ein zweiter Schritt besteht in der Auswahl eines alphabetischen Zeichenrepertoires zur Abbildung des Gesprochenen. Die Transliteration mündlicher Diskurse kann phonetisch nach IPA erfolgen (vgl. 4.3) oder durch ‚literari-

---

14 In der folgenden Darstellung wird das System von Blanche-Benveniste/Jeanjean (1987) nicht erläutert, der Vollständigkeit halber soll es aber immerhin hier erwähnt werden. Es dient einzig und allein syntaktischer Analyse. Daher ist eine Segmentierung der Äußerungen in Syntagmen vorgesehen. Solche Segmentierungen sind u.E. aber nur dann sinnvoll, wenn Transkribent und analysierender Linguist identisch sind

sche Umschrift' (vgl. 4.1).[15] Alles Wichtige hierzu wurde in 4.1 ausgeführt; HIAT, DIDA und GAT beziehen sich explizit auf Prinzipien der ‚literarischen' Transkription. Sie wird in diesen Systemen sehr ähnlich verstanden; daher werde ich auch bei der Einzelvorstellung der Systeme jeweils *global* auf 4.1 verweisen, wo der Standard des angewandten Wissens wiedergegeben ist. Das IDS (Klein/Schütte 2000) hat die explizitesten und umfassendsten Konventionen präzisiert.

## (D-3) Transkriptionskopf

Zum Design/Transkriptionsformat gehört auch der ‚Transkriptionskopf' als Authentizitätsnachweis (siehe Deppermann & Schütte 2008: 185).

Er stellt eine Art ‚kognitiver' Brückenkopf zwischen ‚authentischer Kommunikationssituation' und dokumentarischer Verschriftlichung des rekonstruktiv-simulierten Ereignisses dar. Der Transkriptionskopf ist aber auch von sozial-praktischer Bedeutung: Das Transkript wandert vom Transkribenten zum Prüfer, vom Prüfer zum Nutzer bzw. analysierenden Sprachsoziologen/Linguisten/Kommunikationsforscher etc. Elementare Hintergrundinformationen über das Kommunikationsereignis sind unbedingt erforderlich.

Der Authentizitätsnachweis im Transkriptionskopf sollte mindestens folgende Informationen umfassen[16]:

–   Name des Transkripts, der Audio- oder Videoaufnahme, der Datei (‚file')
–   Datum, Ort und Dauer der Aufnahme
–   Projekt (Gegenstand der Untersuchung)
–   Teilnehmer (soz. Merkmale: professionelle/Interaktionsrollen, Status, Alter, Geschlecht etc.)
–   Kommunikative Gattung (Interview, Bewerbung, Beratung, Tischgespräch, Visite etc.)
–   Angaben zu den Varietäten der Sprecher bzw. zu Auffälligkeiten ihres Sprechens (Grad des Dialektgebrauchs, Sprechfluss: schnell oder langsam, stimmliche Eigenheiten etc.)
–   Angaben/Schlüsselwörter zu Inhalt und Ablauf des Diskurses
–   Art des Aufnahmemediums, Gerätetyp
–   Angabe zum Auffinden von Belegstellen im Transkript (Zeitangabe)
–   Transkribent(en), Datum der (Erst- oder Basis-)Transkription
–   Korrektur(en)/Korrektor(en), Datum

---

15   Eine dritte Möglichkeit ist die orthographische (Standard-)Umschrift. Ihr Vorteil ist die einfache Lesbarkeit. Andererseits ist sie weder lautgetreu noch konsequent in der Laut-Buchstaben-Beziehung.

16   Die folgenden Angaben sind die meist gewünschten. Die ausführlichste Liste aller für einen Transkriptionskopf relevanten Informationen bietet Du Bois et al. (1992: Appendix 4). Aus dem Angebot der Liste sollte man eine jeweils für die Aufnahme relevante Auswahl treffen. Die Liste befindet sich im Internet an der bereits bekannten Stelle.

Jedes Transkript sollte die zur Identifikation von Sprechern, Kommunikationssituation, Stellung des Transkripts im Rahmen einer Untersuchung und eines Korpus, Transkribenten, Validitätskontrollen etc. notwendigen (und sinnvollen) Angaben enthalten. Erweiterungen ergeben sich aus dem Arbeits-, Forschungs- und Verwendungskontext. Letzteres gilt insbesondere für Publikationen, die Standardangaben für Transkripte enthalten sollten (vgl. hierzu Selting et al. 1998: 94)[17]. Insbesondere die Anonymisierung von Personen und Orten unter Gesichtspunkten des Datenschutzes[18] sollten beachtet werden (vgl. hierzu auch Kap. 8).

Sofern die im Folgenden erläuterten Transkriptionssysteme den obigen Angaben für T-Köpfe entsprechen, wird auf diese verwiesen.

### 5.2.2  Redebeitrag (RB)

Unter ‚Redebeitrag' fallen *interaktive* (RB), *verbale* (V) und *prosodische* (P) [= SPRECHSPRACHLICHE] Eigenschaften. Die *maximalen* RB-Parameter der sequentiellen Verlaufsstruktur sind:

(RB-1) Sprecheridentität
(RB-2) Redebeitragsrepräsentation (=Markierung der RB-Grenzen: Beginn, Ende, fremd- oder selbstinitiierter Abbruch)
(RB-3) Redebeitragsüberlappung
(RB-4) Unmittelbarer Anschluss einer Sprecheräußerung an die vorangehende Äußerung des vorherigen Sprechers (‚Äußerungsanklebung').

Die genannten Einheiten kann man nicht so exakt segmentieren wie phonetische Segmente, zweifellos sind sie jedoch durch eindeutige Kriterien als die Rede gliedernde Segmente bestimmbar. Im Bereich ‚Redebeitrag' und ‚Redebeitragsüberlappung' sind im Wesentlichen die Übergänge eines RB zu einem anderen und die lineare Abbildung ihrer chronologischen Reihenfolge ein Problem. Mehrfachüberlappungen bleiben bei einer Partiturschreibweise übersichtlich und leicht rekonstruierbar, bei der Wahl einer sequentiellen Ordnung müssen teilweise aufwändige Erweiterungsmöglichkeiten vorgesehen werden.[19] Die partiturschreibweisebasierten Systeme (HIAT, DIDA) ha-

---

17  Zu nennen sind: 1. Name des Transkripts und AutorIn (der Aufnahme, falls nicht mit dem Autor/der Autorin der Veröffentlichung identisch); 2. Gesprächstyp; 3. Anfangs- und Endzeiten des Ausschnitts (Dauer); 4. kurze Charakterisierung der Interaktionssituation.

18  Man beachte bitte den Wortlaut des §§ 298 BGB („Abhörverbot"), der die Verletzung des Datenschutzes durch Tonbandaufnahmen unter Strafe stellt.

19  Im CHAT-Verfahren wird das Problem durch ‚Indizierungen' und ‚Insertionen' gelöst. Diese Lösung ist eher ‚künstlich' und widerspricht dem Prinzip der einfachen ikonischen Sinnfälligkeit von Interaktionsphänomenen (vgl. die Kritik von Edwards 1992b)

ben hier kein Problem (=optimale ikonische Abbildung), die sequentiellen Anordnungssysteme bekommen die graphische Abbildung der Beitragsorganisationen in den Griff, sind aber in den komplexen Fällen (mehrere Gesprächsteilnehmer) umständlicher und unübersichtlicher (= schwieriger auszuwerten). KA und GAT eignen sich daher – gemäß ihrer eigenen Verschriftlichungskonventionen – eher für Gespräche mit nicht mehr als drei oder vier Teilnehmern.

### 5.2.3 Verbale (sprechsprachlich-kommunikative) Einheiten (segmentale Ebene)

Zu den unter ‚verbal‘ (V) zusammengefassten sprechsprachlichen *minimalen* Einheiten gehören[20]:

(V-1) das Wort
(V-2) die Äußerungsbegrenzung
(V-3) das Wortfragment/Morph/Morphem
(V-4) Verschleifungen (von Wörtern)
(V-5) Rezeptionssignale (Hörerrückmeldungen).

Die elementarste Transkriptionsaufgabe ist die Segmentierung des Lautstroms in Wörter. Im Standarddeutschen, selbst im Dialekt, ist dies noch relativ transparent, bei Kindern und nicht-muttersprachlichen Sprechern oft aber schon recht schwierig. Die Segmentierung in Wörter ist eine notwendige Minimalkodierung. Von den hochsprachlichen Vorschriften abweichende Wortrealisierungen im Fluss der mündlichen Rede werden durch distinktive Symbole markiert (V-3, V-5). Wird bei diesen Kodierungen der Bezug zur Grammatik transparent? Ob für „kann sie" eine Einheit *kannse* gemäß der flüssigen Aussprache oder *kann-se* markiert wird, um durch „zwei" grammatische Einheiten nicht-muttersprachliches Sprechen zu dokumentieren, spiegelt unterschiedliche Untersuchungsinteressen wider. Die Systeme unterscheiden sich diesbezüglich[21]. Zur Segmentierung bieten Morphologie, Syntax und Semantik nachvollziehbare Bestimmungsgrößen an. In der Markierung von Äußerungsgrenzen unterscheiden sich die Systeme ebenfalls. HIAT und DIDA notieren solche Grenzen in dem Maße, wie sie verlässlich be-

---

20  Die folgende kleine Liste deckt die Transkriptionskategorien der vorgestellten Systeme vollständig ab; sie ist natürlich – wie auch die anderen Listen – erweiterbar.
21  Wir verweisen in diesem Zusammenhang transkriptionsinventarübergreifend auf den in 4.1 vorgestellten Standard der Notationsmöglichkeiten; ‚Apokopen‘ sind ein eher marginales Phänomen, das nicht gesondert angesprochen wird, sondern eben auch im Rahmen der Praktizierung der *literarischen Transkription* unterschiedlich ‚streng‘ gelöst wird.

stimmt werden können (vgl. oben die Ausführungen zu D-1).[22] Konventionen für ‚Hörersignale' (V-5) fallen willkürlich oder strukturiert aus. In Du Bois et al. (1993) werden die Formen der Wiedergabe grundsätzlich diskutiert. In der KA folgt man eher Intuitionen. Ehlich (1986b) hat für Hörersignale im Deutschen (*hm* in verschiedenen Ausprägungen) tonsprachliche Form-Funktionsunterschiede nachgewiesen und diese mit Diakritika unterscheidbar gemacht.

### 5.2.4 Prosodische (nicht-segmentale) Phänomene

Die folgenden (ausgewählten) prosodischen Parameter gehören zu den *minimalen* sprechsprachlichen Eigenschaften von Verbalisierungen in Redebeiträgen:

(P-1) Silbische/polysyllabische Tonhöhenbewegungen
(P-2) Intonationskonturen von Äußerungseinheiten
(P-3) Akzente auf einer oder mehreren Silben
(P-4) (Laut-)Dehnungen
(P-5) Grade der Lautstärke (*forte* vs. *piano*; *crescendo* vs. *diminuendo*)
(P-6) Grade des Sprechtempos (schnelle vs. langsam gesprochene Passagen *<allegro, lento>*; plötzliche oder graduelle Wechsel/Veränderungen *<accelerando* vs. *rallentando>*)
(P-7) Rhythmik (Kombination aus Tonhöhe, Lautstärke und Dauer; *<staccato>*-Sprechweise für manche Silben; *<glissando, legato>*)
(P-8) Sprechbegleitende stimmlich-körperliche Manifestationen (hustendes, lachendes, seufzendes Sprechen)
(P-9) Pausen (Schweigen vs. Hesitationen vs. Vokalisierungen).

Nach Crystal (1969: 131) gehören die ‚prosodischen', die ‚paralinguistischen' und die ‚nonverbalen' Phänomene zur „non-segmental phonation" (ebd.).

Die artikulatorischen, akustischen und auditiven Eigenschaften, die unter dem Begriff ‚Prosodie' zusammengefasst werden (vgl. Couper-Kuhlen 1986: 5ff.), markieren viele expressive Funktionen, die propositionale Gehalte von Äußerungen im Rahmen des Diskurses oft erst semantisch und pragmatisch

---

22 Die Abgrenzung von Äußerungen ist recht problematisch. Sind die Äußerungsgrenzen, trotz der Willkür der Entscheidungen, gesetzt, prägen sie gewisse Voreinstellungen der Forscher und verstellen möglicherweise den Blick auf äußerungsübergreifende und -unterschreitende Strukturzusammenhänge. Diskursmarker (z.B. *also*) sind häufig pragmatische ‚Gelenke' zwischen zwei Propositionen oder zwei Redegliedern. Man kann dann einen DM zur Vorgänger- oder Folgeäußerung rechnen – was eine Alternativentscheidung implizieren würde (vgl. Dittmar/Kirsch 2000). Äußerungsbegrenzungen bereits im Ersttranskript vorzunehmen, ist sicher eine der Analyse vorgreifende Kodierung. Das Für und Wider hängt von den Untersuchungszielen eines Projektes ab.

interpretierbar machen. Dazu gehören Tonhöhe, Lautstärke, Tempo und Rhythmik[23]; die Rolle dieser Größen in der verbalen Interaktion wurde inzwischen von vielen Phonetikern und Diskursforschern klar hervorgehoben (vgl. Couper-Kuhlen/Selting 1996a). Zur Beschreibung prosodischer Phänomene gibt es unterschiedliche Positionen; unter Rückgriff auf Crystal (1969), Couper-Kuhlen (1986), Selting (1995) und Eisenberg (1998) habe ich in (P-1) bis (P-9) die in den Transkriptionssystemen als ‚notationswürdig' ausgezeichneten Phänomene so neutral wie möglich auf einen begrifflichen ‚Nenner' gebracht. Dabei sollen die konzeptuellen Unterschiede zwischen den Ansätzen nicht verwischt werden; bei der Vorstellung jedes einzelnen Transkriptionssystems werden grundlegende Annahmen eines Konzeptes kommentiert.

Mit (P-1) beziehe ich mich auf Akzenttonhöhenbewegungen in und nach der Akzentsilbe, also auf fallenden, steigenden, fallend-steigenden, steigend-fallenden und gleichbleibenden prosodischen Verlauf von silbischen und polysyllabischen Konfigurationen. Man kann auch plötzliche Veränderungen im Tonhöhenregister oder Akzenttonhöhenbewegungen in und nach der Akzentsilbe darunter verstehen (vgl. GAT, 5.7). Im Rahmen von (P-2) werden Markierungen der Tonhöhenbewegung am Ende (größerer) prosodischer Einheiten vorgenommen. (P-3) betrifft den Primär- und Sekundärakzent sowie den ‚besonders starken Akzent' von silbischen und polysyllabischen Ausdrücken. ‚Lautdehnungen' (P-4) haben wir zur Prosodie gerechnet; man kann dieses Phänomen jedoch auch den „besonderen nicht-segmentalen Eigenschaften" zuordnen. ‚Lautstärke' (P-5), ‚Tempo' (P-6) und ‚Rhythmik' (P-7) sind in Analogie zur Musik zu verstehen. Zu diesen drei Größen findet sich einschlägiges Übersichtswissen in Auer/Couper-Kuhlen (1994) und in Couper-Kuhlen/Selting (1996b).

Da es sich bei (P-8) und (P-9)[24] um Grenzphänomene des vokalischen Bereichs handelt, kann man sie auch parasprachlichen Größen zuweisen. Ich habe sie – auf der Folie der von Crystal (1969) vorgenommenen Zuordnungen – dem ‚prosodischen' Bereich zugeordnet, um die Abgrenzung zum ‚Parasprachlichen' eindeutiger zu gestalten.

---

23 In P-7 haben wir Crystals Begriff ‚rhythmicality' mit ‚Rhythmik' wiedergegeben (vgl. auch Couper-Kuhlen 1986: 55); gemeint sind suprasegmentale Ausprägungen der drei wesentlichen prosodischen Kontraste (i) rhythmisch vs. arhythmisch, (ii) „spiky vs. glissando" und (iii) „staccato vs. legato" (ebd.: 163, siehe dort für eine Diskussion der Merkmale).

24 Haben ‚Pausen' klare Grenzen, können sie segmentiert werden? Die Pausenerscheinungen überlappen mit nicht-segmentalen Parametern. Gute Erfahrungen mit exakten Pausennotationen in der Diskursanalyse unterstreichen die Perspektive, sie zu den segmentalen Phänomenen zu rechnen. Ähnliches machen wir unter Berücksichtigung gewichtiger Argumente von Crystal und Chafe für die sprechbegleitenden Phänomene geltend.

## 5.2.5 Nonverbale Ereignisse (NV)

Das nicht-verbale Verhalten (Proxemik, Motorik, Mimik, Gestik etc., vgl. Kap. 6) findet in den Diskurstranskriptionen mehr oder weniger Beachtung[25]. Im Rahmen der diskurszentrierten Darstellung der Notationskonventionen in diesem Kapitel fassen wir unter die NV-Ereignisse parasprachliche Phänomene (diskontinuierlich, variabel in Tonhöhe, Lautstärke, Geschwindigkeit) und Referenzen auf Aktivitäten und Geräuschereignisse im Raum während der (Audio- oder Video-)Aufnahme (NV-4 und NV-5):

(NV-1) silbisches Lachen (skalares Phänomen)
(NV-2) Husten, Seufzen, Stöhnen, Weinen etc.
(NV-3) hörbares Ein- und Ausatmen
(NV-4) nicht-verbale Handlungen und Ereignisse (Essen, Aufstehen, Blättern in einer Zeitung etc.)
(NV-5) akustische Ereignisse während der Aufnahme (Türklappen, Autohupen, Schritte etc.).

(NV-2,4,5) notieren die Notationssysteme überwiegend in doppelten runden Klammern in der Form eines verbalen Kommentars.

Nennenswerte Unterschiede in der Notation finden sich bei den einzelnen Vorschlägen für (NV-1) und (NV-3). Sehr viel Aufmerksamkeit hat die KA (5.3) dem hörbaren Ein- und Ausatmen gewidmet. Ausgeprägte Atemaktivitäten bringt die Konversationsanalyse mit der ausdrucksseitigen Bevorzugung vs. Nicht-Bevorzugung (‚preferred‘ vs. ‚dispreferred‘) von Aktivitäten in Verbindung. Atemaktivitäten kommt somit formale Belegqualität für kommunikative Funktionen zu. Dem ‚Lachen‘ schenkt die KA besondere Aufmerksamkeit. Für die KA ist es ähnlich bedeutend wie die Atmungsaktivität.

## 5.2.6 Kommentare (Transkribenten-Perspektive)

Oft ist es sinnvoll und für das Verstehen von Diskurspassagen sehr hilfreich, wenn Transkribenten Besonderheiten eines kommunikativen Austauschs metakommunikativ erläutern. Durch entsprechende Anmerkungen oder Einschätzungen kann das Sinnverstehen von Ausdrücken und Kommunikationsereignissen im Kontext erleichtert werden. Im Sinne von John Gumperz kann man solche Kommentare als ‚Kontexualisierungshinweise‘ *qua persona* verstehen.

---

25  Die meisten der in diesem Kapitel vorgestellten Transkriptionssysteme haben Vorschläge für den Anschluss eines nonverbales Verhalten erfassenden Notationssystems entwickelt. Diese Vorschläge werden in Kapitel 6 behandelt.

Wir unterscheiden allgemeine Kommentare zu relevanten Auffälligkeiten der Kommunikation, stilistische Eindrücke und Hinweise auf die Lautqualität/den vermuteten Sinn von Äußerungen:

(K-1) Kommentare und Erläuterungen
(K-2) stilistische/varietätenspezifische Bewertung von Sprechereignissen (*ironisch, gelangweilt, Berliner Dialekt* etc.)
(K-3) akustisch Unverständliches
(K-4) vermutete, intuitiv erschlossene Bedeutung eines (schwer verständlichen) Ausdrucks. Die Notationssymbole für diese Phänomene ähneln einander sehr.

### 5.2.7 Extras (Symbole für Besonderheiten)

Einige Systeme reservieren Symbole für ‚besondere Zwecke'. In der folgenden Liste haben wir die je nach Untersuchungsinteresse für relevant befundenen Phänomene zusammengetragen:

(E-1) phonetische Wiedergabe
(E-2) Eigennamen
(E-3) Übersetzungen
(E-4) Sprachwechsel
(E-5) Auslassungen im Transkript
(E-6) Zeichen, die für andere Zwecke als für die Repräsentation von kommunikativen Eigenschaften vorgesehen sind
(E-7) Zeichen, die für auszuwählende Zwecke reserviert sind
(E-8) Konventionen für Juxtapositionen (Nebeneinanderplatzierungen) von mehreren Sonderzeichen

Für z.b. erwerbsbezogene oder interkulturelle Untersuchungen kann die Wiedergabe von Worten in IPA/SAMPA (E-1, International Phonetic Association 1999; vgl. u.a. Tropf 1983), die Notation von Sprach- und Varietätenwechseln (E-4, vgl. LIDES, zit. unter Lipps Group 2000) und die Übersetzung von fremdsprachlichen Äußerungen (E-3, vgl. Lipps Group 2000) von Bedeutung sein. (E-5), (E-6) u. (E-7) werden je nach Untersuchungsbedürfnissen notiert, (E-8) ist insbesondere ein Anliegen jener Transkriptionssysteme, die ein ‚Feintranskript' vorsehen.

Die folgende vergleichende Darstellung von sechs Transkriptionssystemen orientiert sich an den in Abb. 5-1 differenzierten Ebenen des Transkriptionsdesigns mit den jeweiligen Parametersiglen. Diesem kategorialen Raster werden die Symbole jedes einzelnen Notationsinventars zugeordnet und einer vergleichenden Bewertung zugänglich gemacht[26].

---

26 Wird bei der Abgleichung der Symbole auf die Kategorien des Rasters eine Kategorie ausgelassen, so heißt das, dass in dem entsprechenden System zu dieser Kategorie

Spiegelt die gewählte Abfolge in der Vorstellung der Transkriptionssysteme eine gewisse Logik wider? Drei Aspekte fließen in die Anordnung ein: (i) ein *historischer* (das Entstehen der Systeme reflektiert den anwendungsbezogenen und technologischen Fortschritt), (ii) ein *systemischer* (die Wahl des Transkriptionsformats schlägt sich qualitativ in der Datenauswertung nieder) und (iii) ein *prinzipieller* (vom Allgemeinen zum Besonderen).

Die formale (amerikanische) Konversationsanalyse (KA) hat der Gesprächsanalyse Anfang der siebziger Jahre zu einem internationalen Durchbruch verholfen. Das von ihr konzipierte Transkriptionsdesign (siehe 5.3) war leser- und laienfreundlich und fand weite Verbreitung. Zahlreiche Transkripte in verschiedenen Kulturen wurden mit Hilfe des KA-Designs angefertigt.

HIAT (5.4) war das erste Design für diskurslinguistische Untersuchungen im deutschsprachigen Raum (Ehlich/Rehbein 1976, vgl. die Übersicht in Redder 2001). Die analog zur Musik gewählte *Partiturschreibweise* etablierte – in feiner Distinktion zur KA – ein neues Verschriftlichungsparadigma. Das Institut für Deutsche Sprache (IDS) hat nach diesem Konzept in den neunziger Jahren das Design DIDA zur Grundlage der Dokumentation von Mega-Korpora gewählt (5.5)[27].

Anknüpfend an die *sequentielle Anordnung von Sprecherbeiträgen* in der KA wurde in den neunziger Jahren die *Gesprächsanalytische Transkription* (GAT) nach Selting et al. (5.6) mit deutlichem Schwerpunkt auf eine angemessene Notation prosodischer Eigenschaften entworfen. Obwohl der Schwerpunkt dieses Buches auf Notationssystemen liegt, die für das Deutsche entwickelt wurden, wird das für das Englische entwickelte System KA berücksichtigt, weil es methodisch und theoretisch anspruchsvoll ist und nachvollziehbar für den Entwurf anderer Systeme, z.B. GAT, eine wichtige Rolle gespielt hat.

CHAT (5.7) ist – auf internationaler Ebene – das meistgewählte Transkriptionsmodell für Erst- und Zweitspracherwerbsforscher. Seine Anfänge gehen in die siebziger Jahre zurück. Es besticht durch elaborierte EDV-gestützte Auswertungsprogramme (vgl. 7.). Dieses Design will nicht-normativem, nicht-muttersprachlichem und entwicklungsbedingtem Kommunikationsverhalten gerecht werden und hat auf diesem Hintergrund Kodierungskonventionen und -ebenen, die sich von den anderen Systemen unterscheiden.

---

keine Aussage gemacht wird. Das Raster ist nicht das Resultat einer die Transkriptionssysteme übergreifenden Theorie. Seine taxonomische Konstruktion dient didaktischen Zwecken der Vergleichbarkeit. Dabei soll es allerdings auch dazu ermuntern, Überlegungen zur Vereinheitlichung der vorliegenden Systeme anzuregen (siehe auch die bedeutende Pionierarbeit von Bird/Liberman 2001 zum Problem „linguistische Annotation" sowie Schneider 2002).

27 Inzwischen hat das Softwareprogramm EXMERaLDA die von HIAT repräsentierte Partiturschreibweise ersetzt (vgl. 5.4 und 7.4.3).

Der Schwerpunkt dieses Kapitels liegt auf der Darstellung der Notationskonventionen für verbales kommunikatives Verhalten. Kapitel 6 widmet sich den Kategorieninventaren für nonverbales Verhalten und Kapitel 7 den Möglichkeiten der elektronischen Repräsentation von Verschriftlichungen.

## 5.3 Das Transkriptionsdesign der formalen Konversationsanalyse (KA)

Das Kategorieninventar der amerikanischen Konversationsanalyse (KA)[28] stellt das erste Modell einer gesprächsanalytischen Transkription dar und ist – wissenschaftshistorisch gesehen – das Bezugsmodell für spätere Transkriptionsentwürfe (z.B. du Bois 1993, GAT).

### 5.3.1 Forschungsparadigma und -tradition

Ende der sechziger und Anfang der siebziger Jahre entstand unter den Stichworten ‚Ethnomethodologie' und ‚soziale Interaktion' (Goffman) eine sich auf Alfred Schütz stützende Gruppe von Soziologen, die das Alltagshandeln von Gesellschaftsmitgliedern und ihre sozialen Praktiken unter Gesichtspunkten der verbalen Interaktion untersuchte (vgl. Ditttmar 1997). Beschreibungs- und Erklärungsziel war und ist die interaktionale Handlungskompetenz von Gesellschaftsmitgliedern in Alltagssituationen. Die Beobachtungen sollen auf Teilnehmerwissen gestützt und möglichst wenig durch die subjektive Perspektive von Forschern abgefälscht werden. Da Alltagshandeln im Wesentlichen über Sprache instrumentalisiert wird, war es das Ziel dieser Soziologen, authentische Gespräche zu dokumentieren und auf ihrer Grundlage Handlungen und soziale Praktiken zu beobachten. Für die Methodologie steht exemplarisch der Aufsatz von Sacks, Schegloff und Jefferson (1974). Die Systematik des Sprecherwechsels wurde anhand von einer Datenkollektion (für verschiedene Alltagssituationen gesammeltes Korpus von Diskursausschnitten) kontextfrei und kontextsensitiv zugleich als kompetenzbezogenes Verfahren beschrieben. Im Zentrum stand die Frage, wie Sprecher ihre Redebeiträge organisieren. Der Beobachtungs- und Beschreibungsadäquatheit aus Teilnehmerperspektive liegt ein handlungskonstruktivistisches Beschreibungsverständnis zugrunde.

---

28 Überblicksdarstellungen finden sich in Levinson (1990), Dittmar (1997), Deppermann (1999) und Forsthoffer/Dittmar (2002)

### 5.3.2 Was soll die Transkription leisten?

In ihrem Vorwort zu Atkinson/Heritage (1984) weisen die Herausgeber darauf hin, dass die Konversationsanalyse natürliche *Interaktionen im Alltag* als Beitrag zu einer Interaktionssoziologie des Alltagshandelns dokumentiert. Forschungsschwerpunkt sei die Sequenzbildung im Gespräch („sequential features of talk", vgl. Atkinson/Heritage 1984: 12). Zum Zwecke solcher Analysen sei das zentrale Dokument der Beobachtung die Transkription.

Da kommunikatives Verhalten möglichst wenig aus der Introspektion des Forschers interpretiert, sondern eher im jeweiligen Zuschnitt auf die Teilnehmer rekonstruiert werden soll, ist die neutrale Gestaltung des Transkripts als Beobachtungsdatum von großem Gewicht. Alles Beobachtbare wie Pausenlänge, Ein- und Ausatmen, Redebeitragsüberlappungen soll genau dokumentiert werden.

Das KA-System wurde zum ersten Mal in dem Beitrag von Sacks, Schegloff und Jefferson (1974) bekannt. Das ursprüngliche Design wurde maßgeblich von Gail Jefferson geprägt; Atkinson und Heritage stellten die Konventionen der KA in dem 1984 erschienenen Buch ausführlich in Form eines einleitenden Kapitels vor. Soweit dem Autor bekannt, ist das hier vorgeschlagene System im Wesentlichen beibehalten worden[29]; Veränderungen oder Verbesserungen, soweit Schegloff in einer persönlichen Mitteilung, liegen vor allem für die Notation prosodischer Eigenschaften vor[30]. Das KA-System ist in seinen zentralen Notationskonventionen in die „gesprächsanalytische Transkription" (GAT (5.7), vgl. Selting et al. 1998) integriert worden. Viele Kommunikationsforscher, Linguisten und Sprachsoziologen wenden heute noch die Transkriptionskonventionen der KA an. Da Gespräche und Gesprächsausschnitte häufig in diesem Transkriptionsmodus repräsentiert sind, sollten Studierende die Notationssymbole kennen.

### 5.3.3 Leitgedanken

Die Abbildung der *sequentiellen Struktur der Redebeiträge* zur Untersuchung der formalen Organisation von Redeaktivitäten soll durch die Transkription abgebildet werden. Daher wird den Übergängen von einem Redebeitrag zum nächsten (simultanes Sprechen, direktes ‚Ankleben' einer Äußerung an die Äußerung des Vorgängers etc.) besondere Bedeutung beigemessen. Es findet sich ein reiches Inventar pragmatischer Kategorien zur Beschreibung der Redeorganisation. Weiterhin sind die expressiven Funktionen des Sprechens von grundlegender Bedeutung: ‚Laut' und ‚leise' sprechen,

---

29  Psathas/Anderson (1990) schlagen einige Verbesserungen vor, die jedoch an dem grundlegenden Kategorieninventar und dem Design insgesamt wenig ändern.

30  Jefferson (1996) und Schegloff (2008) erweitern das vorliegende Inventar.

Hervorheben eines Wortes in einer Äußerung, Dehnung von Vokalen, Aspiration (Ein- u. Ausatmen), Pausen[31] etc. Beobachtbares, objektiv messbares Verhalten soll feinkörnig durch eine Spielart der ‚literarischen Transkription', den ‚Augendialekt' (vgl. 4.1), wiedergegeben werden.

Im Übrigen bestand das Bahnbrechende der KA-Verschriftlichungskonventionen darin, Transkriptionen für viele Leser (Laien, Soziologen, Psychologen etc.) lesbar zu machen, um Daten zur Beobachtung von Gesprächsverhalten für viele unterschiedliche Zwecke zur Verfügung zu stellen.[32] Alles Beobachtbare sollte in einfacher, ikonischer Form (Rückgriff auf kulturelle Ressourcen der Verhaltenswahrnehmung, z.b. in Comics oder populärer Literatur) repräsentiert sein. Diese Prinzipien gelten heute als Vorbild auch für andere Systeme.

Die folgende Darstellung orientiert sich am Kategorienraster aus 5.2.

### 5.3.4 Darstellung der Konventionen

[Konventionen aus: Atkinson/Heritage (1984: ix-xvi), ergänzt durch Schegloff (2000)]

Design

(D-1) Neue, ‚nicht-simultane' Sprecherbeiträge beginnen mit einer neuen Zeile; die Sprecherbeiträge werden in zeitlicher Abfolge aufeinander ikonisch abgebildet; siehe zu ‚Beitragsüberlappungen' (RB-3)

(D-2) Radikale Version der LT, nach G. Jefferson ‚Augendialekt' genannt; die Standardorthographie wird „lautmalerisch" an die phonetische Realisierung des authentischen Ausdrucks angepasst (Beispiele aus dem Berlinischen: *faschtE::doch* ‚versteh doch' oder *sArick* für ‚sage ich'). Eine detaillierte Darstellung und Würdigung findet sich in 4.1. Neuere Belege für diese Form der LT finden sich in Schegloff (2000).

(D-3) Keine allgemeingültigen Standards; Sprechende werden durch (Vor)-Namen oder Großbuchstaben wiedergegeben, die Aufnahme durch Ziffern-Buchstaben-Kombinationen belegt; keine soziolinguistischen Angaben wie in 5.2.1 (D-3) vorgestellt. Dies weist auf die Methode hin: möglichst wenig extra-kommunikative Erklärungen; der ‚generische' Charakter der Beispiele steht im Vordergrund.

---

31 Sie werden in Zehntel- und Millisekunden notiert; sie geben in gewisser Weise Aufschluss über das kognitive Verhalten der Sprecher: Lange Pausen indizieren kognitive Prozesse der Verarbeitung, flüssiges Sprechen weist auf Direktheit, Einfachheit etc. hin.

32 Man vergleiche im Gegensatz dazu die hochabstrakte Kodierung des Freiburger Korpus der gesprochenen Sprache in den siebziger Jahren. Eine Darstellung findet sich in Ehlich/Switalla (1976).

Redebeitrag

(RB-1) einfache Sprechersiglen (anonymer Name, Vorname)
(RB-2) Die *Zeilen* beginnen mit den (Vor-)Namen der Sprecher; der Rede-
beitrag ist vom Namen durch Doppelpunkt getrennt (vgl. Beispieltranskript).
Der RB ist beendet, wenn der nächste Sprecher den RB übernimmt (neue
Zeile und Sprechersigle).
(RB-3) Gleichzeitig einsetzende Äußerungen werden mit einer Klammer
(Einsetzen des Sprechers B, während Sprecher A spricht) oder zwei Klam-
mern (gleichzeitiger Redeeinsatz von zwei Sprechern) notiert.[33]

> Hilde: [[ich habe früher viel demonstriert
> Herta: [[ich habe früher den ganzen Tag Fußball gespielt

Wenn Äußerungen sich ab einem bestimmten Punkt in der fortlaufenden Rede überlappen, wird dies mit je einer eckigen Klammer auf gleicher Höhe
angezeigt:

> Hilde: ich habe früher[viel demonstriert
> Herta: [fängst du schon wieder damit an?

Der Endpunkt der Überlappung kann für die betroffenen Äußerungen aufgrund von Sprechtempo unterschiedlich sein:

> Hilde: ich habe früher [unglaublich] viel demonstriert
> Herta: [ja, ja]

Wird die Äußerung eines Sprechers durch eine andere Äußerung überlappt,
vom ersten Sprecher jedoch fließend fortgeführt, wird dies durch ein Gleichheitszeichen markiert (vgl. (RB-4))

> Hilde: ich habe früher [viel demonstriert =
> Herta: [fängst du schon wieder damit an
> Hilde: = obwohl meine Eltern mir immer gedroht haben

(RB-4) Unmittelbarer Anschluss einer Sprecheräußerung an die vorherge-
hende Äußerung eines anderen Sprechers („latching"). Gibt es zwischen
Adjazenz-Äußerungen (z.B. Nachbarschaftspaaren) keine Pause, wird dies
mit einem Gleichheitszeichen (ikonische Repräsentation von ‚Anklebung')
angezeigt.

> Hilde: ich habe früher viel demonstriert =
> Herta: = habe ich ja auch

Schließen sich an eine Äußerung zwei (oder mehr) Sprecher unmittelbar an,
wird dies wie folgt gekennzeichnet:

> Hilde: ich habe früher viel demonstriert =
> Herta: = [habe ich ja auch

---

33  Die folgenden Beispiele stammen aus einer Seminararbeit von Bianca Pergande zu einem Hauptseminar „Konversationsanalyse" an der FU Berlin im SoSe 2000. Ich danke Bianca Pergande für die Erlaubnis, sie hier zu zitieren.

Erna:  = [und nicht studiert

Wenn überlappende Äußerungen gleichzeitig enden und sich eine Äußerung unmittelbar anschließt, wird dies wie folgt angezeigt:

Hilde:  ich habe früher [viel demonstriert]
Herta:                    [ich auch]
Erna:  = und nicht studiert

## Verbale Einheiten (segmental)

(V-1) Worte werden nach Prinzipien der Standardorthographie segmentiert. Zur ‚Zusammenziehung' von Wörtern (z.b. Verb + Pronomen), siehe unten (V-4). Im Übrigen gelten die Erläuterungen in 4.1 in der radikalen Version des ‚Augendialekts'.

(V-2) Das Ende sprechsprachlicher Einheiten (Kriterium: „aspects of speech delivery", Schegloff 2000: 60) kann durch *Punkt, Komma, Frage-* oder *Aus-rufezeichen* markiert werden[34] (prosodische Interpretation, keine schulgrammatische Bedeutung; siehe die genauere Beschreibung der Symbole unter P-2). Grenzen sprechsprachlicher Einheiten können, müssen aber nicht notwendigerweise durch Interpunktionszeichen markiert sein. In der Sequenzanalyse sind die *Sprecherbeiträge* (RB) grundlegende kommunikative Einheiten. *Kritischer Hinweis*: Die ‚Äußerung' ist keine Analyseeinheit der KA, sondern der ‚Redebeitrag' (turn). [35]

(V-3) Markierung durch Bindestrich, mehrfache Bindestriche: ‚stammelndes' Reden; „cut-off or self-interruption, often done with a glottal or dental stop" (Schegloff 2000: 61).

(V-4) Bei umgangssprachlichen Konsonantenreduktionen wird nach auditivem Eindruck eine Version im „Augendialekt" erstellt (Beispiele aus dem Englischen: *cuz* für „because", *askedche* für „asked you"); keine Vorschriften.

(V-5) Intuitive, ‚augendialektale' Lösungen, z.B. *huh, oh(hhh);* im Deutschen aber oft mit Tonstruktur *(hm,* vgl. Ehlich 1986a; b).

---

34  Statt des Ausrufezeichens notiert Schegloff (2000) die Inversion des Fragezeichens, um das zwischen „Komma" und „Fragezeichen" liegende Heben der Stimme gegen Einheitenende anzuzeigen.

35  Zur internen Strukturierung durch TCUs siehe Ford/Fox/Thompson (1996) und Selting (1998).

108

Prosodie (nicht-segmental)

(P-1)

↑ ↓ auffällige Tonhöhensprünge: ↑ nach oben, ↓ nach unten

_: der dem Doppelpunkt (P-4) vorausgehende Vokal wird unterstrichen, wenn er leicht fallende Intonationskontur aufweist

:̲ Unterstreichen des Doppelpunktes: Leicht steigende Intonationskontur des vorausgehenden Vokals

(P-2) Tonhöhenverlauf am Ende einer Mehrwortgruppe (vgl. V-2):

. terminaler Tonfall (nicht zusammenfallend mit dem Ende eines Satzes)

, gleichbleibender Tonfall

? steigender Tonfall (nicht notwendigerweise bei einer Frage)

¿ Inversion/Spiegelbild des Fragezeichens[36]

! mit Betonung gesprochen (nicht notwendigerweise ein Ausruf).

In der Transkriptionspraxis werden Mehrworteinheiten innerhalb von Redebeiträgen (‚turns‘) mit einem dieser Interpunktionszeichen abgeschlossen.

(P-3) Nachdruck (Emphase) wird durch *Unterstreichung* und in gesteigerter Form zusätzlich durch *Großbuchstaben* gekennzeichnet[37]:

    Hilde: ich habe früher VIEL demonstriert

(P-4)

: (:::) indiziert die (kürzere oder längere) Dehnung eines Lautes oder einer Silbe

(P-5) Großbuchstaben zeigen an, wenn ein Wort bzw. Teil eines Äußerungsabschnitts lauter als das Umfeld gesprochen wird:

    Herta: es kann ja nicht JEDER so sein wie du

Durch ° (Gradzeichen) wird angegeben, wenn ein Äußerungsteil leiser gesprochen wird als sein Umfeld[38]:

    Erna: °hm° was willst du denn nun?

(P-6)

> < Mit ‚größer als/kleiner als‘-Zeichen werden Äußerungsteile eingefasst, die schneller gesprochen werden.

< > Die umgekehrte formale Anordnung indiziert ‚Verlangsamung‘ des Sprechflusses.[39]

(P-7) keine Angaben

(P-8) (( )) Verbale Kommentare in doppelten runden Klammern

---

36  Vgl. Schegloff (2000: 60)

37  ‚Großbuchstaben‘ werden nach Psathas/Anderson (1990) auch zur Notation von Akzenten herangezogen; „je größer die unterstrichenen Buchstaben, desto stärker/markanter ist der Akzent" (ebd.: 94, Übs. ND)

38  Kommentar: Großbuchstaben werden auch für die Darstellung von Emphase verwendet.

39  Nach Schegloff (2000: 62)

(P-9) Pausen innerhalb von Äußerungen werden in Klammern und Zehntel-sekunden angegeben:

> Herta: als ich allerdings so (0.6) achtzehn oder neunzehn war

Entsprechend wird dies auch zwischen Äußerungen markiert:

> Herta: hier bitte links abbiegen
> (0.5)
> Herta: ich sagte links
> (0.3)
> Hilde: ach hier meinst du

Eine kurze, nicht bemessene Pause wird dagegen nur durch einen Gedanken-strich angezeigt:

> Erna: hm – wenn ich so an meine Jugend denke

Eine unbemessene Pause zwischen zwei Äußerungen wird in doppelten Klammern notiert:

> Hilde: im grunde genommen waren das auch nur alles illusionen
> ((Pause))
> Herta: aber wir haben daran geglaubt

## Nonverbale Ereignisse (NV)

(NV-1) Nicht spezifiziert, Information erfolgt als Kommentar in doppelten runden Klammern (wie bei parasprachlichen Phänomenen).
(NV-2)
(( )) Erfolgt als Kommentar: Husten, Schnaufen usw. in doppelten runden Klammern.
(NV-3) Ein- und Ausatmen, längeres Ein- und Ausatmen mit mehreren ‚(hhhh)', vgl. *mü(hhh)de,* in einfachen runden Klammern.
(NV-4) *Asteriske* werden in eher spontaner Weise dazu verwendet, sehr spe-zifische Phänomene zu markieren, so beispielsweise den Moment, in dem ein Sprecher Essen in den Mund nimmt:

> Hilde: _ spätestens [jetzt wird mir das klar.
> Herta: * * * * * * *     [X_____

(NV-5) (( )) Telefonklingeln etc. in doppelten runden Klammern

## Kommentar

(K-1)
(( ))Kommentare und Erläuterungen erfolgen in doppelten runden Klam-mern. Darüber hinaus kann der linke Rand des Transkripts von den Tran-skribenten dazu verwendet werden,

→ durch Pfeil nach rechts auf (für eine Untersuchung) relevante kommunikative Auffälligkeiten hinzuweisen (weitere Kommentarkonventionen können nach Bedarf festgelegt werden):

    Hilde: ich habe früher viel demonstriert
→    Hilde: habe ich ja auch
Erna:    dafür bin ich rumgezogen und habe spenden gesam-
          melt

(K-2)
(( )) Transkribentenkommentare (z.b. Hinweise auf Fistelstimme, ‚exotischen' Dialekt etc.) erfolgen in doppelten runden Klammern
(K-3)
( ) Die Leerstelle in runden Klammern zeigt an, dass die Passage unverständlich ist.
(K-4) Vermutete, intuitiv erschlossene Bedeutung eines schwer verständlichen Ausdrucks/einer schwer verständlichen Äußerung wird durch einfache runde Klammern notiert – neben ( ) Pausenangaben und Zeichen des Ein- und Ausatmens – Verständnisunsicherheiten des Transkribenten in der Erschließung der Bedeutung eines Ausdrucks[40].

Extras

(E-1) Wo nötig und sinnvoll, werden intuitive graphisch-ikonische Nachahmungen lautlicher Besonderheiten in Form des von Jefferson sogenannten ‚Augendialekts' wiedergegeben; vgl. auch oben (D-4).
Für (E-2), (E-3) und (E-4) gibt es keine Vorschriften/Empfehlungen; diesbezügliche Vorschläge/Erweiterungen finden sich in Auer/di Luzio (1992).
(E-5) Horizontale oder vertikale Auslassungen werden, je nachdem ob Ausdrücke einer Zeile oder Diskursausschnitte über mehrere Zeilen betroffen sind, durch horizontal oder vertikal angeordnete Punkte gekennzeichnet:

    Hilde: ich sagte doch bereits daß . . . . . warum fragst du also
    Herta: immer sprichst du nur von der vergangenheit
    Herta: ich frage ja nur

(E-6), (E-7) und (E-8) sind nicht weiter spezifiziert.
Als Beispiel für eine KA-Transkription habe ich eine typische englischsprachige von Gail Jefferson gewählt, die das System authentisch wiedergibt. In neueren Veröffentlichungen (neunziger Jahre) finden sich unter Hinweis auf konversationsanalytische Methoden auch gemischte, modifizierte Inventare.

---

40 *Kommentar ND*: Die Anzahl der ‚fehlenden' Silben/Morpheme sollte besser durch ‚(x x x x)' oder ‚(y y y y)' notiert werden.

## 5.3.5 Ausblick

Die Transkriptionskategorien der KA sind gut lesbar – das Zeicheninventar ist im Wesentlichen alphabetisch, andere Zeichen knüpfen ikonisch an Alltagsvorstellungen an. Das Transkriptionsformat ist sequentiell organisiert. Die Sprecherbeiträge sind – in Analogie zu ihrem zeitlichen Verlauf – räumlich nacheinander angeordnet. Die Transkription ist für qualitative Auswertungen ‚mit der Hand und mit dem Auge' gedacht. Eine Computerauswertung ist nach dem Stand des Systems Anfang der neunziger Jahre nicht vorgesehen.

Die Stärken des Transkriptionssystems liegen bei der differenzierten Wiedergabe sequenzbildender Eigenschaften. Die hier vorgenommene Differenzierung haben auch anderen späteren Systemen Pate gestanden (z.B. GAT, 5.7). Die KA differenziert nicht nach Grob- und Feintranskript. Im prosodischen Bereich bleiben die Distinktionen einfach. Feinauswertungen sollen sich offenbar gemäß Untersuchungsinteresse in Ergänzungsuntersuchungen differenzierter Methoden intonatorischer Beschreibung bedienen. An diesem Befund ändern auch die zusätzlichen Konventionen nichts Wesentliches, die Psathas und Anderson (1990) und Schegloff vorgeschlagen haben[41].

Emanuel Schegloff hat in seinem neuesten Buch „Sequence Organization in Interaction" (Vol. 1) von 2007 im *Appendix 1* (S. 265 ff.) die von Gail Jefferson in den siebziger, achtziger und neunziger Jahren (vgl. Jefferson 1996) eingeführten Konventionen der *conversation analysis* aktualisiert und den neuesten konversationsanalytischen Anforderungen sowie den modernen datenverarbeitenden Technologien angepasst. Unter der URL <http://www.sscnet.ucla.edu/soc/faculty/schegloff/TranscriptionProject/> findet sich der neueste Stand der Liste konversationanalytischer Transkriptionssymbole mit vielen transkribierten Gesprächsausschnitten, die anhand von Tondateien nachvollzogen werden können.

Die Ergänzungen der weiterhin geltenden oben aufgeführten ‚Standardsymbole' betreffen temporale und sequenzielle Beziehungsaspekte, Prosodie und verschiedene Aspekte des Sprechflusses (speech delivery). Im Buch (Schegloff 2007:270-286) findet sich eine „Muster-Transkription".

## 5.3.6 Anwendungen

Eine Übersicht über Verbreitung, Anwendung und Ergebnisse der KA findet sich in: Atkinson/Heritage (1984), Bergmann (1994), Deppermann (1999), Heritage (1995), Kallmeyer (1985), Sacks (1992) und Schegloff (2007). Die KA

---

41 Zu Akzent und Rhythmus finden sich keine Angaben; Lautstärke und Tempo werden eher unterdifferenziert. Sprechbegleitenden Handlungen und nicht-verbalen Ereignissen wird im Wesentlichen durch zwischen zwei runde Klammern gesetzte metakommunikative Erläuterungen des Transkribenten Rechnung getragen. Mit Großbuchstaben wird das Ereignis angesprochen, um das es geht.

wurde vor allem durch das Buch von Levinson (1990) bekannt. Die KA hat in der ganzen westlichen, zunehmend nun auch in der östlichen Welt viele Anhänger. Die Schule hat bei Soziologen, Linguisten und Kommunikationsforschern breite Anwendung gefunden (vgl. auch Forsthoffer/Dittmar 2003).

*Beispieltranskript*[42]

```
111  J:   But I thought well I'll go ahea:d, and, 'hh and pay
112       for it when it comes and °he'll never kno:w,°=
113  L:   =°Ye:h,°=
114  J:   =°(we, ⌈got anything)° ⌉heh-heh-huh=
115  L:         ⌊hheh huh ehhuh⌋
116  L:   =⌈⌈ °'uhhhh 'uhhhhhhhh⌉hh⌈hhh°
117  J:    ⌊⌊huh e-huh¯huh huh⌋   ⌊'hhehh
118  J;   Ex⌈cept when Christmas co⌈:mes a-a-⌉and 'hhhh=
119  L:     ⌊°°Oh°°               ⌊Ye a h h⌋
120  J:   =he says where'd you get all thahheh heh⌈hn huh⌉=
121  L:                                          ⌊hehheh⌋
122  J:   =huh hu⌈h huh°huh°⌉hn°
123  L:         ⌊'h h h h h⌋Santa Claus.hhheh-h⌈eh
124  J:                                        ⌊'hh↑Santa
125       Clause brou:ght it. (in his sle::d).=
126  J:   =hn⌈hih  ⌈hn-hn-⌈hen huh=
127  L:     ⌊Ye :⌊a h. ⌊¯hh
128  L:   =Uh::⌈::m,
129  J:        ⌊'hhhhehhhhh°(        ).°
130  L: →                          ⌊I found a recipe: that I'm
131       gonna try:,
132  L:   (0.5)
133  L:   O think,
134       (.)
135  J    ⌈⌈°Uh huhm °⌉
136  L:   ⌊⌊It's u h !⌋, for popcorn balls that you make it
137       with 'hh-'hh you melt butter: an:::d miniature
138       marshmallows.=
139  J:   =↑Oh::⌈::.         ⌈°Gee:.°
140  L:        ⌊And then you⌊a d d ⌋just one package of
141       raspberry flavor Jello.
142       (.)
143  J:   °·hhhh°⌈↑Oh:⌉:: :::::::::
               ⌊D⌊ry⌋¯ ⌊You just⌋sprinkle that in there.

.  ((ca. 30 lines omitted re the recipe))
```

*Quelle*: Jefferson, G. (1984) „On stepwise transition", in: Atkinson/Heritage, eds., 197.

---

42   Siehe die Beispieltranskripte in Schegloff (2007) und im Internet unter <*http://www. sschet.ucla.edu/ soc/faculty/schegloff/TranscriptionProject/*>

## 5.4 Orchestrale Interaktion: Das Partiturdesign HIAT

### 5.4.1 Forschungskontext

Mit der ‚pragmatischen Wende' (Austin 1962; Searle 1969; Levinson 1979 in den siebziger Jahren) wurde ein sozialer Bezug sprachwissenschaftlicher Tätigkeit relevant. Ehlich und Rehbein waren Vorreiter einer empirischen Linguistik, die die sozialen und Handlungsfunktionen von Kommunikation mit elektronischen Aufzeichungsgeräten dokumentieren und via Transkription der Sprechhandlungsanalyse zugänglich machen wollten. Auf verschiedenen Tagungen und Workshops wurden sie mit der amerikanischen KA konfrontiert, die zu Beginn der siebziger Jahre in Europa, insbesondere in Kontexten der deutschsprachigen Soziologie, rezipiert wurde (vgl. Bergmann 1994). Ehlich und Rehbein begrüßten und kritisierten zugleich die KA. Sie entwickelten ein eigenes Transkriptionsdesign. HIAT (= **H**alb-**I**nterpretative **A**rbeits**T**ranskription) wurde in weiten Kreisen der germanistischen Linguistik, der Pädagogik und der Soziologie angewandt. Besonders breite Anwendung hat HIAT im Bereich der institutionellen Kommunikation (Schule, Arzt-Patient-Interaktion, Kommunikation bei Gericht) und der interkulturellen (zweisprachigen) Kommunikation erfahren. Zahlreiche Bücher und Aufsätze befassen sich mit dem verbalen und nichtverbalen Symbolinventar von HIAT (vgl. das ‚nicht-verbale' Notationsinventar in Kap. 6.) und seiner Anwendungen in der elektronischen Datenverarbeitung (Kap. 7). Ehlich (1993a), Redder/Ehlich (1994) sowie Redder (2001) geben einen umfassenden Überblick über den methodischen Stand der Arbeiten mit HIAT und über die in HIAT zur Verfügung stehenden Korpora. Als eines der ältesten Transkriptionsverfahren im deutschsprachigen Raum (30 Jahre !) hat HIAT neuere Transkriptionsverfahren und –konventionen beeinflusst. Der moderne komfortable Editor EXMERaLDA ist an der von HIAT erschaffenen Partitutschreibweise ausgerichtet. Nicht nur weil HIAT in vielen Veröffentlichungen präsent ist, sondern auch wegen der originellen Lösungen, die für mündliche Eigenschaften gefunden wurden, stellen wir das Verfahren ausführlich vor, obwohl es in Konkurrenz zu neueren Entwicklungen an Boden verloren hat.

### 5.4.2 Leitgedanke und Design (Partiturschreibweise)

Eine umfassende Darstellung dieses Verfahrens mit Hinweisen auf elektronische Analyseprogramme finden sich im Internet: <http://www.ehlich-berlin.de/ HIAT/DEMOTXT7.HTM> (vgl. auch Kap. 7). HIAT basiert auf der *Partiturschreibweise*, d.h. die Zeitverhältnisse des Miteinandersprechens werden analog wiedergegeben; die Synchronizität und Sukzessivität des Sprechens wird auf einer Partiturfläche (‚Endloszeile') durch räumliche Versetzung nach rechts abgebildet. Das Verfahren eignet sich besonders gut zur Verschriftlichung von Mehrparteiengesprächen (mehr als zwei Sprecher).

Das Notationssystem wurde Anfang der siebziger Jahre im Zuge der Wiederentdeckung der Relevanz mündlicher Diskurse (Handlungsfunktionen) und als Folge der sogenannten „pragmatischen Wende" von Konrad Ehlich und Jochen Rehbein entwickelt (wichtigste Veröffentlichungen: Ehlich und Rehbein 1976; 1979; Ehlich 1993a).

Die größte Herausforderung an die Verschriftlichung gesprochener Äußerungen liegt nach Ehlich in der sukzessiven bzw. simultanen Abfolge von Sprechern in polyphonen Diskursen (= Diskurse mit mehreren Teilnehmern). Sprecherwechsel und -überlappungen und unmittelbare Anschlüsse in den Redebeitragen sind typische Merkmale der verbalen Interaktion. Die Gleichzeitigkeit von Sprechhandlungen lässt sich nach Meinung von Ehlich und Rehbein am besten durch die *musikalische Partiturschreibweise* repräsentieren. Gemäß der fortlaufenden ‚Notenschreibweise' werden für die Wiedergabe mündlicher Äußerungen der verbalen Interaktion fest umrandete Partiturblöcke etabliert, die, wie die Transkriptbeispiele weiter unten zeigen, jeweils ein fortlaufendes Sprechereignis darstellen. Eine Person beginnt zu reden; wenn keine zweite hinzukommt, bleibt der erste Block nach dem Seitenumbruch ‚monologisch'; kommt im zweiten Block ein zweiter Sprecher hinzu, so wird dies graphisch wie bei den Noten genau zu dem Zeitpunkt sinnfällig, zu dem die Person hörbar ihre Stimme in den Diskurs einbringt. Stellt die hinzugekommene Person eine Frage, kann diese unmittelbar anschließend durch eine Rückfrage oder durch eine Antwort von dem ersten Sprecher beantwortet werden; so gibt es in den Partiturblöcken chronologisch abgebildete Dialoge oder Mehrpersonengespräche. Somit hat man übersichtlich die Sprecherwechsel in ihrer jeweiligen Abfolge im Diskurs repräsentiert. Zugrundeliegende Prinzipien der Partiturschreibweise sind folgende:

1. Lege einen Raum mit genügend vertikaler Ausdehnung fest, um gut lesbar Sprecher identifizieren, Intonation und nichtverbale Kommunikation (u.a.) kommentieren zu können.
2. Gehe vertikal von einer Linie zur nächsten, wann immer ein Sprecher mit einer Äußerung in der Konversation hinzukommt.
3. Gehe vertikal nach oben zu dem ‚passenden' Anschlusspunkt auf der Zeile, wenn ein bereits eingeführter Sprecher („der schon etwas gesagt hat") etwas äußert.
4. Verfahre nach diesen 3 Prinzipien, bis du den rechten Rand der Seite erreichst.
5. Fahre für die neue Zeile mit 1 bis 4 fort.

Um die Redebeitragsorganisation sinnfällig zu gestalten, können auch Pfeile, die von einem Sprecher auf den nächsten verweisen, im Transkript etabliert werden, um die themenbezogene Sprecherabfolge (z.B. Argumentationen) hervorzuheben.

Sprecher werden mit ein oder zwei Buchstaben als Initialen gekennzeichnet; weitere am Gespräch beteiligte Personen, die nicht namentlich bekannt sind, werden mit XYZ (z.B.) bezeichnet.
Kommunikation ist störanfällig – nicht alles, was geäußert wird, kann
kodiert werden. Wie bei den anderen Transkriptionssystemen werden nicht
eindeutig segmentierte, in ihrer Bedeutung aber vermutete Ausdrucksformen
in runde Klammern gesetzt ('Plausibilitätsformen'). Mögliche Alternativen
zu einer vermuteten Bedeutung werden übereinander geschrieben. Kommentare werden in doppelte runde Klammern gesetzt – hierin folgen die Autoren der KA.

In HIAT 2 (Ehlich und Rehbein 1979) werden Phänomene der Intonation
und der nichtverbalen Kommunikation in die Transkripte einbezogen (vgl.
Kap. 6). Tonhöhenverläufe werden mit kleinen Kreisen (ähnlich wie 'ganze'
Noten) notiert (vgl. das Beispieltranskript in 5.4.6). In einer Kommentarzeile
wird mit einer linken und einer rechten Begrenzung die Bewegung von Körperteilen in Relation zueinander verbal notiert (ausführlich in Kap. 6).

### 5.4.3 Angaben zu Methoden und technischen Hilfsmitteln

HIAT sollte nach Ehlich und Rehbein zunächst handschriftlich mit Bleistift
auf kariertes Papier notiert und dann sorgfältig korrigiert werden (Korrektur
durch eine zweite Person). Die daraus resultierende Form wird in den Computer eingegeben. Meist wird als Editor EXMARaLDA (vgl. 7.4.2) gewählt.
Aber HIAT-DOS ist immer noch ein Programm, auf das zurückgegriffen
wird (<http//www.ehlich-berlin.de/HIAT/DEMOTXT7.HTM>).
Anders als die alternativen Transkriptionssysteme in diesem Band ent-
falten sich Redebeiträge nach dem Prinzip der Partiturschreibweise horizontal über die Seite; daher müssen besondere Vorkehrungen getroffen werden,
die an unterschiedlicher Stelle einsetzenden Beiträge auf der horizontalen Linie im Computer angemessen zu kodieren. Dieses leistet HIAT-DOS, Version 2.2, als Handbuch herausgegeben an der Ludwig-Maximilians-Universität
München von Konrad Ehlich (vgl. auch Becker-Mrotzek, Ehlich, Glas und
Tebel (1991).[43] Für HIAT-DOS ist die eingerahmte rechteckige Fläche (wie
bei der Notenschreibung) grundlegende graphische Einheit. Eine Arbeitsfläche enthält Platz für 56 Zeichen. Sprecherblöcke können aus mehreren Zeilen
bestehen. Das Programm HIAT-DOS (2.2) kann bis zu 9 Sprecherblöcke
verwalten, wobei für einen Sprecher jeweils bis zu 5 Zeilen (eine für Intonation, eine für Sprache, drei für nicht-verbales Verhalten) zur Verfügung stehen. Korrekturen kann man bequem innerhalb der Arbeitsfläche eines Blocks
vornehmen, wobei der Gesamtrahmen und die Teile neu formatiert werden.

---

43  Die englische Version davon ist Ehlich, Tebel, Fickermann und Becker-Mrotzek 1991.

### 5.4.4 Anwendungen

Für folgende Bereiche wurde HIAT angewandt:

- Kommunikation in der Schule (Ehlich/Rehbein 1986; Redder 1984)
- Kommunikation am Arbeitsplatz (Brünner 1987)
- Alltagskonversation (Ludwig 1988a; b)
- Kommunikation bei Gericht (Hoffmann 1983)
- Bewerbungsgespräche (Grießhaber 1987a; b)
- Interaktion zwischen Kindern (Reski 1982)
- Schule und Hochschule (Wiesmann 1999)
- Arbeitsplatz und Wirtschaftskommunikation (Dannerer 1999; Menz 2000; Brünner 2000)
- Interaktion zwischen Kindern (Garlin 2000)
- Medizinische Kommunikation (Löning/Rehbein 1993; Redder 1994; Hartog 1996)

HIAT wurde angewandt auf Deutsch, Englisch, Holländisch, Französisch, Arabisch, Japanisch und Griechisch. In Ehlich (1993a), Redder/Ehlich (1994) und Redder (2001) finden sich entsprechende bibliographische Angaben.

### 5.4.5 Darstellung der Konventionen

[nach Ehlich (1993a) und Redder (2001) entsprechend den Konventionen für HIAT-DOS 2.2]

Design

(D-1) *Partiturschreibweise* mit Endloszeilen; ein *Partiturblock* („Fläche") besteht aus mindestens einer Sprecherzeile. „Die zeitliche Relation aller Tätigkeiten zueinander wird durch vertikale Synchronanordnung in einer *Partiturfläche* (links eckig geklammert) visualisiert, die *verbale Kommunikation (VK)* ist literarisch transkribiert und hier durch Kursivdruck von der NVK [NichtVerbale Kommunikation – ND] abgehoben [...]" (Redder 2001: 1042). ‚*Partiturklammern*' kennzeichnen zusammengehörige Sprecherzeilen. Die oberste Sprecherzeile bleibt der „Leitstimme" des Diskurses vorbehalten. Die übrigen werden entsprechend der Äußerungsfolge angeordnet.
(D-2) literarische Transkription (ausführliche Darstellung siehe 4.1 und (V-4) weiter unten).
(D-3) Nach dem Programmstart von HIAT-DOS und der Eingabe des ‚Transkriptnamens' für das zu bearbeitende Transkript werden in einer *Titel-Maske* die einschlägigen Etikette zur außersprachlichen Charakterisierung des Transkripts angeboten.

Ein Beispiel aus der Transkription einer Fernseh-Talkshow soll den ‚Kopf‘ illustrieren:

Dateiname : DEMOTXT1

Projektname : HIAT-DOS Demonstration Nr. 1
Bezeichnung : „Talk im Sessel" – nächtliche Fernsehunterhaltung

Aufnahme : Mitschnitt von TV-Sessel-Talk
Aufnahmedatum : 22.11.93        Aufnahmegerät: Sonakamiteacanton
Aufnahmedauer : 4 Minuten       Zählwerk-Beginn: 0001 – Ende: 0321

Transkribent : Susanne Scheiter    Zeitverhältnis: 1/70    Datum: 05.12.93
Korrektor :                    Zeitverhältnis:         Datum:

Copyright : S. Scheiter, Dortmund
Inhalt : Beginn eines Fernsehgesprächs (anonymisiert)

Siglen:        Kürzel    Erklärung
              RN      Rudi Nathlos
              SE      Steffen Eimer
              RG      Roady Guru
              SS      Susi Samstag
              TE      Thomas Ehlend
              JG      Jonny Good

Quelle: http://www.daf.uni-muenchen.de/HIAT/DEMOTEXT1.HTM

## Redebeitrag

(RB-1) Zu Beginn jeder Sprecherzeile steht eine Sprechersigle[44], die eine Äußerung einem der beteiligten Sprecher zuweist.

(RB-2) Die Beiträge der Sprecher werden in ihrer zeitlichen Relation untereinander in einer Endloszeile eingetragen. Spricht ein Gesprächsteilnehmer nicht, so bleibt seine Zeile für diese Zeitspanne leer. Im Übrigen gelten die 4 unter 5.4.2 genannten Prinzipien.

(RB-3) Überlappungen bzw. simultanes Sprechen werden durch vertikale zeitliche Einordnung auf der horizontalen Linie augenfällig. Nur in solchen Zeilen, in denen die graphische Wiedergabe des Sprechers A kürzer ausfällt als bei der des Sprechers B (aufgrund eines anderen Sprechtempos), wird eine die Simultaneität indizierende ‚Treppenstufenlinie‘ eingesetzt:

```
A  ⌐      wann ist es denn └─┐
B  └           Das Spiel ist um│ acht Uhr fertig.
```

(Ehlich/Rehbein 1978: 21)

---

44   Zur ‚Siglen-Maske‘ siehe <http://www.ehlich-berlin.de/HIAT.DEMOTXT7.HTM>

(RB-4) Der unmittelbare Anschluss von Redebeiträgen verschiedener Sprecher aneinander wird durch die vertikale Anordnung der Beiträge geregelt.

## Verbale Einheiten (segmental)

(V-1) Segmentierung von Wörtern wie in der Standardorthographie; Abweichungen sind in den Prinzipien der literarischen Transkription geregelt (vgl. 4.1).

(V-2) Äußerungsbegrenzungen werden durch Interpunktionszeichen markiert.[45] Die Markierung der Äußerungsgrenzen ist nicht obligatorisch; der Grad der Strenge der Einheitenbegrenzung hängt von den Forschungszielen ab. HIAT legt die Entscheidungsspielräume nicht fest.

(V-3) Abbruch eines Ausdrucks wird durch Schrägstrich unmittelbar nach dem letzten Laut notiert, z.B.:

```
+------------------------------------------------------------
|SE   so wichtige wie Sie ein/ einmal schreiben werden, weil
|     und schneller ----------------------------------------------
+------------------------------------------------------------
```

Quelle: <http://www.ehlich-berlin.de/HIAT/#HIAT_Beispiele >[46]

(V-4) Im Rahmen der Prinzipien der literarischen Transkription geregelt (vgl. 4.2.) „Verbale Verschleifungen (*nonich* für ‚noch nicht'), phonetische Variation (*gekricht* für ‚gekriegt', *Bombom* für ‚Bonbon') und Apokopierungen (*mach, hab, garnich*) sind entsprechend literarisch transkribiert ...." (Redder 2001: 15).

(V-5) ‚Hörerrückmeldungen' wie *hm, ah, aha* werden einschließlich ihrer Tonstruktur transkribiert (‚Intonationszeile' über der Sprecherzeile). Nach Ehlich gehören diese für die Interaktion bedeutenden ‚Moneme' (vgl. Glossar) zu den Ausdrücken des ‚Lenkfeldes' (nach Ehlich 1993b). Zu den (mindestens fünf distinktiven) Varianten für HM schreibt Redder (2001: 1050): „Mit den tonalen Grundstrukturen ergeben sich dann für HM als Grundformen (Ehlich 1986b: 54): hm̂ (fallend-steigend: Kovergenz), hm̌ (steigend: Divergenz), hm̀ (fallend: komplexe Divergenz), hm̄ (schwebend: Prä-Divergenz) und [...] hm̃ (Wohlbehagen). [...]."

---

45 Auf die Probleme der Einheitenmarkierung hatte ich bereits in 5.1 hingewiesen (vgl. auch Anm. 6); syntaktische, semantische und intonatorische/prosodische Aspekte spielen bei der Begrenzung der Sinneinheiten eine Rolle; mit expliziten Kriterien der Einheitenbegrenzung haben die meisten hier vorgestellten Systeme Probleme. Eine Theorie gibt es noch nicht. Je offener die korpusbezogenen Beschreibungsziele sind, desto vorsichtiger sollte die Einheitenbegrenzung erfolgen.

46 Diese und die folgenden Beispiele sind der Homepage von Konrad Ehlich entnommen <http://www.ehlich-berlin.de>, auf der sich die Transkriptionsbeispiele finden [DE-MOTXT1-9]

Prosodie (nicht-segmental)

(P-1) Der Tonhöhenverlauf von Wörtern des ‚Lenkfeldes' (vgl. Ehlich 1993a) wird in einer prosodischen Kommentarzeile, die über der Sprecherzeile verläuft, markiert (siehe Beispieltranskript HIAT, Partiturflächen 6, 12, 13 u. 14):

`    fallende Intonation
´    steigende Intonation
v    fallend-steigende Intonation
^    steigend-fallende Intonation
–    gleichbleibend

(P-2) Der Tonhöhenverlauf von Äußerungen wird in einer fünf Tonhöhenlinien umfassenden Kommentarzeile durch kleine Kreise ‚°' dargestellt[47]. Über und unter diesem Fünflinienfeld erfolgt jeweils eine Kennzeichnung durch >.

Das folgende Beispiel illustriert die Tonhöhenverläufe einer vorgelesenen und einer frei gesprochenen Äußerung:

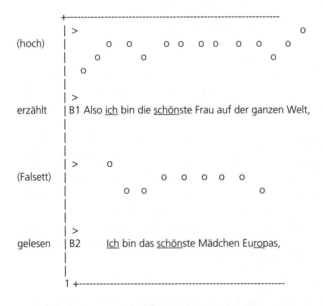

(P-3) Ein Akzent wird durch Unterstreichung markiert (vgl. Beispiel (P-2)).
(P-4) Gedehnt artikulierte Laute werden rechts vom Laut durch Doppelpunkt markiert (vgl. KA, 5.3 (P-4)).

---

47   Selting (1995: 30-33) kritisiert die Tonhöhenverlaufsnotation bei HIAT als zu wenig auf streng formale und zu sehr auf *ad-hoc*-Kriterien gegründet.

120

(P-5) Die Veränderung der Lautstärke (*crescendo, decrescendo*) wird durch auseinanderlaufende bzw. aufeinander zulaufende Winkel in der prosodischen Kommentarzeile über der Sprecherzeile gekennzeichnet[48]:

un folgndermaßen ham die vier, fünf Mann vor diesn [...]

(Ehlich/Rehbein 1976: 25)

(P-6)
>>>>>>>>> steigendes Tempo
<<<<<<<<< nachlassendes Tempo

```
                +---------------------------------
                | >+       < <   < < <   <
                | A  | So, und hier nun unser neues HIAS-DOS 2.2!
                |N1 |    %hebt den Kopf
                |N2 +        o---------zeigt auf Bildschirm--------o
1 sehr erstaunt |B  [                              (1 Echt? 1)
                +-----------------------------------------------------------------------
```

(P-7) *Stakkato*-Aussprache wird durch je einen Punkt pro Silbe des Gesprochenen gekennzeichnet.
Gedehnt artikulierte Ausdrücke werden durch unterbrochene Unterstreichungen markiert. Zu ‚Rhythmik‘ als aus kombinierten prosodischen Parametern zusammengesetzte *Gestalt* gibt es keine expliziten Angaben.
(P-8) Sprechbegleitende akustische Besonderheiten (z.B. *Schluchzen* während des Redens) werden in doppelte runde Klammern in einer Kommentarzeile gesetzt.
(P-9) Pausen werden durch Punkte oder durch Zeitangaben in doppelten runden Klammern in der Sprecherzeile dargestellt:
. kurze Pause
... längere Pause
((3 Sek.)) Pause mit Angabe der Dauer in Sekunden.

Nonverbale Ereignisse

Für (NV-1) bis (NV-5) gilt: Kurze nichtsprachliche Handlungen werden in doppelten runden Klammern in der Partiturzeile notiert, z.B.:

---

48  Diese symbolische Darstellung ist mit einem einfachen Textverarbeitungsprogramm nur sehr aufwendig zu leisten. HIAT-DOS sieht eine eigene Intonationszeile über dem Gesprochenen vor.

```
                    +------------------------------------------------------------
                    |L             Eben.
                    |S1                  Eben?
                    |S2 gemacht?
                    |                      ((lacht))      ((lacht))
                    |S3                    Jawohl
                    |S4  Nein                          Gezaubert!
                    | >     /
Schüler(in) Nr5     |     Ja
Schüler(in) Sj      |                                        Das is nich
               4  +------------------------------------------------------------------
```

Nonverbale Ereignisse können aber auch in einer gesonderten Zeile unter der
Zeile für verbale Kommunikation (VK) festgehalten werden (bis zu 3 NVK-
Zeilen sind möglich). Zur Verdeutlichung dienen entweder die Abkürzungen
VK und NVK (nonverbale Kommunikation) vor der jeweiligen Zeile oder
die Wahl eines anderen Schrifttyps. Durch einen kleinen Kreis können darüber hinaus Anfang und Ende einer nonverbalen Tätigkeit kenntlich gemacht
werden. Handelt es sich nur um eine punktuelle Handlung, so kann diese
durch % markiert werden:

```
                    +--------------------------------
                    | >+        < <    < < <   <
                    | A  | So, und hier nun unser neues HIAS-DOS 2.2!
                    |N1 |      %hebt den Kopf
                    |N2 +         o---------zeigt auf Bildschirm--------o
1 sehr erstaunt     |B  [                                   (1 Echt? 1)
                    +--------------------------------------------------------------
```

## Kommentar

(K-1) Den Kontext der Rede erläuternde Kommentare des Trankribenten erscheinen nicht *in* der Partiturzeile (lediglich die zeitliche Erstreckung des zu
Kommentierenden), sondern *außerhalb*, entweder darunter oder am Außen-
rand der entsprechenden Partiturfläche. Die zu kommentierende Passage wird
durch eckige Klammern und Indizes versehen:

```
          +---------------------------------------------------
          |L      Wir wollen das uns [ 1  jetzt nochmal etwas genauer
          |                          [ 1  schiebt vordere Tafel run-,
          |                               ter auf der hinteren Tafel
          |                               werden 2 Zeichnungen sichtbar
Schülerin Z      |  Ej, ej [2  (guck mal )    2]
          |           [2  tippt Nachbarin Si an
          |               und zeigt in Kamera
Schülerin Si     |              [3                    3]
          |               [3 dreht sich zu ihr, wieder
          |                  zurTafel, mit den Augen kurz
          |                  Kamera streifend, kurz lächelnd...
          +-----------------------------------------------------------------
```

Der linke Rand vor der Partiturfläche kann auch für kurze Anmerkungen genutzt werden, die der entsprechenden Äußerungspassage mit Indizes zugeordnet werden, z.B.:

```
              +----------------------------------
              |  >+       < <   < < <   <
              |A  | So,  und hier nun unser neues HIAS-DOS 2.2!
              |N1 |     % hebt  den Kopf
              |N2 +            o--------zeigt auf Bildschirm-------o
1 sehr erstaunt  |B  [                              (1 Echt? 1)
              +-----------------------------------------------------------------
```

(K-2) Die stilistische Bewertung von Sprechereignissen wird in einer Kommentarzeile unterhalb der Sprecherzeile eingetragen, jedoch von der Schrifttype her deutlich abgesetzt vom Text der transkribierten Sprache. Die zeitliche Ausdehnung des Kommentierten wird in der Partiturzeile kenntlich gemacht:

```
          +------------------------------------------------------
          |RN  ham lauter wichtige Bücher geschrieben, ich weiß.
          |    ironisch------------------------------------------->
          |SE                                       Sicher nett
          |                                         <lauter
       12 +------------------------------------------------------
```

(K-3)Unverständliche Laute, Wörter oder Silbengruppen werden als ‚leerer' Raum zwischen runden Klammern dargestellt:

```
          +------------------------------------------
          |RN        Sie kommen schon noch dran, Herr Eihmer.
          |SE  abers is (            )                    Danke
          |SS  Ich/  ich/
          |JG              Laß mal!
          |                <zu SS>
        6+------------------------------------------
```

123

(K-4) Nur vermuteter, nicht klar identifizierter Wortlaut wird in einfachen runden Klammern in der Sprecherzeile notiert, wie hier im Beispiel die Äußerung von Sx:

```
   +--------------------------------------------------------
   | >                        v  \   \   \   \
   |A    . .                  Ja! Ja! Ja! Ja! Ja!
   |S1       Noch 'n Stück?
   |      ( (dreht die Achse ------------------------------------------------
   |      ------------------------------------------------------------------------
   |Sx                                                   (Müssen wer)
  14+-----------------------------------------------------------------------------
```

Extras

(E-1) Bei Bedarf kann in IPA (vgl. 4.3) transkribiert werden.

(E-2) Keine expliziten Anweisungen in den Veröffentlichungen zu HIAT.

(E-3) Übersetzungen von fremdsprachlich Geäußertem werden in einer Kommentarzeile notiert, die der jeweiligen Sprecherzeile folgt.

Es folgt ein Ausschnitt aus einer Kommunikation zwischen drei japanischen Studienabgängern. Unter dem aus dem Japanischen transliterierten Text befinden sich die interlineare grammatische Explikation und die deutsche Übersetzung[49]. In weiteren Zeilen sind Kommentare zur Übersetzung sowie zu nichtverbalen Äußerungen und Ereignissen festgehalten:

```
   +-------------------------------------------------------------------
   |Y   (U:e)!Kore de Bengoshi Ka:!              ((lacht)).
   |Yi   Intj Dei  Pab1 N-Rechtsanwalt
   |Yd   Wow! Bin ich hiermit Rechtsanwalt?!       ((lacht))
   |K                                            Kore de Bengoshi'!
   |Ki                                           Dei Pab1 N-Rechts-
   |Kd                                           Hiermit (sind wir)
   |Id
   |   Musik im Hintergrund ------------------------------------------------
   2+-------------------------------------------------------------------
```

Quelle: http://WWW.DaF.Uni-Muenchen.De/HIAT/DEMOTXT7.htm

(E-4) u. (E-5) Keine expliziten Anweisungen in den Veröffentlichungen zu HIAT.

---

49  Hinweise zur angemessenen Wiedergabe von Sprachwechsel und fremdsprachlichen Insertionen finden sich in den von J. Rehbein herausgegebenen Hamburger Arbeitspapieren. – Man beachte auch das von Christian Lehmann entwickelte *translineare* Notationssystem, das für typologische Vergleiche entwickelt wurde (siehe Lehmann 2004).

(E-6) u. (E-7) Es sind keine Sonderkonventionen für die Verwendung besonderer Zeichen vorgesehen.

## 5.4.6  Beispiel für ein Transkript

HIAT-DOS-Transkript    DEMOTXT2
ausgegeben am 1.4.1994.

Transkript-Titel

| | | | | | |
|---|---|---|---|---|---|
| Dateiname | : | DEMOTXT2 | | | |
| Projektname | : | HIAT-DOS Demonstration Nr. 2 | | | |
| Bezeichnung | : | Ausbildung von Lehrlingen im Bergbau | | | |
| Aufnahme | : | retranskribiert nach Brünner | | | |
| Aufnahmedatum | : | 1981 | Aufnahmegerät | : | |
| Aufnahmedauer | : | | Zählwerk-Beginn | : | -Ende: |
| Transkribent | : | Gisela Brünner | Zeitverhältnis | : 1/60 | Datum: |
| Korrektor | : | Gisela Brünner | Zeitverhältnis | : 1/20 | Datum: |
| Copyright | : | Gisela Brünner, Dortmund | | | |
| Inhalt | : | Vorführung: Auflegen der Kettensternhälften | | | |

| Siglen: | Kürzel | Erklärung |
|---|---|---|
| | A | Ausbilder |
| | S1 | Schüler 1 |
| | S2 | Schüler 2 |
| | Sx | Schüler x |

```
       +-------------------------------------------------------
       |A   ((3,8 s))                  So! Wolln wer mal ganz kurz/
       |    ((justiert Stern auf der Achse -------------------------------------
     1 +-------------------------------------------------------


       +-------------------------------------------------------
       | >            v
       |A   ((3,3 s))   Hm.   ((4,8 s))      Äh . müssen wer noch mal
       |    -----------------------------))  ((zieht Stern wieder ab -----------
     2 +-------------------------------------------------------


               +---------------------------------------------------
[1] gepreßt    |A [1 kurz 1]    .   abziehn.    .   Stellst ihn mal?  . . .  Ja.
               |    ---------------------------))   ((Hält Stern fest -----------------
               |S1
               |                                    ((dreht Achse))
     3 +-------------------------------------------------------
```

125

```
+------------------------------------------------------------
|A    Gut!      ((8,8 s))   Warte mal . .           Nee, nee. . .
| ------------------)) (( paßt Stern auf der Achse ein -------------))
|S1                            (.......)
|          ((hört auf))
4 +------------------------------------------------------------------
```

```
+--------------------------------------------------------
|A    Guck mal, wie der steht.          Höher! Du mußt den höher
|     ((zieht Stern wieder ab ))
|S1                                ( )
|                      ((dreht an der Achse ----------------------------
5 +-----------------------------------------------------------------
```

```
+------------------------------------------------------------
| >              v
|A  stellen.    Hm.        Noch 'n bißchen!
| >              v
|S1        Hm.    Reicht?                     Noch 'n bißchen.
| ----------------------------------------------------------------------
6 +------------------------------------------------------------------
```

```
+-----------------------------------------------------
|A   Gut!              ((7,6 s))                 So! . . Und jetzt
|                            ((justiert den Stern))
|S1
|    ---)) ((hört auf))
7 +------------------------------------------------------------------
```

```
+--------------------------------------------------
| >                            <-----    ----->
|A  .  drehn!   ((4 s))        Andersrum! Andersrum! Andersrum!
|S2
|            ((dreht Kupplung -------------------------------------
8 +------------------------------------------------------------------
```

```
+---------------------------------------------------------
| >                          --->
|A    Andersrum! . . . . . Gut!   Jetz, andersrum! . .  Also, wir
|S2
|    ----------------------------- ----))              ((dreht Kupplung
9 +------------------------------------------------------------------
```

```
+-----------------------------------------------------
| >                    ------->                   <---
|A    müssen hier . obm rein . . .                Stop!
|S2
| --------------------------------------------------------------
|Sx                           Steht aber immer noch ( )
10+------------------------------------------------------------------
```

```
+-----------------------------------------------------------------
| >     --->
|A     Stop! Stop! Stop!                              ((4 s ))
|              ((zieht Stern ab -------------------------))
|S2
|         ---------------------))
|Sx                      (immer no' nich . . )              (  )
11+--------------------------------------------------------------------
```

```
+---------------------------------------------------------
| >     \
|A     Tja! Paß auf! Dreh den noch ma 'n bißken höher da. .
|S1
|              ((dreht die Achse --------------------------------------
12+--------------------------------------------------------------------
```

```
+--------------------------------------------------------------------
| >     <-----                    v
|A     Andersrum! Andersrum!    Jaja . . .   So. Und den auch!
|S1
|         ------------------------------))
|S2                             Höher?
|      ((dreht die Kupplung -------------------------------------------
13+--------------------------------------------------------------------
```

```
+---------------------------------------------------
| >                       v  \  \  \  \
|A     . .                Ja! Ja! Ja! Ja! Ja!
|S1        Noch 'n Stück?
|      ((dreht die Achse -------------------------------------------
|S2    ----------------------------------------------------------
|Sx                                    (Müssen wer)
14+--------------------------------------------------------------------
```

```
+------------------------------------------------
| >                    v
|A                    Ja  ja.  Das geht ja nicht, weil ja
|S1              So?
|         -------------------------------------------------------------))
|S2
|         -----------------------------------------------------------
|Sx    obm draufsetzen.
15+--------------------------------------------------------------------
```

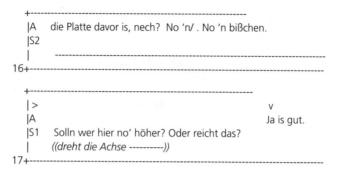

```
+----------------------------------------------------------------
|A   die Platte davor is, nech?  No 'n/ . No 'n bißchen.
|S2
|      -------------------------------------------------------------------------
16+----------------------------------------------------------------------------------

+----------------------------------------------------------------
| >                                                       v
|A                                                        Ja is gut.
|S1   Solln wer hier no' höher? Oder reicht das?
|      ((dreht die Achse ----------))
17+----------------------------------------------------------------------------------
```

Quelle: siehe Anm. 46.

### 5.4.7 Abschließende Bemerkungen

Eine Reihe von Konventionen, die HIAT vorsieht, wurden aus der KA oder anderen früher entstandenen Systemen übernommen. Die von der Musik inspirierten Symbole zur Beschreibung der Prosodie wurden daher später an die PC-Schreibweise angepasst. Das weithin bekannte Merkmal von HIAT ist die *Partiturschreibweise*. Diese Schreibweise sichert eine einfache Abbildung der zeitlichen Reihenfolge der Redebeiträge aktueller, neu hinzukommender und das Gespräch fortführender bereits bekannter Sprecher auf eine als Interaktionsfläche definierte Endloszeile; diese Transkriptionsarchitektur ermöglicht einen hervorragenden Überblick über den Stand und den Verlauf der Redebeiträge in der Interaktion[50].

Gemessen an der Anzahl vorliegender transkribierter Korpora ist HIAT, die Datenbank des IDS einmal ausgenommen, zweifellos das erfolgreichste System im deutschsprachigen Raum. Die EDV-Version HIAT-Dos ist bisher zwar nicht durch ein neues Programm ersetzt worden, ist aber immer noch gebräuchlich, obwohl heute Transkriptionen mit dem Editor EXMERaLDA gemacht werden, in den unterschiedliche Trankskriptionssysteme wie HIAT, GAT oder CHAT konvertiert werden können (vgl. hierzu Schmidt 2001 und 2005)[51]. Das historische Verdienst von HIAT ist die Einführung der Partitur-

---

50  Aufgrund des notwendigen Zeilenumbruchs wird, der ‚Endloszeile‘ geschuldet, der Beitrag eines einige Zeilen vorher beteiligten Sprechers nach zeitlich bedingtem Leerraum erst mitten in der Zeile (anstatt zu ihrem Beginn) fortgeführt; man muss sich erst daran gewöhnen, die Verknüpfung des ‚neuen‘ Beitrags mit dem ‚alten‘ durch Identifizierung des Sprechers herzustellen (manchmal eine mühsame Rückschau auf viele vorherige Zeilen); wichtiger als diese zunächst ‚lästige‘ Gewöhnung ist jedoch der bald empfundene große praktische Nutzen, der mit dieser Logik in der Orientierung verbunden ist.

51  vgl. die Ausführungen in 7.4.2.

schreibweise, die einen hohen Grad an natürlicher ‚Nachbildungsauthentizität' der Rede erreicht. Die Begründer von HIAT haben nicht nur ein „handwerkliches" Verfahren eingeführt, sondern auch den praktischen Umgang mit HIAT im Auge gehabt. Die ‚Praxis' der Transkription und diesbezügliche Entscheidungen wurden stets mitreflektiert. „Die Anlage als Arbeitstranskription besagt, daß grundsätzlich unterschiedliche Arbeitsschritte, Verfeinerungen ebenso wie Bereinigungen von Kontingenzen, je nach Transkriptionsaufwand pro Minute Gesprochenem – gut ist 1:60 – und je nach Fragestellung möglich sein sollen [...]" (Redder 2001: 1047). Schon in der frühen (ersten) Fassung von Ehlich/Rehbein (1976) wurden die Herstellung des handschriftlichen und maschinenschriftlichen Transkripts sowie der Korrekturgang ausführlich dargestellt. Selbst Redders Handbucharktikel über Transkriptionen, der auch einen guten Überblick über HIAT vermittelt, gibt wichtige praktische Hinweise.

## 5.5 Das Transkriptionsverfahren DIDA

Das Verfahren DIDA (Diskurs-Datenbank <http://www.ids-mannheim.de/prag/dida/dida-trl.pdf>) wurde ab Anfang der neunziger Jahre am Institut für deutsche Sprache in Mannheim entwickelt, um die zahlreichen am IDS über Jahrzehnte archivierten Korpora kommunikativer Gattungen (Beratungs-, Schlichtungs- und Bewerbungsgespräche, Kommunikationsverhalten bei Gericht, Arzt-Patient-Kommunikation, varietätenspezifisch motivierte Interviews etc.) in einer Datenbank mit einem einheitlichen Transkriptionssystem zu speichern und der EDV-gestützten Auswertung zugänglich zu machen. Die großangelegte Studie zur Stadtsprache Mannheim (*Kommunikation in der Stadt*, Werner Kallmeyer, Hrsg., 2004 ff., 4 Bände) ist vollständig mit DIDA transkribiert. Während in den neunziger Jahren noch Überlegungen angestellt wurden, DIDA in ein neu zu entwerfendes System elektonischer Datenverarbeitung zu integrieren und für deutschsprachige Projekte überregional zur Verfügung zu stellen, hat sich inzwischen die praktische Erkenntnis durchgesetzt, dass das Transkriptionssystem GAT vielen Anforderungen an eine Vereinheitlichung entspricht und im Zusammenwirken mit dem Editor EXMERaLDA eine gute Zukunftslösung des Problems wäre. Die neuesten Trends findet man auf der Homepage von Wilfried Schütte (Institut für Deutsche Sprache <http://www.ids-mannheim.de/prag/personal/schuette.html>, vgl. auch Deppermann & Schütte 2008).

Aus den genannten Gründen habe ich das System DIDA, das in der zweiten Auflage noch ausführlich dargestellt wurde, aus der 3. Aulage herausgenommen. Die Darstellung des Zeicheninventars, der DIDA-Konventionen und des Forschungskontextes, in dem das Verfahren in neueren Studien benutzt wurde, findet sich unter dem Stichwort *Buch Transkription* [3]2009 unter <http://personal.geisteswissenschaften.fu-berlin.de/nordit>. Mit dieser Darstellung können alle in DIDA transkriebierten Texte und Aufsätze, in denen mit DIDA gearbeitet wird, angemessen verstanden werden.

## 5.6. DT: Diskurstranskription nach Du Bois et al. (1993)

Den Anschub zu theoretischen Fundierungen des Transkribierens und des zugrundegelegten Transkriptionssystems hat Du Bois zu Beginn der neunziger Jahre gegeben (Du Bois: 1991), indem er auf theorieprovozierende Stellungnahmen von Ochs (1979) mit einer Aufstellung von (Konstruktions-) Maximen reagierte (vgl. 5.1). Auf dem Hintergrund postulierter Adäquatheitsbedingungen stellten Du Bois und Mitarbeiter 1993 ein eigenes Diskurstranskriptionssystem auf (1993). Dies sollte eine der EDV-Auswertung zugängliche Version sein (und ist es auch), eine Alternative zur KA, für die kein elektronisches Datenverarbeitungssystem geschaffen wurde. Das entworfene System hat zwei Verdienste: (a) es ist nach Prinzipien guter Lesbarkeit, distinktiver und ikonischer Qualität der Zeichen und komfortabler elektronischer Auswertbarkeit ausgearbeitet und (b) zieht eine Trennungslinie zwischen ‚breiter' und ‚enger' Transkription auf der Grundlage einer skalaren nach Schwierigkeit bzw. Detailliertheit opertionalisierten Hierarchie von Transkriptionsoperationen. Weil ich die Darstellung und Evaluation dieses Systems für wichtig halte, habe ich diesen ursprünglich in der zweiten Auflage hier gedruckten Teil unter *Buch Transkription* [3]2009 auf meine Homepage <http://personal.geisteswissenschaften.fu-berlin.de/nordit> übernommen. Dieses Unterkapitel habe ich nicht mehr in die 3. Auflage aufgenommen, da das System im deutschsprachigen Raum nicht praktiziert wird und auch in der Auseinandersetzung um das „beste" System keine Rolle spielt. Das System „Du Bois" bietet anspruchsvolle und gelungene linguistische Lösungen; daher ist es für Linguisten anregend – *quod esse demonstrandum!*

## 5.7  GAT: Gesprächsanalytisches Transkriptionssystem

### 5.7.1  Kontext der Forschung

GAT wurde 1997 von einer Gruppe namhafter Linguisten (Selting et al. 1998) als Vorschlag zu einer Vereinheitlichung bestehender Transkriptionssysteme im deutschsprachigen Raum entwickelt. Die vorliegenden Systeme, so argumentieren die linguistischen Initiatoren von GAT, unterschieden sich in ihren Verfahren oft nur im Detail voneinander, erschwerten dadurch aber das rasche Erfassen der Daten, ihre benutzerfreundliche Lesbarkeit und die Auswertung von Korpora der gesprochenen Sprache nach strukturellen, typologischen und pragmatischen Gesichtspunkten.

Bei einer Vereinheitlichung der Transkription ist natürlich der Datenaustausch leichter, die vergleichende Erforschung diskursiver Eigenschaften und Strukturen gesprochener Sprache günstiger. Schließlich können auf das einheitliche Transkriptionssystem auch Standards bestimmter Computerprogramme angewandt werden – so können z.b. jene Hypothesen, die P. Levelt in seinem Buch *Speaking* (1989) zur gesprochenen Sprache formuliert hat (vgl. Kap. 2), besser empirisch überprüft oder Merkmale kommunikativer Gattungen auf der Grundlage von gleich transkribierten Gesprächen effizienter belegt werden.

### 5.7.2 Konzeptuelle Leitgedanken

GAT soll der Erforschung von Gesprächen dienen. Es ist nicht zur Beschreibung morphosyntaktischer/lautlicher Variation oder von nicht-normativen Äußerungen (z.B. Spracherwerb <L1, L2> ) konzipiert worden. Untersucht werden sollen mit Hilfe von GAT vor allem *Alltagsgespräche* und Exemplare *kommunikativer Gattungen* im Rahmen der pragmatischen Gesprächsforschung.

Die folgende Darstellung fußt im Wesentlichen auf Selting et al. (1998). Eine überarbeitete, neue Version befindet sich in Vorbereitung (vgl. Ehmer & Schütte 2008: 227f.), ist aber bisher nicht veröffentlicht worden (Stand: Januar 2009). Zum weiteren Stand der Ausarbeitung von *GAT 2* sei empfohlen, sich auf der Homepage von Margret Selting (<http://uni-potsdam.de/u/ germanistik/ individual/selting/index.htm>) sowie unter <http://prowiki.ids-mannheim.de/bin/ view/GAT2/WebHome> zu informieren. Pia Bergmann und Christiane Mertz-lufft (Universität Freiburg, Germanische Philologie) bieten unter dem Logo <**GAT-TO**> ein Tutorium zur Praktizierung der Gesprächsanalytischen Transkription mit GAT an (<http://paul.igl.uni-freiburg.de/ bergmann/?GAT-TO>).

GAT unterscheidet zwischen *Basis-* und *Feintranskription*. Das Basistranskript soll den Mindeststandard für die Verschriftlichung von Daten gesprochener Sprache erfüllen. Die Mindestbedürfnisse bestehen darin, (a) die sequentielle Verlaufsstruktur, (b) die Pausen, (c) spezifische segmentale Konventionen, (d) Arten und Formen des Lachens, (e) Rezeptionssignale, (f) Akzentuierungen und (g) Tonhöhenbewegungen am (prosodischen) Einheitenende zu spezifizieren. Die genannten 7 Funktionsbereiche der gesprochenen Sprache können als für jede Transkription notwendige Grundlage verstanden werden. Dieses nach den Aspekten (a) bis (g) erstellte Basistranskript kann entsprechend den Bedürfnissen der Forschung durch zusätzliche Transkriptionssymbole ausgebaut/verfeinert werden[52].

Jedes Transkript besteht aus einem *Transkriptionskopf* (siehe D-3 unten und 5.2) und einem *Gesprächstranskript*.

---

52  Zur Durchführung der Feintranskription kann jedes zur Verfügung stehende Textverarbeitungsprogramm angewandt werden. In GAT 2, der geplanten revidierten Fassung, soll zwischen *Rohtranskript*, *Basistranskript* und *Feintranskript* unterschieden werden.

Das Gesprächstranskript wird nach Prinzipien der literarischen Transkription in Kleinschreibung erstellt (Großbuchstaben sind der Kennzeichnung von Akzenten vorbehalten). Die Transkriptzeilen werden nummeriert (angefangen mit 01 XY: Transkripttext). Jeder in einer Publikation zitierte Ausschnitt aus einem größeren Transkript fängt mit der Zeilennummer 01 an.

Nach der Zeilennummer folgt (nach 3 Leerstellen) die Sprecherkennzeichnung (Sigle). Die Siglen werden in der Folgezeile nicht wiederholt, wenn der Sprecher gleich bleibt. Nach weiteren 3 Leerstellen folgt der Transkripttext. Für die Transkripte wird ein äquidistanter Schrifttyp (z.B. *Courier 10 pt*) gewählt, um Konvertierungsprobleme zu vermeiden; auf den Einsatz von Tabulatoren sollte verzichtet werden.

Zusätzlich zum Basistranskript sind weitere Zeilen möglich (z.B. zur genauen Kennzeichnung von Prosodie oder von nonverbalen Phänomenen), die allerdings nicht per Zeile nummeriert werden und unterhalb der dazugehörigen Textzeile gesetzt werden.

Für *Übersetzungen* gilt: Sie werden kursiv unter die jeweilige Transkriptzeile gesetzt. Für die Darstellung der (morpho-syntaktischen) linguistischen Struktur sind Zeilen für Interlinearübersetzungen möglich, eine gesonderte Zeile für sinngemäße Übersetzung ist in diesem Falle ratsam.

In Publikationen zitierte Transkriptausschnitte werden mit einem Einzug formatiert, um mit „→" vor einer Zeile auf ein für die Analyse relevantes Phänomen hinweisen zu können (vgl. den nach rechts gerichteten Pfeil → in der KA für die gleiche Funktion).

### 5.7.3  Darstellung der Konventionen nach GAT

[Nach Selting, Auer et al. (1998)]

## Design

(D-1) Sequentielles Schreibformat: „Im Transkripttext bildet wie bei normalen Texten das Nacheinander auf dem Papier ikonisch das Nacheinander in der Zeit ab. Die Leserichtung von links nach rechts und von oben nach unten entspricht also (mit wenigen Ausnahmen) dem linearen zeitlichen Ablauf". – „Das Untereinander der Zeilen bildet ikonisch das Nacheinander der Sprecherbeiträge ab" (Selting et al. 1998: 97). Die Zeilen des Transkripts werden am linken Rand vollständig durchnummeriert[53].
(D-2) Kleinschreibung des gesamten Textes; für lautliche/morphologische Abweichungen von der Standardorthographie werden einige plausible ‚Faustregeln' gegeben (vorgestellt in 4.1) unter LT.

---

53  Hilfreich und wichtig bei der Belegung von Daten im Rahmen von Analysen

(D-3) Der Transkriptionskopf enthält die folgenden Angaben zur Aufnahme, zu den Teilnehmern und zum transkribierten Gespräch:

Herkunft, Zugehörigkeit zu einem bestimmten Korpus bzw. Projekt, Aufnahme-
nummer oder Kennwort/Name des Gesprächs
Aufnahmetag, Ort der Aufnahme
Dauer der gesamten Aufnahme
Name der/des Aufnehmenden
Name der/des Transkribierenden
Kurze Charakterisierung der Situation, z.B. Interview, informelles Gespräch, Tele-
fongespräch, Radio-Anrufsendung etc.
Kurze Charakterisierung der Teilnehmerrollen, z.B. informelles Gespräch mit
gleichberechtigten Teilnehmern, Ärztin und Patient, Lehrer und Schülerin
Kurze Charakterisierung der Sprechenden unter Angabe ihrer Decknamen, z.B.
Geschlecht, geschätztes Alter, Beruf; sonstige Informationen, z.B. Herkunft,
Angaben zur Varietät (Dialekt), auffällige Eigenschaften der Stimme
Kurze Charakterisierung des Gesprächsverlaufs (Inhaltsangabe, Verweis auf rele-
vante Analysestellen).
Ggf. Hinweis auf Bearbeitungsstand der Transkription (vgl. ebd.: 93f.)

## Redebeitrag

(RB-1) Sprecher werden zu Beginn eines Beitrags durch Buchstabeninitiale oder anonymisierte Äquivalente, gefolgt von einem Doppelpunkt und einem Leerzeichen, identifiziert.

(RB-2) „Neue Sprecherbeiträge (Turns), die ohne Simultansprechen einsetzen, beginnen mit einer neuen Transkriptzeile" (Selting et al. 1998: 97). Die rechte Grenze eines Redebeitrags ist nicht definiert; ein Redebeitrag besteht aus min-destens einer Phrasierungseinheit.[54] Eine Phrasierungseinheit (vgl. 5.7, (RB-2)) ist definiert durch eine erkennbare „prosodische, syntaktische und semantische Grenze" mit obligatorischem Zeilensprung (Selting et al. 1998: 100).

(RB-3) Simultansprechen wird zu Beginn und (falls gewünscht) zu Ende der überlappend gesprochenen Passage durch eckige Klammern dargestellt. Un-tereinander stehende Passagen in eckigen Klammern sind also immer parallel zu lesen, z.B.:

```
01 A: eigentlich wollt ich jetzt [noch sa`
02 B:                            [das tut nichts [zur sache
03 A:                                            [noch sagen
04    daß mich diese ständige unterbrecherei einfach stört.
```
(ebd.: 97)

---

54  „Für die Untergliederung von Turns in kleinere Einheiten (Phrasierungseinheiten)
    verwenden die Sprecher vor allem das Zusammenspiel von Syntax und Prosodie im
    gegebenen sequenziellen Kontext" (Selting et al. 1998: 100)

Für den unterbrochenen Sprecher beginnt nach jedem Simultansprechen eine neue Zeile, sobald er wieder zu Wort kommt. Ausnahmen sind kurze Rezeptionssignale, die nicht zur Übernahme des Rederechts führen. Nur in diesem Fall springt der Blick des Lesenden von einer späteren auf eine frühere Zeile des Transkripts zurück:

```
01 A: ich wollte grade [noch] sagen
02 B:                   [hm  ]
(ebd.)
```

Redeabbruch oder Redeunterbrechung durch den Hörer wird nicht markiert (siehe aber: (V-3)).

(RB-4) Schneller, unmittelbarer Anschluss neuer Turns oder Einheiten (an vorangehende) wird am Ende der vorangehenden und zu Beginn der folgenden Einheit durch Gleichheitszeichen (ohne Leerstelle) gekennzeichnet (siehe für die gleiche Konvention KA 5.3.4 (RB-4)):

```
01 A:   ich will auch=
02 B:   = ich auch
(ebd.: 98)
```

## Verbale Einheiten (segmental)

(V-1) Wörter werden nach der Standardorthographie (Kleinschreibung, siehe 4.1) notiert, sie sind durch Leerzeichen voneinander getrennt.
(V-2) Selting et al. (1998: 100) sprechen von Phrasierungseinheiten.[55] Diese lassen sich anhand von prosodischen, syntaktischen und semantischen Merkmalen segmentieren. „Die Gliederung in Phrasierungseinheiten wird durch die Zeichen für Tonhöhenbewegungen am Einheitenende angegeben" (ebd.).
(V-3) Selbstabbrüche werden mit dem Zeichen für *Glottalverschluss* ' markiert, wie beispielsweise in „ich hab geda' " (ebd.: 99). Andere als mit Glottalverschluß einhergehende Abbrüche werden aus Gründen des ausdrücklichen Verzichts auf funktionale Interpretationen nicht notiert. „Ein ohne Glottalverschluss endendes Wortfragment, z.B. bei einem reparierten Versprecher, erscheint wie folgt: *die ble bremse hat versag* "' (ebd.: 99).
(V-4) Das Gleichheitszeichen wird nicht nur für schnellen Anschluss von Redebeiträgen verwendet, sondern auch, wenn auffällige Verschleifungen die sonst üblichen Wortgrenzen einebnen:
„ *und=äh* ' zeigt an, dass ,äh' ohne Glottalverschluss direkt an ,und' angebunden wird" (ebd.: 98).

---

55 „Eine Phrasierungseinheit lässt sich in der Regel eindeutig identifizieren, wenn dort eine prosodische, syntaktische und semantische Grenze erkennbar ist." (ebd.: 100). Im Unterschied hierzu trennt DuBois (1993) „funktionale" (= syntaktische und semantische) und „phonetisch-prosodische" Merkmale. Vgl. hierzu auch den auf die KA gestützten Äußerungsbegriff (Selting 2001: 28).

Zweisilbige Rezeptionssignale werden in Form von *ja=a, nei=ein* etc. notiert.

(V-5) ,Hörerrückmeldungen' werden in folgender Form notiert:

| | |
|---|---|
| *hm, ja, nein, nee* | einsilbige Signale |
| *hm=hm, ja=ja, nei=ein, nee=e* | zweisilbige Signale |
| '*hm* '*hm* | mit Glottalverschlüssen, meistens verneinend |

## Prosodie

An dieser Stelle wird auf die sonst gewählte Reihenfolge (P-1)-(P-9) verzichtet: Es werden zuerst die prosodischen Elemente aufgeführt, die im Basistranskript berücksichtigt werden, und anschließend diejenigen, die zusätzlich im Feintranskript ergänzt werden können.

*Basistranskript*

(P-2) Nach Selting et al. umfassen ,Phrasierungseinheiten' einzelne Ausdrücke und ganze Ausdrucksgruppen. Für die Untergliederung von Turns (Redebeiträgen) in die kleineren Phrasierungseinheiten greifen Sprecher vor allem auf das Zusammenspiel von Syntax, Semantik und Prosodie im gegebenen sequenziellen Kontext zurück. Durch folgende Zeichen für Tonhöhenbewegungen am Einheitenende wird die Gliederung in Phrasierungseinheiten angegeben (vgl. KA 5.3 4 (V-2)):

| | |
|---|---|
| ? | hoch steigend |
| , | mittel steigend |
| – | gleichbleibend |
| ; | mittel fallend |
| . | tief fallend |

Für das Vorkommen unakzentuierter Anhängsel (tags) wie „ne?" (die oft ohne melodischen Bruch und ohne Mikropause angeschlossen werden) wird vorgeschlagen, die Tonhöhenbewegung am Ende des Anhängsels zu notieren:

```
01:    A:    ja HIER fängt der transkripttext an;=ne?
```

(vgl. ebd.: 101)

(P-3) Im Basistranskript wird die *Akzentstelle* sowie die *Akzentstärke* einer Phrasierungseinheit durch Wiedergabe der akzentuierten Silbe in Majuskeln gekennzeichnet.

| | |
|---|---|
| akZENT | Haupt- bzw. Primärakzent |
| ak!ZENT! | extra starker Akzent |

(ebd.)

(P-4) „Die Wahrnehmung der Länge der Dehnung hängt [...] von der Akzentuierung, der Sprechgeschwindigkeit und vom Rhythmus ab" (ebd.: 99).

:; :::; :::    je nach Dauer ein oder mehrere Doppelpunkte

(P-8) Treten beim Sprechen einzelne *Lachpartikel* auf, werden sie direkt innerhalb des Wortes notiert:

*so (h) o*    Lachpartikel beim Reden
(ebd.: 100)

Sprachbegleitende Akustica werden in spitzen Klammern charakterisiert. „Die Angabe wird vor die Stelle gesetzt, an der die zu notierende Änderung auftritt, und die äußere spitze Klammer wird dort geschlossen, wo die Reichweite des Parameters beendet wird" (ebd.: 106).

<<hustend> >    Sprachbegleitende para- und außersprachliche Handlungen
               und Ereignisse mit Reichweitenangabe (ebd.: 114)

(P-9)vgl. ebd.: 98

(.)            Mikropause
(-), (--), (---)  kurze, mittlere, längere Pausen von ca. 0.25–0.75 Sek. Dauer;
               bis zur Pausendauer von ca. 1 Sek.
(2.0)          geschätzte Pause, bei mehr als ca. 1 Sek. Dauer
(2.85)         gemessene Pause in Sek. (Angabe mit zwei Stellen hinter dem
               Punkt)

„Turn-interne Pausen werden innerhalb der Zeile bzw. am Beginn der Folgezeile notiert" (ebd.: 98f.).

```
01    A:    du hast (.) mich grade unterbrochen
```
(ebd.: 99)

Pausen, die zwischen zwei Sprechbeiträgen liegen, werden auf einer gesonderten Zeile notiert:

```
01    A:    hier fängt ja der transkripttext an
02    B:    ja genau
03          (---)
```
(ebd.: 98)

Gefüllte Pausen sind (im Deutschen) mit Umschreibungen wie *äh, öh* usw. zu notieren.

*Feintranskript*
(P-1) bzw. (P-3)
Auffällige *Tonhöhensprünge* (plötzliche deutliche Veränderungen der Tonhöhe relativ zur Tonhöhe der vorherigen akzentuierten und unakzentuierten Silben) werden mit Pfeilen dort notiert, wo sie auftreten (vgl. ebd.: 103).

↑            nach oben
↓            nach unten

Verändertes Tonhöhenregister wird gekennzeichnet, wenn ein Sprecher für eine oder mehrere Phrasierungseinheiten oder für Teile einer Einheit, Parenthese o.ä., in ein anderes als das vorherige Tonhöhenregister bzw. globale Tonhöhenniveau wechselt.

Spitze Klammern fassen die qualitative Markierung des Tonhöhenregisters ein: Die innere Klammer grenzt die Parameternotation vom Gesprächstext ab, die äußere Klammer gibt die Extension an:

<<t>  >  tiefes Tonhöhenregister
<<h>  >  hohes Tonhöhenregister

Beispiel aus dem Feintranskript (ebd.: 118, Zeile 22, siehe auch 5.7.6):

```
01 S2:  <<t> das war aber ein pene>↑TRANter: ˊˋ!W:I!derling.
        =also
02      .hh
```

Akzenttonhöhenverschiebungen können im Feintranskript auch interlinear notiert werden. Diese Notation bezieht sich auf Tonhöhenbewegungen in und nach der Akzentsilbe:

ˋSO     fallend
ˊSO     steigend
ˉSO     gleichbleibend
^SO     steigend-fallend
ᵛSO     fallend-steigend

(ebd.: 115)

Die Notation von Akzenttonhöhenbewegungen kann mit den jeweiligen Akzentstellen kombiniert werden:

| Für primäre Akzente | Für sekundäre Akzente |
|---|---|
| ˋFALlend | ˋfAllend |
| ˊSTEIgend | ˊstEIgend |
| ˉGLEICHbleibend | ˉglEIchbleibend |

(ebd.: 105)

„Die Beziehung zwischen unakzentuierten Silben vor einem Akzent und dem Gipfel bzw. Tal der Akzentsilbe sowie die auffällige Realisierung von Akzenttonhöhenbewegungen wird wie folgt notiert" (ebd.):

↑ˋ       kleiner Tonhöhensprung hoch zum Gipfel der Akzentsilbe
↓ˊ       kleiner Tonhöhensprung herunter zum Tal der Akzentsilbe
↑ˋSO     auffallend hoher Tonhöhensprung zum Gipfel der Akzentsilbe
↓ˊSO     auffallend tiefer Tonhöhensprung zum Tal der Akzentsilbe
↑ˉso     Tonhöhensprung zu auffallend höherem Akzent
↓ˉso     Tonhöhensprung zu auffallend tieferem Akzent

Beispiel aus dem Feintranskript (ebd.: 118, Zeile 32f. auch in 5.7.6 wieder-gegeben):

```
01   S2:und `wEnn da: Ėinmal: `jEmand zum `Abschied
        ge↑`HUPT `hat,
```

(P-3) Im Feintranskript können zusätzlich zu den Haupt- und extra starken Akzenten Sekundär- bzw. Nebenakzente notiert werden:

akZENT    Haupt- bzw. Primärakzent
akzEnt    Neben- bzw. Sekundärakzent
ak!ZENT!   extra starker Akzent

(P-5) Angaben zur *Lautstärke* sind nur relativ zur normalen Stimmlage des Sprechers zu notieren. Spitze Klammern grenzen – ähnlich wie die Notation des veränderten Tonhöhenregisters – den Parameter vom Gesprochenen ab und fassen den Skopus ein:

<<f    >   *forte*, laut
<<ff>   >   *fortissimo*, sehr laut
<<p>   >   *piano*, leise
<<pp>   >   *pianissimo*, sehr leise
<<cresc>  >   *crescendo*, lauter werdend
<<dim>   >   *diminuendo*, leiser werdend

Beispiel (Feintranskript S. 118, Teile 09, siehe auch 5.7.6):

```
01      S1:  <<pp> heute noch-   >
```

(p-6)    Die Notation des *Tempos* erfolgt ähnlich wie bei der Lautstärke:

<<all>   >   *allegro*, schnell
<<len>   >   *lento*, langsam
<<acc>   >   *accelerando*, schneller werdend
<<rall>   >   *rallentando*, langsamer werdend

```
01      S2:  <<len> to`TA:L   `zEr`FALlen.>=
```
(ebd.: 119)

(P-7) Intonationskonturen werden in einer eigenen Kommentarzeile notiert; in GAT sind eine Vielzahl verschiedener Zeichenkombinationen vordefiniert, um die Kontur einer Phrasierungseinheit sehr differenziert darzustellen. Mit einer runden Klammer wird die Länge der kohäsiven Kontur angezeigt, vor der Klammer wird der Globaltonhöhenverlauf und in der Klammer die Akzenthöhenbewegung notiert (ebd.: 106):

```
01      A:   HIER fängt der transkripttext An
           F(\                              \)
```

Die ‚rhythmische Einheit' ergibt sich aus einer Akzentsilbe plus den nachfolgenden unakzentuierten Silben; diesbezügliche Muster werden mit dem Begriff ‚Kadenz' belegt. Rhythmische Kadenzen werden in Schrägstrichen untereinander platziert:

```
01     Ida:/WEG nach ber= /
            / =LIN zu den   /
            / KINdern, (.) und /
            / DA:  (.) n neues Leben ((...))
```
(ebd.: 109)

## Nonverbale Ereignisse

(NV-1) Je nach ungefährer tatsächlicher akustischer Realisierung
*haha hehe hihi* silbisches Lachen
(NV-2) Nonverbale Ereignisse werden wie folgt in doppelten runden Klammern in der Sprecherzeile notiert:

```
01 A: << pp >ich hab das gar nicht so> ((schnieft)) geMEINt-
02 B: << pp >((seufzt))>
```
(ebd.: 101)

(NV-3) Hörbares Ausatmen wird mit „*h*" dargestellt – „*h*" steht für sehr kurzes, „*hh*" für ein normal langes, „*hhh*" für ein deutlich längeres hörbares Atmen; das hörbare Einatmen wird zwecks Unterscheidung vom Ausatmen mit einem Punkt vor dem *h* gekennzeichnet:
*.h, .hh, .hhh*   Einatmen, je nach Dauer
*h, hh, hhh*   Ausatmen, je nach Dauer
(NV-4) Für die Kodierung *nichtverbalen Handelns* in GAT siehe Kap.6.2.
(NV-5) Notation in einer gesonderten Kommentarzeile (ohne Zeilennummer) unterhalb der Textzeile (so dass der zeitliche Referenzbereich deutlich wird) oder auf der Sprecherzeile in doppelten spitzen Klammern, die die Beschreibung der Handlung und den betroffenen Zeitabschnitt einfassen:
<<Ereignis>> Ereignisse mit Reichweite

```
01 A: <<sich erhebend> aber du hast es> so geSAGT.
```
(ebd.: 101)

## Kommentar

(K-1) Wie Kommentare werden z.B. parasprachliche Handlungen in doppelten runden Klammern notiert:
((lacht)) Beschreibung der Handlung
(K-2) Stilcharakterisierungen erfolgen als Kommentar ähnlich wie in (NV-5).
(K-3) Akustisch Unverständliches wird in runden Klammern notiert:
( ) unverständliche Passage (Leerstelle in runden Klammern)
(K-4) Nicht sicher rekonstruierbarer Wortlaut wird in runden Klammern notiert:

| | |
|---|---|
| (*solche*) | vermuteter Wortlaut |
| al(*s*)o | vermuteter Laut oder Silbe |
| (*solche/welche*) | mögliche Alternativen |

Extras

(E-1) Phonetische Umschrift erfolgt, wo gewünscht, in IPA.

(E-2) Für die Schreibung von Eigennamen sind keine besonderen Anweisungen gegeben.

(E-3) Übersetzungen werden in einer Kommentarzeile unter die jeweilige Sprecherzeile gesetzt. In Zeilen für Interlinearübersetzungen ist die Darstellung der grammatischen Struktur möglich; dabei bietet sich darüber hinaus eine gesonderte Zeile für sinngemäße Übersetzung an.

(E-4) Sprachwechsel werden nicht explizit markiert, sie können in einer Kommentarzeile erläutert werden.

(E-5) Auslassungen im Transkript werden durch Punkte in doppelten runden Klammern ((...)) kenntlich gemacht.

(E-6) Ein Pfeil links neben der Transkriptzeile (➔) weist auf kommunikativ auffällige oder für die Untersuchung diskursiver Eigenschaften relevante Phänomene hin.

(E-7) Keine Angaben


**5.7.4 Würdigung**

GAT stellt eine konsequente Weiterentwicklung der konversationsanalytischen Konventionen (5.3) in den Bereichen ‚prosodische Eigenschaften' von kommunikativen Einheiten und ‚EDV-adäquate' Zeichenwahl dar. Bewährte, logisch wie praktisch wohlbegründete Notationskonventionen wurden aus KA, DT (du Bois et al. 1993) und den Vorschlägen von Gumperz/Berenz (1993) in ein Inventar umgesetzt, das einen gemeinsamen Kern aktueller Vorschläge darstellt und sich als ‚vereinheitlichendes' System für wissenschaftliche Transkription anbietet. Die Unterscheidung von ‚Basistranskript' und ‚Feintranskript' gilt als anwendungsfreundlich und dem vom Allgemeinen zum Besonderen fortschreitenden Forschungsprozess förderlich.

GAT deckt zweifellos die wichtigsten Bedürfnisse und Anforderungen an ein gesprächsbezogenes Transkriptionssystem ab. Wenn sich möglichst viele DiskursforscherInnen dieses vereinheitlichten Systems bedienen, werden die Gesprächsbelege und -analysen für jederfrau/mann transparenter sein.

GAT soll nun nach zehn Jahren Praxis aktualisiert werden. In GAT 2 sind nach den Worten von M. Selting auf der 14. Arbeitstagung zur Gesprächsforschung vom 2. bis 4. April 2008 am IDS Mannheim folgende Neuerungen/ Veränderungen vorgesehen:

- Unterscheidung in Roh-, Basis- und Feintranskript
- Ersetzung des Begriffs ‚Phrasierungseinheit' durch den der ‚Intonationsphrase'
- Haupt- und Nebenakzente sollen eher phonologisch definiert werden
- Verbesserung einzelner Transkriptionskonventionen

Zum aktuellen Stand von *GAT 2* sei empfohlen, sich auf der Homepage <http://uni-potsdam.de/u/germanistik/individual/selting/index.htm> von Margret Selting sowie unter der URL <http://prowiki.ids-mannheim.de/bin/view/GAT2/WebHome> des Instituts für deutsche Sprache zu informieren.

### 5.7.5 Anwendung der Konventionen in GAT

GAT wird mittlerweile von vielen deutschen GesprächsforscherInnen angewandt, insbesondere von den Autoren des Vorschlags von 1998 (Selting et al.) und zumeist jenen Linguisten/Kommunikationsforschern, die sich bisher des KA-Systems bedient haben, in GAT jedoch nun eine explizitere, vereinheitlichte, auch für EDV operationalisierbare Version sehen.

Die beste Übersicht über GesprächsforscherInnen, die GAT anwenden, bekommt man, wenn man die Aufsätze in der Zeitschrift *Gesprächsforschung*, Online-Zeitschrift zur verbalen Interaktion, durchsieht.

Pia Bergmann und Christiane Mertzlufft (Universität Freiburg, Germanische Philologie) bieten neuerdings unter dem Logo <**GAT-TO**> ein Tutorium zur Praktizierung der Gesprächsanalytischen Transkription mit GAT an: <http://paul.igl.uni-freiburg.de/bergmann/?GAT-TO>

### 5.7.6 Transkriptbeispiel für GAT

Aus Selting et al. (1998: 116-119).

*Transkriptbeispiel*

Erzählung „der widerliche Kerl" als Basistranskript (minimale Information):

```
01  S1: ja:; (.) die VIERziger generation so; =
02      =das=s: !WA:HN!sinnig viele die sich da ham [SCHEIden
03  S2:                                             [ja;
04  S1: lasse[n.=
05  S2:      [hm,
06  S1: =oder scheiden lassen ÜBERhaupt.
07  S2: hm,
08      (--)
09  S1: heute noch-
10      (2.1)
```

```
11        s=is der UMbruch
12    S2: n besonder GUtes beispiel das warn mal unsere NACHbarn.
13        (1.0)
14        ähm (1.0)
15        DREISsig jahre verheiratet, (--)
16        das letzte kind (.) endlich aus m HAUS,
17        zum stuDIERN, (--)
18        WEGgegangen,=ne,
19        nach berLIN, (--)
20        und (.) die ältere tochter is AUCH in berlin gewesen? (1.1)
21        und (.) der KE: :RL,
22        das war aber ein peneTRANter: !WI!derling.=also (1.0)
23        der hat (.) äh sein GARten wie (.) !PIK! AS (--)gePFLEGT,=
24        =ne
25        !KEIN! BLÄTTchen,=
26        =und NICHTS, =
27        =englischer Rasen, (--)
28        un:dh: bei !JE!der gelegenheit hat er die poliZEI
29        gerufen,
30        und sich mit den NACHbarn ange[legt, =ne, (1.2)
31    S1:                             [phhh hohoho
32    S2: un wenn da: einmal: jemand zum abschied geHUPT hat,
33        da war der in NULL komma nix draußen;
34        und hat da RUMgeschrien;=
35        =ich hol die poliZEI: und [so-
36    S1:                           [das GIBS doch wohl nich.
37    S2: ja; V:OLLkommen Widerlich.=ne, (--)
38        un:dh: (--) dann hatte er do son (.) son KLEInen BA:RT
39        hier,=ne, (.)
40        und ham wir immer gesagt HIT[ler;=ne,
41    S1:                            [HITler;
42    S1: h[m,
43    S2:  [hm,
44    S1: [((lacht verstohlen, ca. 1.2 Sekunden lang))
45    S2: [((lacht verstohlen, ca. 1.2 Sekunden lang))
46    S2: ja und dann PLÖTZlich (--) is seine FRAU abgehaun;ne,=
47        =von HEUT auf MORgen. (1.2)
48        WEG;=
49        =nach berLIN;=
50        =zu den KINdern, (.)
51        und da: (.) n neues Leben praktisch angefangn-=
52        =nach DREIßig jahrn.=ne,
53    S1: hm,
54    S2: und ER alLEIne, (1.1)
55        konnte das HAUS nich mehr (.) halten,
56        mußte das verKAUfen glaub ich, (1.0)
57        daß er das verKAUFT hat; (.)
58        GLAUB ich wohl, (--)
59        und is SEI:Tde:m,=
60        toTA:L zerFALlen.=
61        =irgendwie so richtig FÖRMlich zer:FALlen.=ne,
62        (--)
63        der hats überHAUPT nich: (.) vk (.)
64        von alLEIne wär er nie wieder auf e beine gekommen;=
65        =ne, (--)
```

```
66        jetz wohnt er nämlich mit seiner SCHW:ESter
67        zusa[mmen.
68   S1:      [hehehe
69   S1: he [he
70   S2:     [und die LAUfen: (.) RUM wie n URaltes ehe[paar.=ne,
71   S1:                                               [he he
72   S1: he ho [ho
73   S2:       [OUH mann. (.) heh
74   S1: und aber a was aus der FRAU geworden is weißt du nich. =ne
75   S2: NEE:;
76        nich geNAU;
77        aber die is nach berLIN gegang[en;
78   S1:                                [hm,
79   S2: und da hat die ihre Kinder und-
80   S1: hm,
81   S2: GANZ neues Leben wahrscheinli[ch;=ne,
82   S1:                              [hm,
83        (1.8)
84   S1: tja;
85        (3.0)
86        hehe
87        (3.0)
```

## Dieselbe Erzählung als Feintranskript (maximale Information)

```
01   S1: ja:; (.) die ↑˅VIERziger genera˅tiOn so;=
02        =das=s: ↑˅!WA:HN!sinnig viele die sich da ham [↑˅SCHEIden
03   S2:                                                [ ja;
04   S1: lasse[n.=
05   S2:      [ ˅hm,
06   S1: =<<dim> oder ⁻schEiden lassen ↑˅ÜBERhaupt.>
07   S2: ˅hm,
08        (--)
09   S1: <<pp> heute noch- >
10        (2.1)
11        <<p>s=is der ↑˅Umbruch>
12   S2: n besonder ↑˅GUtes beispiel das warn mal unsere ↑˅NACHbarn.
13        (1.0)
14        ähm (1.0)
15        ↑˅DREIßig jahre ver˅hEiratet, (--)
16        das letzte kind (.) ˅Endlich aus m ˅HAUS,
17        zum stu˅DIERN, (--)
18        ˅WEGgegangen,=˅ne, .h
19        nach ber˅LIN, (--)
20        und (.) die ˅Ältere tochter is ˅AUCH in berlin gewesen?.hh
21        und (.) der ˅˅KE: :RL,
22        <<t> das war aber ein pene>↑˅TRANter:˅˅!W:I!derling.=also.hh
23        der hat (.) äh sein ↑˅GARten wie (.)↑˅!PIK! ˅AS (--)
24        ge ˅PFLEGT,=˅ne
25        ↑˅!KEIN! ˅BLÄTT˅chen,=
26        =und ˅NICHTS, =
27        =˅Englischer ˅RAsen, .hh
28        un:dh: bei <<all>↑˅!JE!der ge˅lEgen˅heit hat er die poli↑˅ZEI
```

143

```
29    ge´rUfen,>
30    <<all> und sich mit den ↑ˇNACHbarn ange[´legt, =´ne, (1.2)
31    S1:                                          [<<pp>phhh hohoho>
32    S2:un ˇwEnn da: ˋEinmal: ˘jEmand zum ˋAbschied ge↑ˋHUPTˊhat,
33    da ˇwAr der in <<all> ˋNULL komma nix> ˋdrAußen;
34    und hat da ˋRUMgeschrien;=
35    =ich hol die poli↑ˉZEI: und [so-
36    S1:                          [>>p> das ↑ˋGIBS doch wohl nich.>
37    S2:ja; ↑ˇV:OLLkommen ˋWIderlich.=´ne, .h
38    un:dh: (--) dann ˋhAtte er do son (.) son ´ˋKLEInen ´ˋˊBA:RT
39    hier,=´ne, (.)
40    <<all> und ham wir immer gesagt> ˋHIT[ler;=´ne,
41    S1:                                   [ˋHITler;
42    S1:  ˇh[m,
43    S2:    [ˇhm,
44    S1:  [(((lacht verstohlen, ca. 1.2 Sekunden lang))
45    S2:  [(((lacht verstohlen, ca. 1.2 Sekunden lang))
46    S2:  ja und ´dAnn ↑ˋPLÖTZlich (0.6) is seine ˋFRAU abgehaun;´ne,=
47    =von ↑ˋHEUT auf ˋMORgen. (1.2)
48    ˋWEG;=
49    =nach berˋLIN;=
50    =zu den ´KINdern, (.)
51    und ˉdA: (.) n ˉnEues ↑ˋLeben <<all> praktisch angefangn->=
52    =nach ↑ˋDREIßig ˋjahrn.=´ne,
53    S1:  ´ˋˊhm,
54    S2:  und ´ER al´LEIne, (1.1)
55    ˋkOnnte das ´HAUS nich mehr (.) ´hAlten,
56    mußte das ver↑ˋKAUfen ´glaub ich, .h (.)
57    <<all> daß er das ver↑ˋKAUFT hat;> (.)
58    <<all> ↑ˋGLAUB ich ´wohl,> .h
59    und is <<len> ↑ˋSEI:Tˊde:m,>
60    <<len> toˋTA:L ˋzErˋFALlen.>=
61    =<<all> irgendwie so richtig> ↑ˋFÖRMlich ˋzEr: ˋFALlen.=´ne,
62    (--)
63    der hats über↑ˋHAUPT nich: (.) vk (.)
64    von al↑ˋLEIne <<all> wär er ˋnIe wieder auf e ˋbEine gekommen;=
65    =´ne,> .h
66    ´jEtz wohnt er <<all> nämlich mit seiner> ↑ˋSCHW:ESter
67    zusa[mmen.
68    S1:       [hehehe                                          [
69    S1:  he [he                                               [
70    S2:     [und die ↑ˋLAUfen: (.)↑ˋRUM wie n ↑ˋURaltes ˋEhe[paar.=´ne,
71    S1:                                                     [he he
72    S1:  he ho [ho
73    S2:        [↑ˋOUH ˋmAnn. (.) heh
74    S1:  und aber a was aus der ˋFRAU geworden is ˋwEißt du nich.=´ne
75    S2:  ˋNEE:;
76    nich ge↑ˋNAU;
77    aber die is nach ber↑ˋLIN gegang[en;
78    S1:                              [ˇhm,
79    S2:  und da hat die ihre ↑ˋKinder und-
80    S1:  ˇhm,
81    S2:  ↑ˋGANZ neues ↑ˋLeben wahrscheinli[ch;=´ne,
82    S1:                                   [ˇhm,
83    (1.8)
```

144

```
84 S1:   <<pp> tja;>
85       (3.0)
86       hehe
87       (3.0)
```

## 5.8 CHAT: Das ‚Chamäleon' unter den Transkriptionssystemen für multifunktionale Mehrebenenanalysen

Gespräche bzw. Interaktionen laufen meistens sehr schnell ab: Verbale, para-verbale und nonverbale Momente sind im Ablauf eng miteinander verbun-den. Die Verschriftlichung von Gesprächen muss zwischen den Zeichenebe-nen Verbindungen herstellen und diese so wiedergeben, dass präzise Aus-wertungen möglich sind. Zur Zeit stehen Linguisten/Kommunikationsfor-schern für ihre Auswertung verschiedene Systeme zur Verfügung, je nach den Parametern, die untersucht werden sollen. Untersuchungen zum Lautsys-tem setzen zwangsläufig eine phonetische Transkription voraus, während für syntaktische Analysen eine literarische Verschriftlichung und für pragmati-sche Beschreibungen eine die Sprecherorganisation erfassende Notation aus-reichend ist. Das Transkriptionssystem CHAT (*Codes for Human Analysis of Transcripts*)[56] möchte ein integriertes System für Spracherwerbsuntersu-chungen bieten, das auf den Ebenen der verbalen, paraverbalen und nonver-balen Interaktion ein umfassendes, detailliertes Zeicheninventar zur Verfü-gung stellt. Diese Methode zur Verschriftlichung und Kodierung von *face-to-face* Interaktionen von Sprachlernern wurde im Rahmen des CHILDES-Projektes entwickelt und ausgebaut. CHILDES steht für *CHIld Language Data Exchange System*. Es geht in diesem Projekt, wie der Name sagt, um den Spracherwerb von Kindern. Gegenwärtig arbeiten mehr als 100 For-schergruppen weltweit an Transkripten im CHAT-Format (MacWhinney 1991). Mit CHAT verfolgt das CHILDES-Projekt die Intention, eine interna-tionale Datenbank für den Erst- und Zweitspracherwerb aufzubauen und die-se Daten im gleichen Transkriptionssystem (CHAT) zur Verfügung zu stel-len. Zwar haben Linguisten verschiedene Notationskonventionen des CHAT-Systems kritisiert (vgl. Edwards 1992b; 1993a), doch hat sich die Idee der Datenbank und der homogenen Transkriptionskonventionen insgesamt posi-tiv durchgesetzt und so auch im Bereich der Zweitsprachenerwerbsforschung wie der Forschung zur Zweisprachigkeit Verbreitung gefunden.[57]

---

56  Die Tools und die dazu gehörenden Handbücher können aus dem Internet herunter-geladen werden: <http://www.childes.psy.cmu.edu>

57  Die Zweitspracherwerbsforschung, wie sie vom Max-Planck-Institut für Linguistik in Nijmegen vertreten wird, verfolgt im Verbund mit europäischen Projekten zum Zweitspracherwerb seit Ende der 90er Jahre in Analogie zum Erstspracherwerb die Erstellung von Datenbanken zum Zweitspracherwerb. Um die Korpora nach er-

Die Vorteile von CHAT sind: Die Konventionen des Systems sind bekannt, Spracherwerbsdaten stehen aus den unterschiedlichsten Erwerbskontexten und Kulturen für Vergleiche zur Verfügung und können rasch ausgetauscht werden. Über die Vergleiche lassen sich Hypothesen aufstellen oder begründet verwerfen und überhaupt typologische Einsichten in Spracherwerbsverläufe gewinnen. Vor allem aber zeichnet sich CHAT durch seine Anpassungsfähigkeit aus.

### 5.8.1 Zur historischen Entwicklung der Dokumentation von Spracherwerbsdaten

Nach MacWhinney (1991) lassen sich fünf Perioden der Beobachtung von Spracherwerbsstadien unterscheiden:

*1. Die Phase der naiven Spekulation:*
Erste Versuche, den Prozess der Sprachentwicklung zu verstehen, finden wir in einer Beichte des Mönches St. Augustin, der vorgibt, sich an das Erlernen der eigenen Sprache zu erinnern. Das Sprechen habe er nicht von den Erwachsenen übernommen, sondern sei selbst von Anbeginn seines Lebens an bemüht gewesen, seine Wünsche lautlich auszudrücken. Er schildert seinen Spracherwerb als ein Zusammenspiel des Wunsches, seine Gedanken mitzuteilen unter Benutzung des von Gott vorgegebenen Verstandes, um die gedächtnisgespeicherten Vorgaben in Laute umzusetzen. Im gesamten Mittelalter war dies die einzige nennenswerte Studie zum Spracherwerb.

*2. Tagebücher und Bibliographien:*
Diese zweite Phase wurde durch die Arbeiten von Charles Darwin angeregt. Der Evolutionstheoretiker notierte im Jahre 1877 die Entwicklung der Gebärdensprache bei seinem Sohn (tägliche detaillierte Notizen über die Beobachtungen). Diese Tagebücher sind eine Art Biographie der menschlichen

---

werbstypologischen Gesichtspunkten vergleichbar zu halten, wurde als einheitliches Transkriptionssystem CHAT gewählt, obwohl CHAT nicht immer dem neusten Stand der symbolischen Repräsentation sprachlicher und nichtsprachlicher Zeichen entspricht. Die Vorteile überwiegen jedoch die Nachteile.
Für die Forschung zur Bilingualität ist etwa auf LIPPS (Language Interaction in Plurilingual and Plurilectal Speakers) zu verweisen, ein Projekt, das seit 1994 besteht und mit LIDES (Language Interaction Data Exchange System) eine Datenbank über Korpora bzw. Transkriptionen bilingualen Sprachmaterials aufbaut. Die Grundlage für die Transkripte in LIDES ist das Transkriptionssystem CHAT, das sich aufgrund der hervorragenden Anpassungsmöglichkeiten an verschiedene wissenschaftliche Fragestellungen (wie eben hier z.B. code-switching etc.) als optimaler Standard anbot. Als JoB 4,2 (2000) *special issue* ist ein ausführliches Handbuch zum Kodierverfahren von LIDES erschienen.

Entwicklung. Im Sinne Darwins verfassten auch die Sterns, Ament und Leopold, ausführliche Sprachbiographien ihrer eigenen Kinder.

*3. Die Phase der Transkription:*
Die erste und wichtigste Studie war die von Roger Brown und seiner Studenten, die in den vierziger Jahren umfangreiche Tonbandaufnahmen von Browns Kindern verschriftlichten. 1973 wurde die Entwicklung der drei Kinder von Brown in einer epochemachenden Veröffentlichung zusammengefasst. Brown förderte die Idee des Datenaustausches unter Spracherwerbsforschern, indem er seine eigenen Daten zur kritischen Überprüfung auch anderen Forschern zur Verfügung stellte. Im Rahmen dieses Austauschs war die Verwendung unterschiedlicher Transkriptionssysteme ein großes Problem.

*4. Phase der elektronischen Datenverarbeitung:*
Mit dem Aufkommen von Mikrokomputern, Textverarbeitungs- und Datenbankprogrammen wurde die Vervielfältigung der Daten, ja sogar eine Analyse durch die Techniken der Textverarbeitung möglich. 1984 gründeten 16 Forscher in der Psycholinguistik das CHILDES-System, das sich zum Ziel setzte, eine einheitliche Datenbank von per PC erstellten Textkorpora aufzubauen. Es stellte sich heraus, dass die einzelnen Transkriptionssysteme inkompatibel waren. Daraus entwickelte sich die Überlegung, ein integriertes, für alle Forscher geltendes System zu entwerfen, dessen sich in Zukunft alle Spracherwerbsforscher bedienen sollten, um typologisch orientierte Spracherwerbsvergleiche zu ermöglichen.

*5. Die aktuelle Phase der Konnektivität (connectivity):*
Seit den 80er Jahren ist mit der weiten Verbreitung der PCs der Aufbau des Internet möglich geworden, so dass alle Arten von Informationen (Bilder, Texte, Klänge) heutzutage auf weltweiter Ebene und in kürzester Zeit ausgetauscht werden können. Durch diese Revolution der weltweiten Verbindung aller am Datenaustausch Interessierten hat auch für die Spracherwerbsforschung eine neue Periode des Datenaustausches und -vergleichs begonnen.

## 5.8.2  Das CHILDES-System

CHILDES umfasst seit 1991 drei Teilsysteme:
1) ein System zur Gesprächsaufzeichnung und -kodierung (CHAT),
2) eine in CHAT formatierte Datenbank von Transkripten (Längsschnittdokumentationen von Spracherwerbsstadien) und
3) Computerprogramme (CLAN) zur Analyse der Transkriptkollektion.

CHAT, das System von Kodes zur Verschriftlichung gesprochener Sprache, ist eine Verschriftlichungsmethode für *face-to-face*-Interaktionen in allen

Phasen des Erst- und Zweitspracherwerbs. CHAT ist die Voraussetzung für eine angemessene Computeranalyse durch die CLAN-Programme. Zunächst einmal wurden die Datenbankbestände vor 1991 vollständig in CHAT überschrieben. Seit etwa 10 Jahren werden Erstspracherwerbsdaten in mehr als 100 Ländern/Sprachkulturen in CHAT notiert. In der Zweitspracherwerbsforschung wurde in den letzten Jahren eine Umkodierung auf CHAT in Angriff genommen (vgl. die europäischen Projekte, die über das *Max-Planck-Institut für Psycholinguistik* koordiniert werden). Die Besonderheit des Systems CHAT besteht in dem Anspruch, verschiedenste Analyseniveaus durch die Ausdifferenzierung von Teilsystemen zu ermöglichen und dennoch die Handhabbarkeit des Gesamtsystems zu garantieren. Das System unterstützt Optionen für die Transkription pragmatischer diskurslinguistischer Bedingungen ebenso gut wie Optionen für detaillierte lexikalische, phonologische und morphosyntaktische Analysen. Je nach Forschungsansatz kann der Anwender des CHAT-Systems ein nahezu beliebig großes Aufgebot an Kodieroptionen für eine vielschichtige Analyse nutzen und darüber hinaus nach Bedarf eigene Untersuchungskriterien hinzufügen. Das System CHAT geht auf drei Prinzipien zurück:

1.  Jede Äußerung wird im System als singulärer Eintrag transkribiert. Selbst in den Fällen, in denen Sprecher mit Äußerungen zu reden fortfahren, muss jede neue Äußerung in einer neuen Zeile angegeben werden.
2.  Kodierte Zusatzinformationen werden getrennt vom eigentlichen fortlaufenden Transkript und in eigenen Kommentarzeilen aufgeführt.
3.  Das Hauptziel der Transkription besteht darin, die vom Lerner produzierten Wortformen so authentisch wie möglich wiederzugeben. Dabei bestehen Abweichungen in Lernersprachen aus einer Vielzahl von Merkmalen und Charakteristika, die durch das reiche Zeicheninventar des CHAT-Systems hinreichend erfasst werden können.

### 5.8.3  Die Grundstruktur eines CHAT-Transkripts

In CHAT-Transkriptionen gibt es drei Zeilentypen: (a) Die Kopfzeilen (*file headers*), (b) die Hauptzeilen (*main tiers*) und (c) die Kommentarzeilen (*dependent tiers*). Grundsätzlich ist jede Zeile dieser drei Zeilenarten mit einem ENTER abzuschließen.

Die Kopfzeilen werden mit dem Zeichen @ eingeführt. In den Kopfzeilen eines Transkriptes finden sich Informationen über die Gesprächsteilnehmer (Alter, Geschlecht, Sprache der Teilnehmer etc.), über die Aufnahmesituation (Raumaufteilung, Grund des Gesprächs etc.), sowie über die Transkription selbst (wer transkribiert, welche Aufnahmetechnik etc).[58]

---

58  Siehe auch weiter unten *Transkriptionskopf*

Jedes Transkript beginnt obligatorisch mit der Kopfzeile *@Begin* und endet mit der Zeile *@End*. In der zweiten Zeile eines jeden Transkripts sollte sich die Kopfzeile *@Participants* finden, in der nach dem folgenden Muster die abkürzenden Bezeichnungen, die Namen und die Rollen der am Gespräch beteiligten Personen bestimmt werden[59]:

@Participants:    INA Petra VerhörendeA,    AAA Karla Mutter,    BBB Marita
Verdächtige,  INB Klaus VerhörenderB

Die Hauptzeilen werden mit dem Zeichen * markiert. In die Hauptzeilen wird der tatsächlich gesprochene Text eingetragen. Es gelten für die Hauptzeilen folgende obligatorische Konventionen:

– In jeder Hauptzeile steht genau eine Äußerung eines Gesprächsteilnehmers.
– Mehrere Äußerungen eines Gesprächteilnehmers hintereinander werden in je eigenen Hauptzeilen transkribiert.
– Jede Hauptzeile beginnt mit dem Zeichen * gefolgt von der drei Großbuchstaben umfassenden Abkürzung für den Gesprächsteilnehmer, dann einem Doppelpunkt und einem Tabulatorzeichen. Danach beginnt das gesprochene Wort.
– Die mündliche Rede wird (von wenigen Ausnahmen wie z.B. Eigennamen abgesehen) in Kleinschreibung repräsentiert (vgl. 4.1).
– Jede Äußerung muss mit einem Zeichen für das Äußerungsende abgeschlossen werden (nicht zu verwechseln mit Satzzeichen!).

*INA:    wat ham se jestern abend jemacht?
*INA:    wann ham se dat haus verlassen beziehungsweise ihr auto aus~e
garage jeholt um damit die flucht des MOEBIUS zu ermöchlichen?
*AAA:    der <war doch>[>] +/.
*INB:    <sie haben>[<] sie haben gemerkt dass ihre ihre ihre mutter sie dabei
beobachtete wie sie und dieser MOEBIUS sich in den wagen setzten!

Die Kommentarzeilen werden mit dem Zeichen % kenntlich gemacht. Kommentarzeilen beziehen sich immer auf die unmittelbar vorangehende Hauptzeile. Dem Zeichen % folgt ein drei Kleinbuchstaben umfassendes Kürzel für die Art des Kommentars, dann ein Doppelpunkt und ein Tabulatorzeichen und schließlich der Kommentar selbst. Es gibt 26 vordefinierte Kürzel für Kommentarzeilen (zur Phonetik, zu Sprechhandlungen, Versprechern und Irrtümern in der fortlaufenden Rede, zur Morphologie und Syntax etc.). Aus diesen ist eine Auswahl zu treffen, denn es gibt im Grunde keine Transkription, für die es sinnvoll wäre, sämtliche vordefinierten Kommentarzeilen zu nutzen bzw. auszuführen. Welche Kommentare man dem transkribierten gesprochenen Wort in Kommentarzeilen hinzufügt, hängt allein vom jeweiligen Untersuchungsinteresse bzw. Verwertungszweck des Transkriptes ab. CHAT sieht aus diesem Grunde auch die Möglichkeit vor, zusätzliche Kürzel für Kommentarzeilen

---

59    Im Folgenden handelt es sich um drei fiktive Beispiele aus einem Gerichtsprozess. Sie dienen lediglich der Illustration.

selbst zu definieren. Das folgende Beispiel enthält zwei Kommentarzeilen (markiert durch %):

> \*INB:    sie haben sie haben gemerkt daß ihre ihre ihre mutter sie dabei beob-
> achtete wie sie und dieser MOEBIUS sich in den wagen setzten!
> %com:    Abstand zwischen Gesicht INB und Gesicht BBB weniger als 30cm
> %act:    BBB weicht dem Blick von INB aus, dreht den Kopf Richtung Mutter

Ein ‚Basistranskript' in CHAT (im Handbuch: *minCHAT*) enthält kaum mehr als den gesprochenen Text, ohne jedwede Kodierung. Im Transkriptionskopf sind unverzichtbar das Zeichen für den Dateistart (*@Begin*) sowie die Definition der partizipierenden SprecherInnen (*@Participants*). Am Ende steht obligatorisch das Signal für das Dateiende (*@End*). Kommentarzeilen sind in Basistranskripten nicht vorgesehen.

Die ‚Feintranskripte' enthalten demgegenüber Kommentare und differenzierende Kennzeichnungen der verschiedensten sprachlichen Besonderheiten in der mündlichen Rede.


### 5.8.4  Darstellung der Konventionen in CHAT

Design

(D-1) Sequenzielle Anordnung; mit jeder neuen Äußerung beginnt eine neue Sprecherzeile. Es wird zwischen ‚Hauptzeilen' (Sprecherzeilen) und ‚Kommentarzeilen' unterschieden. Einzelne Bereiche in der mündlichen Rede, über die eine spezielle Notation erfolgen soll (vgl. z.B. (RB-3)), werden durch spitze Klammern jeweils zu Beginn und am Ende markiert.

(D-2) Die Notation der mündlichen Rede in der Hauptzeile erfolgt in ‚literarischer Transkription' (s. 4.1). In einer Kommentarzeile (%phon) kann bei entsprechendem Untersuchungsinteresse die Umschrift in IPA oder in SAMPA (siehe 4.3) hinzugefügt werden.

(D-3) Im Transkriptionskopf befinden sich die ‚Kopfzeilen' (header). Das Format der Eintragungen ist mit Rücksicht auf die automatische Verarbeitung der Transkriptionsdateien mittels CLAN zum Teil streng definiert. In CHAT werden vier obligatorische Kopfzeilen (*@Begin*, *@End*, *@Participants* und auch *@ID* zur Untergliederung größerer Korpora in Teilkorpora) unterschieden von den sogenannten konstanten Kopfzeilen (z.B. *@Language* oder *@Birth*) und den veränderlichen Kopfzeilen (wie etwa *@Comment* oder auch *@Room Layout*). Es gibt insgesamt 34 vordefinierte ‚Header', die zum einen genaue Angaben zu den beteiligten Personen und zum anderen genaue Angaben zur jeweils vorliegenden Aufnahme bzw. Transkription enthalten. Beispiel[60]:

---

60  Die Beispiele in 5.8.4 stammen aus dem Berliner L2-Forschungsprojekt RUSIL (deutsch-israelisches Projekt zur Beschreibung der soziolinguistischen Integration russischer Juden in Deutschland und in Israel).

```
@Begin
@Participants:           INA Rose Interviewer, INB Anne Interviewer,
                         AAA Sascha Informant
@Filename:               RS46Q.cha
@Date:                   12-jul-1999
@Language of AAA:        Russian
@Sex of AAA:             male
@Age of AAA:             51;
@Coder:                  BP; 05/2001; Gerät Sony BM-80
@Tape Location:          3 Ausschnitte mit Realzeit-Angaben für DAT – in
                         h:min:sec
                         1. Ausschnitt: DAT 00:00:14 bis DAT 00:11:50
                         2. Ausschnitt: DAT 01:14:57 bis DAT 01:18:56
                         3. Ausschnitt: DAT 01:19:20 bis DAT 01:23:23
                         pro A-4-Seite gibt es 2 Angaben über Tape Location
@Comment:                RUSIL – Aufnahme liegt z.Zt. der Transkripterstellung
                         noch nicht auf CD vor; Transkript ist nicht gegengelesen
@Comment:                NAMEN und DATEN sind z.T. verschlüsselt:
                         VORNAME 1 VATERSNAME 1 – Schwiegervater von
                         AAA
                         VORNAME 2 – Schwester von AAA
                         NACHNAME 3 – Nachbar
                         JAHRESZAHL 1 – zu Beginn der achtziger Jahre
                         FIRMENNAME 1 – Firma in Bayern
```

## Redebeitrag

(RB-1) Gesprächsteilnehmer werden in der Kopfzeile *@Participants* aufgeführt. Jeder Gesprächteilnehmer ist durch ein Kürzel aus drei Großbuchstaben identifiziert. Redebeiträge werden in Hauptzeilen transkribiert, die mit
den eindeutigen Sprecherkürzeln genau jeweils einem Gesprächsteilnehmer
zugeordnet sind (*AAA: ,*DFE:).

(RB-2) Das Transkriptionssystem CHAT ist nicht an Redebeiträgen (turns)
orientiert, sondern an einzelnen (segmentierten) Äußerungen (s. (V-2))[61].
Grenzen von Redebeiträgen (turns) im Sinne der KA werden deshalb, wo
nötig, lediglich in Kommentarzeilen explizit benannt.

(RB-3) Die Kennzeichnung und Zuordnung überlappender Äußerungen verschiedener Sprecher erfolgt in CHAT durch Markierung der Simultanpassa-
gen mit spitzen Klammern jeweils zu Beginn und am Ende der Überlappungen. Im Anschluß an die abschließende spitze Klammer wird in eckigen
Klammern markiert, ob eine überlappende Äußerung folgt oder vorhergeht:

    *AAA:    \<ja # ich> [>] +/.
    *INA:    \<also die eltern> [<] # die großeltern beiderseits.

---

61   CHAT verlangt somit obligatorisch die Segmentierung in Einheiten.

Bei mehrfachen Überlappungen werden die Markierungen in den eckigen Klammern nummeriert, z.B.:

*AAA:  es is nur Rußland tausende und tausende kilometer # und alle sprechen
       nur russ ohne # m: irgendwelche + / /.
*AAA:  äh:m es ist nicht <so wie in Deutschland> [>1] ja also.
*INB:  <www> [<1].
*AAA:  es gibt bairisch.
*AAA:  es gibt äh hessisch und so weiter.
*AAA:  in Rußland alle sprechen # gleiches russisch <ja> [>2].
*INA:  <ja> [<2].
*AAA:  also # wozu brauchst du <fremde sprache> [>3]?
*INB:  <und> [<3] sie selbst <kommt> [?] woher?

(RB-4) Unmittelbarer Redeanschluss (*quick uptake*) wird in CHAT mit der Zeichenkombination +^ markiert. Diese steht dann zu Beginn der anschließenden neuen Sprecherzeile.

Verbale Einheiten (segmental)

(V-1) Wörter bzw. Morpheme (auch phonetische Fragmente) sollen möglichst klar voneinander abgegrenzt werden. Dabei ist stets darauf zu achten, dass entwicklungsspezifische Aussagen zum (Erst-)Spracherwerb möglich werden, wie sie in CHILDES meist angestrebt sind.

(V-2) In je eine Hauptzeile wird genau eine Äußerung eingetragen. Jede transkribierte Äußerung muss mit einem Zeichen für das Äußerungsende abgeschlossen werden[62]. Zur Wahl stehen . (Punkt), ? (Fragezeichen) und ! (Ausrufezeichen) als Kennzeichnung – intuitiv anhand des Tonhöhenverlaufs (genereller Höreindruck) unterschieden nach *Aussage*, *Frage* und *Aufforderung*. Diese Kennzeichnung des Äußerungsendes ist nicht mit Satzzeichen zu verwechseln; es kann sich durchaus um unvollständige, abgebrochene Äußerungen wie auch ungrammatische syntaktische Konstrukte handeln (nichtnormativer Sprachgebrauch!). Die Endmarkierungen können mit einer Vielzahl verschiedener Zeichenkombinationen sehr genau spezifiziert werden. So werden z.B. Redeabbrüche nach Selbst- und Fremdabbruch differenziert:

+/ ‚Fremdabbruch': Äußerung wird durch einen anderen Sprecher unterbrochen

+// ‚Selbstabbruch': Sprecher bricht seine Äußerung selbst ab.

(V-3) Wortfragmente werden nicht grundsätzlich markiert, können aber je nach Forschungsinteresse mit dem Zeichen @, das als Markierung für jedwede besondere (Wort-)Form (*special form marker*) dient, gekennzeichnet werden (auch z.B. *Apokopen*). Das Zeichen ist ohne Leerzeichen unmittelbar

---

62 Diese Obligation ist folgendermaßen motiviert: Die Äußerungsbegrenzung wird als Verständnishilfe für die nicht-normativen Äußerungen von Kindern angesehen. Ohne die verstehende Grenzmarkierung durch den Transkribenten bleiben die Äußerungen oft uninterpretierbar.

an das zu kennzeichnende Wort anzuhängen. Je nach Forschungsinteresse kann mit einem auf das @ folgenden Buchstaben die Art der Besonderheit spezifiziert werden (reiche Differenzierungsmöglichkeiten).

Abgebrochene und dann fortgesetzte Äußerungen (*false start*) werden mit der Zeichenkombination /- an der Stelle des Äußerungsabbruchs markiert:

  *DFS:  ich wollte /- ach laß gut sein!

(V-4)Verschleifungen werden in CHAT mit der Tilde wie folgt dargestellt:

~  Klitisierungen/Verschleifungen

    *BBB:  a sang~wa~ma so d nee dn da da war~n ja erst diese da hat er ja
          &lt;www andern ausreisbedingungen&gt; [&gt;1] verkündet an dem &lt;neunten
          xxx&gt; [&gt;2].

    %com:  „sang~wa~ma" entspricht Standarddeutsch „sagen wir mal".

Die im (Umgangs-)Englischen häufig anzutreffenden Formen wie etwa *gonna* für „going to" werden auch in dieser umgangssprachlichen Form als Assimilationen transkribiert.

(V-6) ‚Hörerrückmeldungen' fallen in CHAT unter diejenigen Ausdrücke, die charakterisiert werden als Ausdrücke mit unklarem lexikalischen Status, stark variierender phonetischer Realisierung und besonders häufigem Vorkommen. Für derartige Formen werden (allerdings auf das Englische bezogen) Listen von standardisierten orthographischen Repräsentationen (*wow, ahem*) mit Festlegungen zu deren jeweiligen Bedeutungen (Erstaunen, ‚Bereitschaft zur Turn-Übernahme' etc. ) angegeben.

Prosodie (nicht segmental)

(P-1) Die Tonstruktur einzelner Silben, Silbengruppen, Wörter oder Wortgruppen wird in CHAT nicht gesondert markiert, kann aber in einer Kommentarzeile explizit spezifiziert werden (siehe auch (P-3)).

(P-2) Das/die den Hauptakzent tragende Wort(gruppe) in einer Äußerung wird durch ein in eckige Klammern gesetztes Ausrufezeichen markiert:

[!]  Äußerungsakzent

    *MOT:  Billy, would you please &lt;take your shoes off&gt; [!].

(P-3) Der Wortakzent wird vor dem Silbenkern mit dem Zeichen / gekennzeichnet. Drei Wortakzente werden unterschieden:

/  Wortakzent (*Standard*)

//  Wortakzent (*besonders stark*)

///  Wortakzent (*kontrastiv bzw. abweichend*)

(P-4) *Dehnungen* von Konsonanten und Vokalen werden durch einen Doppelpunkt direkt hinter dem Buchstaben geschrieben, der den gedehnten Laut repräsentiert:

:  Dehnung

*AAA:  also mit f: as: auch so ehrlich gesagt es is <##> [% Schmatzge-
räusch] äh ich habe jetzt kein: a keine angst mehr vor spre
fremdsprachen.

(P-5) bis (P-7) Für die Kennzeichnung von Lautstärke, Sprechtempo und
Rhythmik insgesamt ist keine Standardnotation definiert, sie erfolgt in
Kommentarzeilen nach einem dem Untersuchungsinteresse angemessenen
Modus.

(P-8) Sprechbegleitende Handlungen werden als Kommentar in der Hauptzeile behandelt. Solche Kommentare stehen immer unmittelbar hinter dem
Ausdruck bzw. Bereich, auf den sie sich beziehen und werden in eckige
Klammern gesetzt und durch das Zeichen % markiert. Diese Kommentierung
ist nicht mit der Kommentierung nichtsprachlicher Handlungen zu verwechseln (vgl. NV-4)!

[% Kommentierung] Kommentar in der Hauptzeile

*BBB:  anderthalb jahre <zuvor> [% hustend].

(P-9) Pausen sind durch das Zeichen # repräsentiert. Dabei gelten folgende
Konventionen:

#    kurzes Absetzen
##   etwas längere Pause, bis 2 Sekunden
###  Pause von etwa 3 Sekunden
#5   Pause mit Angabe der Dauer


Nonverbale Ereignisse


(NV-1) Eine spezielle Notierung für silbisches Lachen ist nicht vorgesehen,
es wird, wenn nötig, explizit kommentiert.

(NV-2) und (NV-5) Nichtsprachliche Ereignisse können in einer Kommentarzeile (%com) ausführlich erläutert oder in die Hauptzeile als Kommentar
mit der Zeichenkombination

=! eingetragen werden. Diese Kommentierung ist nicht mit der Kommentierung sprechbegleitender Handlungen zu verwechseln (vgl. (P-8))!
Die Kommentierung kann mit spitzen Klammern als Reichweitenindikatoren
kombiniert werden.

Ist im Transkript etwas zu vermerken, ohne dass in einer Hauptzeile Text
einzutragen ist, wird das Zeichen 0 als Platzhalter gesetzt. Diese Konvention
erlaubt es, Sprecher- bzw. Hörerhandlungen dort als Kommentar in die
Hauptzeile einzutragen, wo sich die Ausführung einer eigenen Kommentarzeile nicht lohnt:

*BBB:  ich <habe> [=! klatscht einmal in die Hände] keinen durst mehr.
*AAA:  0 [=! lacht].
*BBB:  <genug für heute> [% lachend].

Für den besonderen Fall der Anwendung von Zeichensprache kann in CHAT das *Berkley Transcription System* [BTS] aus dem *Berkley Sign Language Acquisition Project* integriert werden (MacWhinney/Snow 1985; 1992).

## Kommentar

(K-1) Kommentare und Erläuterungen erscheinen in einer Kommentarzeile.

(K-2) Jede Art von Redecharakterisierung erfolgt explizit als Kommentar entweder in einer Kommentarzeile oder wie unter (P-8) beschrieben in der Hauptzeile.

(K-3) Nicht verständliche Passagen einer Aufnahme werden im Transkript mit xxx pro identifizierbarem Wort wiedergegeben:

xxx akustisch unklares Wort

(K-4) Eine nicht eindeutig verständliche, vermutete Form wird durch Fragezeichen [in eckigen Klammern] markiert; zwischen Form und (darauf folgender) Markierung muss ein Freiraum bleiben:

    \*KLE:    nur [?] eine aber ist eine geblieben.

## Extras

(E-1) Für die phonetische Transkription ist in CHAT die Kommentarzeile %*pho* vordefiniert. In dieser Zeile werden die Laute vorzugsweise mit dem Zeichensatz ‚IPA*phon*' dargestellt, den das CHILDES-System bereithält.

(E-2) Eigennamen werden verschlüsselt und einleitend mit einem Großbuchstaben geschrieben:

    \*AAA:    sie # äh # ist mit dem schiff Schiffsname nach # Israel gekommen.

    \*AAA:    also es ist sehr berühmte geschichte also xxx Schiffsname # also +//.

(E-3) Übersetzungen fremdsprachiger Äußerungen werden in eine eigene Kommentarzeile geschrieben. Einzelne Ausdrücke können in der Hauptzeile als solche gekennzeichnet und deren Übersetzung unmittelbar nach dem fremdsprachlichen Ausdruck eingetragen werden (@*e* bedeutet: Ausdruck auf Englisch):

    \*STA:    sie haben bestimmt gehört äh über ääh ## boy@e [:=e Junge] diese #
               diese # inst <organisation> [>1].

Zwischen fremdsprachigen Äußerungen und Übersetzungskommentarzeile kann auch eine Interlinearzeile als Kommentarzeile eingefügt werden, in der die bei Typologen übliche konventionelle Notation für die grammatische Struktur der jeweiligen Äußerung gesetzt wird.

(E-4) Da jeder Ausdruck mit einer speziellen Formmarkierung (@ plus *Buchstabe*) gekennzeichnet werden kann, ist es leicht möglich, verschiedene Sprachen im Modus des Sprachwechselverhaltens ‚Ausdruck für Ausdruck' als $L_x$ und $L_y$ zu kennzeichnen.

(E-5) Auslassungen im Transkript werden stellvertretend mit *www* in der Textzeile gekennzeichnet und mit einer Erklärung in einer Kommentarzeile *%exp* versehen.

(E-6) @ * % & ] > = : [ < # (Inventar der Sonderzeichen)

(E-7) Uneindeutigkeiten in Skopusangaben werden durch Nummerierung aufgehoben. Kommentierungen mit Skopusangaben werden unmittelbar hinter den Skopus geschrieben.

>    *AAA:    <ich bin ein <Berliner> [% lachend]> [>].
>    *INB:    <red doch nicht> [<].

### 5.8.5 Anwendung

Die drei Gesichtspunkte, die zur Entwicklung von CHAT führten: (1) Erstellen eines Symbolsystems, das auf mehreren linguistischen Ebenen benutzt werden kann, (2) einheitliche Konventionen und damit Vergleichbarkeit der Daten und (3) Entwicklung von Programmen zur automatischen Auswertung von Transkriptionen[63], erweisen sich als richtige und tragende Überlegungen. Die Einheitlichkeit der Symbole geht Hand in Hand mit der Entwicklung von validen Auswertungsprogrammen. Insofern ist CHAT nur als Paket und nicht in Einzelteilen zu haben – der Gedanke der weltweiten wissenschaftlichen Kooperation bestimmte weitgehend das methodische Vorgehen.

Verschiedentlich ist an CHAT Kritik geübt worden, die teilweise zu Verbesserungen führte, den Erfolg des Systems aber wenig einschränkte. Eine der fundiertesten Kritiken stammt von Jane Edwards in ihrem Aufsatz „Transcription and the New Functionalism: Counterproposal to CHILDES/CHAT-Conventions", Berkeley (1989). Edwards kritisiert, dass CHAT (1) mehr an schriftlicher als an gesprochener Sprache orientiert sei, (2) eine merkmalorientierte Sprach- und Diskursanalyse im Auge habe („compositional approach") und (3) noch an der früher anzutreffenden Auffassung kranke, Kindersprache sei eine Abweichung von der Erwachsenensprache, nicht ein Sprech- und Diskursmodus in sich selbst. Edwards zeigt, dass die Art der Zeichen, ihre Auswahl und ihre Dichte bezogen auf die abzudeckenden Felder mit den Punkten (1) bis (3) verbunden sind. Aus den genannten Gesichtspunkten leitet sich meine folgende Kritik ab:

(i) Das Transkriptionssystem ist überladen, d.h. es gibt zu viele Kategorien für teilweise sehr nuancierte feine Unterschiede.

(ii) Häufig wird ‚Fehlendes' oder ‚Nicht-Korrektes' (z.B. bei den Kodierungen von Morphemen) kodiert, obwohl dies nicht notwendig erfolgen muss, da es sich um Lernervarietäten mit ihrer eigenen Systematik handelt; ausgelassene oder nicht korrekt ausgesprochene Affixe müssen nicht geson-

---

63  Auf das Auswertungsprogramm wird in Kap. 7 eingegangen. Siehe aber auch Stephany/Bast/Lehmann (2001) mit Beispielen.

dert kodiert werden; man beachte, dass jeweils eine Entscheidung des Transkribenten über ‚korrekt' und ‚nicht-korrekt' mit einer Kodierung einhergeht und im Zusammenhang damit Verzerrungen in der Datenauswertung auftreten können. Dahinter steht ein grundlegender Gesichtspunkt: Ein Transkribent sollte möglichst wenig über später durchzuführende Datenauswertungen praktisch entscheiden müssen; dies sollte den Analytikern vorbehalten bleiben.[64]

(iii) Die Liste unter „Äußerungen und Abschlüsse von Klangeinheiten" (*Tone Unit Terminators*) enthält zahlreiche Kombinationen von *Punkt, Fragezeichen, Ausrufezeichen, Komma* und *Doppelpunkt*. Die Kombinationen sind oft von so minimaler Unterschiedlichkeit, dass die Funktionen leicht verwechselt werden können. Die Verwechselbarkeit widerspricht dem von Du Bois formulierten Prinzip der „klaren Unterscheidbarkeit" und der „Robustheit" der ausgewählten Zeichen. Im Unterschied zu den Zeichenkombinationen, die aufgrund minimaler Zeichen größeren Funktionsunterschieden entsprechen, sind in GAT auffälligere, besser abgegrenzte und visuell hervorspringendere Symbole gewählt worden; die Diskriminierungsleistungen der in CHAT gewählten Symbole sind für die Auswertung nicht immer praktisch.

(iv) Ähnliche Schwächen weisen die „speziellen Markierungen von Abschlüssen und Verbindungsmarkierungen" auf. Die Kombination von // mit anderen Zeichen ist zum Teil verwirrend in Bezug auf die jeweilige zu diskrinierende Bedeutung.

(v) Bei der Fülle der Symbole ist sicher auch z.T. verwirrend, dass gewisse *Grundsymbole* in Kombination mit anderen eine ganz andere Bedeutung bekommen können (verschiedene Bedeutungen je nach Beschreibungsebene). So sind die von links unten nach rechts oben verlaufenden Schrägstriche einmal zur Akzentmarkierung bei der Prosodie vorgesehen, zum anderen markieren sie, wenn sie in eckige Klammern gesetzt sind, *Anakoluthe*, also Versprecher mit einem syntaktischen Skopus, die eine Korrektur darstellen oder im *online*-Modus des Sprechens nicht korrigiert wurden.

(vi) Die Kommentarzeilen, die durch ein Prozentzeichen eingeleitet werden, enthalten verschiedene inhaltliche Kommentierungsalternativen. Sicher ist es nicht leicht, die Polyfunktionalität der Kommentarzeilen auf einen Blick zu erkennen; aber sicher ist es ein Vorteil, wenn viele Kommentare gegeben werden.

Die Kritikpunkte haben sicher ihre Berechtigung; dennoch überwiegen Nutzen und Gebrauchsgesichtspunkte: dass nämlich viele Forscher zum Vergleich sprachlichen Materials dieses System (auch auf Grund der technologischen Ausgereiftheit) mit Gewinn benutzen und dadurch die typologische

---

64  Des öfteren habe ich in diesem Buch dafür plädiert, ‚Beobachtung' (Transkription) und ‚Kodierung' (wissenschaftliche Analyse) voneinander zu trennen. Geschieht dies nicht, werden ‚Validität' und ‚Zuverlässigkeit' der Daten in der Perspektive des späteren Forschungsprozesses eingeschränkt.

Spracherwerbsforschung vorantreiben. Es bringt schon viele Vorteile mit sich, dass die Gebrauchsstandards gleich sind und weltweit eine Datenbank aufgebaut werden kann. Wichtig wäre es, im Rahmen der über die gemeinsame CHAT-Benutzung verbundenen Forscher einen Konsensmodus über Veränderlichkeit und die Durchführung von Veränderungen bei der Kodierung festzulegen. Bei den großen Fortschritten im elektronischen Bereich sollten Diskussionen über notwendige Veränderungen periodisch (z.B. jährlich) geführt werden.[65]

Alle anwendungsbezogenen Informationen zu CHAT/CHILDES finden sich im Internet <http://childes.psy.cmu.edu/>, vgl. die Informationen zur Einleitung in 5.8 und in 5.8.2).

### 5.8.6 Beispiel für eine CHAT-Transkription

(eines an der Universität Köln in Kooperation mit dem Max-Planck-Institut durchgeführten Projektes „Second Language Acquisition of German by Russian Learners" [Stephany/Bast/Lehmann 2001: 45ff.])

Im folgenden Beispiel ist mit dem @ die Transkriptionsmaske aufgeführt; im Anschluss daran wird die Interaktion zwischen dem Interviewer Christian Bauer und der Interviewten Nastja wiedergegeben. Mit „% mor" ist die Kommentarzeile ‚Morphologie' markiert. Die für die morphologische Kommentarzeile benötigten Kategorien finden sich als Auszug aus Stephany/Bast/Lehmann (2001: 24-30) auf meiner Homepage [http://personal.geisteswissenschaften.fu. berlin.de/nordit/Link: Buch Transkription]. Versuchen Sie, die Kodierung anhand der Erläuterungen auf meiner Homepage nachzuvollziehen! Das CHILDES/CHAT-Handbook finden Sie unter: <http://www.childes.psy-cmu. edu/>

```
@Beginn
@Participants:         NAS Nastja target-child, INT Christian Bauer
@Birth of Learner:     8-JUN-1989
@Age of Learner:       8;10.9
@Time spent in Germany: 0,3.13
@Date:                 17-APR-1998
@Tape:                 8A (8 recto)
@Filename:             NAS04-13.TXT
```

---

65   Brian MacWhinney scheint selbst viele Verbesserungen des Systems vorzunehmen (persönliche Mitteilung); bei ihm laufen viele Datensätze zusammen; notwendige Veränderungen wegen der typologischen Unterschiedlichkeit der untersuchten Sprachen (Erstspracherwerb!) werden kurzfristig in Angriff genommen; in diesem Sinne wandelt sich das System mit den vielen Nutzern. Selbst eine KA-Version (vgl. 5.3) gibt es in CHAT, und offenbar ist sie unter Anwendern weit verbreitet!

@Transcriber:        Christian Bauer
@Situation:          NAS and INT in NAS' home in Cologne. INT introducing session
@Comment:         Only the learner's data have been coded.

*INT:   so, Nastja, kannst du dich noch an mich erinnen ?
*NAS:   eh@fp + ...
*INT:   wann haben wir uns schon mal gesehen ?
*NAS:   eh@fp # eh@fp , im Max_Planck_Institut .
%mor:   PREP:LOC|in:DEF:NEUT:DAT:SG N:PROP|Max_Planck_Institut .
*INT:   genau, im Max_Planck_Institut .
*INT:   da sind wir zusammen mit frau #Stephany nach &mij [//] Nijmegen gefahren.
*NAS:   ja .
%mor:   PTL|ja .
*INT:   und # damals warst du gerade neu in Deutschland angekommen .
*INT:   wie lange +...
*NAS:   eh@fp # ich bin hier drei monate .
%mor:   PRO:PRS|ich:1S:NOM V:COP|sein:PRES:1S ADV|hier NUM|drei
        N|monat:MASC:NOM/ACC:PL
*INT:   hm@i .
*NAS:   das ist viernten [*] [: vierter ]monat [/] monat .
%mor:   PRO:DEM|das:NEUT:NOM:SG V:COP|sein:PRES:3S
        NUM|viert:MASC:ACC*=NOM:SG N|monat:MASC:NOM:SG .
*NAS:   und <am &f>[//] in ferien ich war <in &pa> [/] in Paris.
%mor:   CONJ:COO|und PREP:LOC|in N|ferien:ACC:PL
        PRO:PRS|ich:1S:NOM V:COP|sein:PAST:1S PREP:LOC|in
        N:PROP|Paris .
*INT:   hm@i, in Paris warst du in den ferien?
*NAS:   ja, ich war dort # eh@fp fünf tage .
%mor:   PTL|ja PRO:PRS|ich:1S:NOM V:COP|sein:PAST:1S ADV|dort
        NUM|fünf N|tag:MASC:ACC:PL .
*INT:   hm@i .
*NAS:   und eh@fp # diese stadt ist ganz [*] schön .
%mor:   CONJ:COO|und PRO:DEM|dies:FEM:NOM:SG N|stadt:FEM:CAS:SG
        V:COP|sein:PRES:3S ADV|* ganz=sehr ADJ|schön .
*INT:   ja, hat es dir gefallen ?
*NAS:   ja .
%mor:   PTL|ja .
*INT:   hm@i .
*NAS:   ich war im [*] zweite(n) [*] etage auf [?] # Eiffelnturm [*] [: Eiffelturm] .
%mor:   PRO:PRS|ich:1S:NOM V:COP|sein:PAST:1S
        PREP:LOC|*in=auf:DEF:MASC/Neu:DAT:SG
        NUM|zweit:FEM:NOM/ACC*=DAT:SG N|etage:FEM:DAT:SG
        PREP:LOC|auf N:PROP| Eiffelturm .
*INT:   hm@i .
*NAS:   ja .
%mor:   PTL|ja .
*INT:   auf dem Eiffelturm warst du ?

| | |
|---|---|
| *NAS: | ja . |
| %mor: | PTL\|ja . |
| *INT: | hm@i . |
| *NAS: | und # ich war noch im [/] # eh @fp # im Musee_d'orsay . |
| %mor: | CONJ:COO\|und PRO:PRS\|ich:1S:NOM V:COP\|sein:PAST:1S ADV\|noch PREP:LOC\|in:DEF:NEUT:DAT:SG N:PROP\|Musee_d'orsay . |
| *INT: | hm@i . |
| *NAS: | aber # wenn [*] ich war in Musee_d'orsay wir waren mit [*] Dascha schon ganz müde. |
| %mor: | CONJ\|aber CONJ:SUBOR\|*wenn=als PRO:PRS\|ich:1S:NOM V:COP\|sein:PAST:1S PREP:LOC\|in N:PROP\|Musee_d'orsay PRO:PRS\|wir:1P:NOM V:COP\|sein:PAST:1P PREP\|*mit N:PROP\|Dascha:FEM:SG ADV\|schon ADJ\|ganz ADJ\|müde |
| %err: | wir waren mit Dascha = waren Dascha und ich |
| *NAS: | wir hatten hunger und wir haben nich(t) sehr viel gesehen. |
| %mor: | PRO:PRS\|wir:1P:NOM V\|haben:PAST:3P N\|hunger:MASC:ACC:SG CONJ:COO\|und PRO:PRS\|wir:1P:NOM V:AUX\|haben:PRES:1P PTL:NEG\|nicht ADV\|sehr QUANT\|viel V\|sehen:PP . |
| *INT: | ja, was hat die am besten gefallen im Louvre ? |
| *NAS: | eh@fp # eh@fp # da ist danz [*] schöne Bilder |
| %mor: | ADV\|da V:COP\|sein:PRES:3S*=3P ADV\|*ganz=sehr ADJ\|schön:NOM:PL N\|bild: NEUT:NOM:PL. |
| *INT: | hm@i . |
| *NAS: | und # &w ich war im Louvre . |
| %mor: | CONJ:COO\|und PRO:PRS\|ich:1S:NOM V:COP\|sein:PAST:1S PREP:LOC\|in:DEF:MASC:DAT:SG N:PROP\|Louvre . |
| *INT: | hm@i . |
| *NAS: | das ist ganz [*] schön . |
| %mor: | ADV\|da V:COP\|sein:PRES:3S=3P ADV\|*ganz=sehr ADJ\|schön . |
| *INT: | ja, was hat dir am besten gefallen im Louvre ? |
| *NAS: | eh@fp # eh@fp # da ist ganz [*] schöne bilder. |
| %mor: | ADV\|da V:COP\|sein:PRES:3S*=3P ADV\|*ganz=sehr ADJ\|schön:NOM:PL N\|bild: NEUT:NOM:PL. |
| *INT: | hm@i. |
| *NAS: | und # das ist +... |
| %mor: | CONJ:COO\|und PRO:DEM\|*das=da:NEUT:NOM:SG V:COP\|sein:PRES:3S +... |
| *NAS: | und da ist ein zimmer . |
| %mor: | CONJ:COO\|und ADV\|da$ V:COP\|sein:PRES:3S ART:INDEF\|ein:NEUT:NOM:SG N\|zimmer:NEUT:NOM:SG . |
| *NAS: | dort ist ganz dunkel . |
| %mor: | ADV\|dort V:COP\|sein:PRES:3S ADV\|ganz ADJ\|dunkel . |
| *INT: | hm@i . |

## 5.9 Evaluation

Es gibt gewichtige Gründe, aus Tradition, Forschungskontext und -kontinuität oder aus der Spezifik der Forschungsinteressen heraus eines der in diesem Kapitel vorgestellten Transkriptionssysteme zu benutzen. Welches System sich langfristig auf Grund praktischer oder EDV-spezifischer Gründe durchsetzen wird, wird sich in den nächsten Jahren zeigen. Einerseits muss die Diskussion expliziter, theoretisch reflektierter *Gütekriterien* für Transkriptionen verstärkt geführt werden (siehe zur Problematik 5.9.1), andererseits geht es um die kritische Abwägung zweckgebundener Perspektiven in der Anwendung von Transkriptionssystemen. Letzteres soll – im Rahmen der begrenzten Möglichkeiten in dieser Einführung – mit einem kritischen Rückblick auf die vorgestellten Inventare in 5.9.2 erfolgen.


### 5.9.1 Gütekriterien

Den Grad der angemessenen ('authentischen') Wiedergabe eines durch elektronische Medien aufgezeichneten Kommunikationsereignisses wird mit Hilfe der beiden Begriffe 'Validität/Gültigkeit' und 'Reliabilität/Zuverlässigkeit' überprüft. 'Validität' kann nur qualitativ, 'Zuverlässigkeit' aber ansatzweise auch quantitativ evaluiert werden (Edwards/Lampert 1993: 196ff.).

Unter 'Validität' wollen wir das Ausmaß verstehen, in dem ein vorgegebenes Kodiersystem – entsprechend den Untersuchungsinteressen – die in den Tonbandaufnahmen manifesten Phänomene wie Pausen, Sprecherwechsel und -überlappungen, phonetische Besonderheiten, Tempo, Lautstärke, Tonhöhenverlauf etc. der mündlichen Äußerungen mit angemessenen Kategorien abbildet. Wenn mehrere trainierte Experten in Bezug auf definierte Untersuchungsparameter unabhängig voneinander zu dem Schluss kommen, dass zu beschreibende Erscheinungen der mündlichen Rede nicht, uneindeutig, diffus oder unzureichend erfasst werden, muss das Kategorieninventar revidiert werden. Es gibt kein absolutes Kriterium für mangelnde 'Validität'; diese Tatsache ist in der Phonetik schon lange anerkannt. Hoher Konsens in der Verschriftlichung erhöht die Validität; andererseits hat sich gezeigt, dass selbst die Wahrnehmung von Lauten letztendlich nicht hundertprozentig konsensfähig ist (vgl. Richter 1982). Insbesondere die Diskurstranskriptionen wurden in den letzten Jahren in ihrer Validität überprüft und verbessert.

Zu Unterschieden im Verschriftlichungsergebnis trägt zunächst analog zum 'Beobachterparadoxon' (vgl. 3.2) das 'Transkriptionsparadoxon' bei:

UM MÜNDLICHE ÄUßERUNGEN NORM- UND DISKURSGERECHT ZU VERSCHRIFT-LICHEN, MÜSSEN WIR DIE FÜR DIE JEWEILIGEN INDIVIDUELLEN UND GRUPPEN-SPEZIFISCHEN VARIETÄTEN GELTENDEN REGULARITÄTEN BEREITS KENNEN; LETZTERE SOLLEN (UND KÖNNEN) WIR ABER ERST MIT HILFE DER VOLLZOGE-NEN TRANSKRIPTION HERAUSFINDEN.

Deppermann (1999: 47) sieht die Lösung dieses Paradoxons in einer Kumulation diskursspezifischer Erfahrungen: Rekurrente Diskurs- und Interaktionsmuster führen zu überschaubaren Erwartungswerten (vgl. Kap. 8), die in der Transkription abgebildet werden müssen. Dieses Paradoxon wird am besten dadurch minimiert, dass die Transkriptionen durch erfahrene, trainierte Experten angefertigt werden. Zu einer hochwertigen *Validität* tragen u.a. Beobachtungsfähigkeit, Musikalität, gutes Hörverstehen, interkulturelle Sensibilität bei.

Die *Zuverlässigkeit/Reliabilität* der Transkription besteht in dem Ausmaß der korrekten Kodierung sprechsprachlicher und pragmatischer (interaktiver) Erscheinungen im Rahmen eines vorgegebenen Kategorieninventars. Dies kann in zweierlei Weise überprüft werden:

Instrumentelle akustisch-phonetische Analysen des Tonhöhenverlaufs, der Lautstärke und des Tempos mündlicher Äußerungen können dazu herangezogen werden, auditive Kodierungen zu überprüfen[66]; es gilt inzwischen als belegt, dass auditiver Eindruck und instrumentelle Messung unterschiedlicher Qualität sind; akustisch-phonetische Analysen haben daher nur mittelbare (inferenzielle) Evidenz.

Mehrere Transkribenten transkribieren unabhängig voneinander den gleichen Diskursausschnitt. Unabhängig von der Person des Transkribenten müssen den kommunikativen Erscheinungen im Diskurs die ,richtigen' Kategorien/Symbole des Inventars zugeordnet werden. ,Korrekturtranskribenten' müssen die Ersttranskription auf korrekte Kodierung prüfen.

Lampert/Ervin-Tripp (in: Edwards/Lampert 1993) schlagen dazu differenzierte Kriterien vor. Kodierer sollten Experten sein, die ein intensives Training hinter sich haben. Eine weitere gute Bedingung ist, dass sie den gleichen muttersprachlichen Hintergrund haben und vergleichbar gut mit dem Kodiersystem vertraut sind. Schließlich erachten sie es jedoch für die ,strengste' Bedingung, wenn die Kodierer unterschiedlichen muttersprachlichen Hintergrund haben und dennoch zu gleichen/ähnlichen Ergebnissen gelangen. Für Transkriptionen im Erstspracherwerb haben sie ein quantitatives Modell des Konsensgrades, d.h. der Zuverlässigkeit, entwickelt (ebd.: 196ff.).

,Reliabilität' ist eine Funktion des Konsenses voneinander unabhängig verschriftlichender Transkribenten. Je mehr ,Korrekturtranskribenten' die Ersttranskription ,gegenlesen' und zu einvernehmlichen Korrekturen gelangen, desto ,reliabler' ist die Transkription. Die ,Konsens'-Qualität kann in der Regel nicht quantifiziert werden[67].

Wenn auch eine Abhängigkeit zwischen *Validität* und ,*Reliabilität*' nicht geleugnet werden kann, ist doch klar, dass das Stadium der vorbehaltlosen,

---

66  „Da die meßbare Grundfrequenz des Sprachsignals in systematischer Beziehung zur wahrgenommenen Tonhöhe steht, kann man Grundfrequenzextraktionsprogramme zur Visualisierung der Tonhöhe verwenden" (Selting 2001: 1067).

67  Was man praktisch tun kann, um die Validität der Transkription zu erhöhen, ist in Kapitel 8 *Die Tätigkeit des Transkribierens als Prozess* erläutert.

unvoreingenommenen Beobachtung der Kommunikationsereignisse von ihrer zweckdienlichen (untersuchungsspezifischen) Kodierung unterschieden werden muss. Formale Tests sind für diese beiden Begriffe in der Praxis des Transkribierens bisher nur ansatzweise entwickelt worden (vgl. Lampert/Ervin-Tripp 1993: 196ff.).

Eine „neutrale Repräsentation ursprünglicher Audio-Daten" scheinen Deppermann & Schütte (2008:205) eher fraglich. Die spezifische Wahl der Transkriptionskonventionen hänge von den Fragestellungen einer Untersuchung ab. Denn jede Tanskription sei „selektiv" und „theorieabhän-gig" (soll eine grammatische Analyse erfolgen wie für 5.8.6 oder eine konversationsanalytische wie für 5.7.6?). Von Bedeutung sei letztlich die *Relevanz* des Phänomens für die Analyse (z.B. Daten als Evidenz oder Gegenevidenz für ein sprachliches Vorkommen bzw. grobe oder feine Granularität für Beschreibungszwecke zu nutzen etc.). Diese und andere Gesichtspunkte in Deppermann & Schütte (2008) zeigen, dass empirischen Sprachforschern zunehmend bewusst wird, dass die Wahl des Transkriptionssystems theoretischen Fragen aufwirft.


### 5.9.2  Kritischer Rückblick und Perspektiven

Anstatt die Vor- u. Nachteile der in diesem Kapitel vorgestellten Systeme Punkt für Punkt taxonomisch zu vergleichen, sollen im Folgenden noch einmal wesentliche Verdienste, aber auch Probleme herausgestellt werden[68].

*Prima vista*: Würdigung

Aus der Sicht der praktischen Handhabbarkeit von Transkriptionssystemen (z.B. EDV-gestützte Auswertung) bietet sich das *sequenzielle Verfahren* an. Formale (z.B. grammatische oder prosodische) Strukturen auf unterschiedlichen Ebenen der linguistischen Beschreibung lassen sich mit Hilfe des Programms CLAN (s. 8.) geschickt, flexibel und effizient lösen[69]. CHAT und GAT eignen sich für Fragestellungen, die schon zu Beginn einer Untersuchung vorstrukturiert sind. Aus Spracherwerbslogik sollen Äußerungen als solche segmentiert werden, um einerseits die Verständlichkeit der abweichenden Lerneräußerungen sicher stellen und andererseits Feststellungen

---

68  Im Folgenden gehen wir nur auf die verbal-kommunikativen Aspekte der in diesem Kapitel präsentierten Notationsinventare ein. Die Berücksichtigung nichtverbalen Verhaltens in den in diesem Kapitel vorgestellten Modellen wird in Kapitel 7 vorgestellt.

69  Von GAT-Nutzern ist zu hören, dass sie sich mit Gewinn für Auswertungen ‚ihrer' Notation des Programms CLAN bedienen; zunehmender Beliebtheit erfreut sich EXMERaLDA.

über die MLU (*Mean Length of Utterances*) machen zu können. Aus der Sicht anderer Fragestellungen ist es durchaus vorteilhaft, Äußerungen nach Maßgabe kommunikativer Auffälligkeiten (Prosodie, nonverbales Verhalten etc.) ‚feinzutranskribieren' (GAT). Sowohl die eine als auch die andere Kodierung erlauben gewisse Standardbeobachtungen.

Untersuchungen, die die Auswertungsziele ihrer Diskursforschungen zunächst offen lassen, arbeiten eher prozessorientiert (HIAT). Eine Markierung kommunikativer Einheiten ist nicht obligatorisch. Die Offenheit, mit der DIDA bzw. HiAT gehandhabt werden können, ist vorteilhaft in Bezug auf den Prozess der Erkenntnisgewinnung und der Formulierung von Hypothesen im Laufe der Untersuchung. Besonders lebendig stellt sich die Diskussion im Rahmen des Programms CHAT und der damit verbundenen EDV-gestützten Auswertungsprinzipien dar. Da es eine zentrale Anwendungsstelle gibt (MacWhinney), werden dem Benutzer Veränderungen in der Transkriptionspraxis in allen Teilen der Welt schnell bekannt und in Anwendungen umgesetzt. Aufgrund seiner vielen Anwender erfährt dieses System daher auch eine dynamische Entwicklung.

*Secunda vista*: Offene Forschungsfragen

1. Das Problem ‚propositionale' und/oder ‚prosodische' Kriterien zur Ab-/ Begrenzung kommunikativer Einheiten ist in keinem der Systeme gelöst. Prosodische (Grenz-)Markierungen fallen nicht immer mit morphosyntaktischen Trägern propositionaler Sättigung kommunikativer Einheiten zusammen. Als operationales Kriterium für die Einheitenbegrenzung wird z.B. in GAT die prosodische Markierung gewählt. Zur Identifizierung der ‚Phrasierungseinheiten' sollen aber auch *syntaktische* und *semantische* Kriterien berücksichtigt werden. Welcher Art letztere sind, wird nicht explizit gemacht. Die in HIAT geübte Zurückhaltung in der Einheitenkodierung erscheint durchaus legitim, denn die sparsame oder Nicht-Kodierung von Einheitengrenzen hält die funktionalen, fragestellungsbezogenen Segmentierungen für aktuelle Forschungsfragen offen. ‚*Weniger kodieren ist mehr*' wäre also die Maxime einer Perspektive, in der das funktionale Zusammenspiel syntaktischer, semantischer und prosodischer Kriterien für Äußerungsfolgen und Diskurspassagen empirisch differenziert erforscht werden muss.

2. Es ist sicher zukunftweisend, das Zeicheninventar in zweck- und leistungsbezogene *Module* zu differenzieren und diese flexibel nach den Forschungsinteressen bei der grundlegenden und der erweiterten Verschriftlichung zur Anwendung gelangen zu lassen. Man kann sich heute sehr fein granulierter EDV-gestützter Auswertungsprogramme bedienen, die den Analysejob je nach Fragestellung spezifischer erfüllen als eine mit zu vielen Einzelzeichen überfrachtete Feintranskription. Oft setzen ForscherInnen für die eigenen aktuellen Forschungsziele selbst ausge-

wählte Konventionen fest. Diesem eigenverantwortlichen Vorgehen ist es dienlich, wenn differenzierte Zeicheninventare in Form von Modulen zur Auswahl angeboten werden (siehe in diesem Sinne die Ebenendifferenzierung bei CHAT, 5.8 und die Überlegungen in Bird/Liberman 2001).

3. Sequenzielle (KA, GAT, CHAT) oder Partiturschreibweise (HIAT, EXMERaLDA) zu wählen, hängt von Arbeitspräferenzen einerseits, aber auch vom Gesprächs- bzw. Diskurstyp andererseits ab. Komplexes Simultansprechen und Mehrfachüberlappungen (also komplexes interaktives Management vieler Gesprächsteilnehmer) lassen sich mit der Partiturschreibweise einfacher und transparenter abbilden. Für ‚kleine' Gespräche (Dialoge, wenige Teilnehmer) bietet das sequenzielle Verfahren mit der übersichtlichen Form in sich kohärenter Specherbeiträge eine komfortable Basis für Diskursanalysen. Ohnehin geht der moderne Trend dahin, eine in einem System vorliegende Transkription in ein anderes System konvertieren zu können (siehe Schmidt 2001; 2002a; b; c und die Vorstellung des Systems EXMARaLDA, einem neuen System zur Diskurstranskription). Die Möglichkeit der Konvertierung in ein anderes System (z.B. HIAT in GAT und umgekehrt), verdeutlicht in expliziter Weise die Unterschiede, macht untersuchungsspezifische Wahlen möglich und erlaubt es unter anderem, im Kontext mit Transkripten anderer Forscher das eigene Transkript den Konventionen der anderen anzupassen. Damit muss man sich nicht mehr auf ein System festlegen, sondern kann die Wahl des Transkriptionssystems an den Parametern der Forschung, des Diskurstyps und den praktischen Präferenzen ausrichten. Anstatt sich auf EIN System festlegen zu müssen, kann die Option gemäß der Vielfalt der Anwendungszwecke getroffen werden, wobei allgemeine Standards ‚für alle' je nach Forschungs- und Arbeitskontext hergestellt werden können.

4. Wie in Kapitel 7 noch genauer auszuführen sein wird, benutzt die moderne EDV-gestützte Forschung zu Diskurstranskriptionen den Begriff ‚linguistische Annotation', um alle Arten deskriptiver oder analytischer Beschreibungen von Sprachdaten zu erfassen (vgl. Scherer 2006). Annotationen beziehen sich dann auf „alle Arten von Transkriptionen" (von phonetischen Merkmalen bis zu Dialogstrukturen, Phrasen- oder Inhaltssegmentierung, syntaktische Analysen, Identifikationen von ‚named entities' [Bird/Liberman 2001: 23]). In der Tat haben die Untersuchungen von Bird/Liberman (2001) ergeben, dass es unterschiedliche Formate und Instrumente zur linguistischen Annotation gibt, ein allgemein akzeptierter Standard aber fehlt. In ihrem wegweisenden Aufsatz von 2001 beschreiben sie die Unterschiede zwischen den vorliegenden Formaten (das sind etwa die Inhalte, die wir anhand unserer Abb. 5-1 nach einzelnen Parametern für die Systeme spezifiziert haben) und zeigen, dass allen diesen unterschiedlichen Formaten ein gemeinsames Konzept zugrunde liegt. Dieses wählen sie zur „Grundlage für einen algebraischen Formalismus zur linguistischen Annotation, wäh-

rend gleichzeitig die Konsistenz zu vielen alternativen Datenstrukturen und Datenformaten erhalten bleibt" (Bird/Liberman 2001: 23 – Übs. ND). Die Autoren unterscheiden drei grundlegende Begriffe:

1. *Transkription*: Sie wird in normaler Ortografie oder mit phonetischen Zeichen erstellt; das Zeicheninventar kann zur Erfassung prosodischer Aspekte problemlos erweitert werden.
2. *Kodierung*: ist nach dem normalen Verständnis von Sozialwissenschaftlern etwas wie ‚die Zuweisung von Ereignissen zu festgelegten symbolischen Kategorien' (gemäß einem Kodierungsbuch); meistens sind morphologische, syntaktische, semantische und rhetorische Strukturen betroffen.
3. ‚*Mark up*': Dieser Begriff hat eine spezifische technische Bedeutung, die sich auf die zusätzlichen typografischen oder strukturellen Informationen zu einem Dokument bezieht.

Der Begriff „Annotation" wurde normalerweise nur für verschiedene Arten linguistischer Analyse benutzt, die nichts mit Transkription zu tun hatten (Annotation syntaktischer Strukturen oder von Coreferenzen). Bird und Liberman schlagen vor, den Begriff „Annotation" als Oberbegriff für die Transkription gesprochener Sprache zu verwenden „by thinking of annotations as the provision of any symbolic description of particular portions of a pre-existing linguistic object. If the object is a speech recording, then an ordinary orthographic transcription is certainly a kind of annotation in this sense [...]" (Bird/Liberman 2001: 26).

Weitere Ausführungen hierzu finden sich in Skiba (2005) und in Kapitel 7.

## 5.10 Aufgaben

Für die Bearbeitung der folgenden Aufgaben werden Tonbeispiele gebraucht, die für jeden Interessierten per Internet zur Verfügung gestellt werden. Ein Internetlink zu den Beispielen findet sich auf meiner Homepage (<http://userpage.fu-berlin.de/~nordit/HP>).

1. Suchen Sie sich einen leicht verständlichen Ausschnitt aus einem der Berliner Tonbeispiele (‚Wendekorpus' [1993-1995] „9. November 1989: Der Mauerfall in Erzählungen von Ost- und Westberlinern") im Internet.
   Transkribieren Sie den Ausschnitt in den Systemen CHAT und GAT.
   (a) Überlegen Sie sich, in welchem System Ihnen das Transkribieren leichter fällt, und welches System Ihnen beim Transkribieren schwieriger erscheint. Finden Sie eine vernünftige Begründung dafür.
   (b) Vergleichen Sie Ihre Transkripte. Welches der beiden ist Ihrer Meinung nach leichter zu lesen? Berücksichtigen Sie in Ihren Überlegungen die Ikonizität und auch die Ökonomie der jeweiligen Konventionen.

(c) Vergleichen Sie, wie lange (Arbeitsdauer in Minuten) Sie für ein Basistranskript in CHAT, KA oder GAT brauchen. Welche Unterschiede halten Sie für relevant? Woran liegt es, dass Sie den unterschiedlichen Arbeitsaufwand haben?

2. Hören Sie sich das Tonbeispiel (5.4.6 HIAT) zu dieser Aufgabe mehrmals an. Transkribieren Sie das Beispiel einmal nach den Konventionen der KA und einmal nach den GAT-Konventionen.

(a) Wie beurteilen Sie die Unterschiede in der räumlichen Anordnung der Sprecherbeiträge? Vergleichen Sie die beiden Transkripte in dieser Hinsicht auch mit dem Transkript in 5.4.6.

(b) Wie realisieren die beiden Systeme die unterschiedlichen Variablen des <P> Bereichs?

(c) Betrachten Sie die Wiedergabe der Interjektionen bzw. Gesprächswörter wie *hm*, *äh* usw. Welches System erscheint Ihnen hinsichtlich der Form und Funktion (!) dieser Wörter am angemessensten? Begründen Sie Ihre Meinung.

3. Vergleichen Sie entlang dem Raster (Abb. 5-1) das Inventar der Transkriptionssymbole von GAT und CHAT. (a) Welche Gemeinsamkeiten, welche Unterschiede gibt es? Vergleichen Sie insbesondere (V-2), (P-1) bis (P-7).

(b) Welche Transkriptionssymbole haben CHAT einerseits und GAT andererseits offensichtlich von der KA übernommen?

4. Hören Sie sich das Tonbeispiel für diese Aufgabe (Gesprächsausschnitt von GÜNTHER (Ehemann), LENA (Ehefrau) und Interviewerin aus dem Berliner ‚Wendekorpus' [1993-1995] „9. November 1989: Der Mauerfall in Erzählungen von Ost- und Westberlinern") mehrmals an und transkribieren Sie eine dreiminütige Diskurspassage ihrer Wahl entsprechend den Konventionen in GAT und in CHAT.

(a) Beurteilen Sie die Notation der Abfolge der Sprecherbeiträge (auch der Überlappungen) hinsichtlich Lesbarkeit, Einfachheit, Übersichtlichkeit und pragmatischer Angemessenheit!

(b) Betrachten Sie die beiden Transkriptversionen unter dem Gesichtspunkt der Analysemöglichkeiten mittels Rechner und der anschließenden Auswertung durch den Forscher. Ändert sich dann Ihre Beurteilung zu (a) und wenn ja, aufgrund welcher Gesichtspunkte?

5. Hören Sie sich das Tonbeispiel dieser Aufgabe mehrmals an. Es handelt sich um das Interview einer deutschen Interviewerin mit einem in Berlin lebenden russischen Juden aus dem deutsch-israelischen Projekt RUSIL.

(a) Transkribieren Sie unter möglichst genauer Wiedergabe der lernersprachlichen Eigenheiten der Varietät des russischen Sprechers etwa zwei Minuten des Interviews sowohl nach den Konventionen von CHAT als auch nach den Konventionen von GAT.

(b) Vergleichen Sie die Möglichkeiten der Abbildung lernersprachlicher Besonderheiten in den beiden Systemen CHAT und GAT.

6. Diskutieren Sie schriftlich die Vor- und Nachteile von:
(a) Partiturschreibweise und (b) sequentieller Anordnung der Sprecherbeiträge

7. Schauen Sie sich die nach CHAT/CLAN kodierte Transkription für das Beispiel 5.8.6 an und kodieren Sie die Äußerungen von Nastja *syntaktisch* mit einer Kommentarzeile „% syn"; auf meiner Homepage (siehe oben) finden Sie das Kategorieninventar für die syntaktischen Beschreibungskategorien nach CLAN (aus: Stephany/Bast/Lehmann 2001: 30ff.). Benutzen Sie dieses Kategorieninventar und fertigen Sie zu den Äußerungen von Nastja eine syntaktische Kommentarzeile an! Die Lösung finden Sie in Stephany/Bast/Lehmann (2001: 48-50).

# 6. Die Transkription nichtverbalen Verhaltens

## 6.1 Grundlagen

Während sprechbegleitende Verhaltensweisen (z.b. lachendes Reden) und parasprachliche Phänomene (z.b. silbisches Lachen und hörbares Ein- und Ausatmen) zur verbalen Transkription gehören (vgl. Kap. 5), sind Blickkontakt, Körperbewegungen, Gesichtsausdruck etc. während der elektronischen Aufzeichnung Manifestationen des nicht-verbalen Verhaltens. Letzteres gibt für die formale und funktionale Beschreibung von Kommunikationsverläufen oft entscheidende Hinweise, zumindest Interpretationshilfen. In der neueren Forschungsliteratur[1] unterscheidet man ‚Gebrauchsverhalten' (Einordnung und Sicherung des Körpers im Raum) vom ‚Signalverhalten' (verbale, vokale, prosodische und kinesisch-motorische ‚Displays'/Bewegungen zum Zwecke der Kommunikation). Das ‚Gebrauchsverhalten' bildet die Folie für die konkreten Ausgestaltungen der körperlichen Bewegungen – am direktesten wirkt es sich sicher auf die ‚Lokomotion' aus, also die Regelung der Distanz zwischen den Interaktionspartnern (bekannt auch unter dem Begriff ‚Proxemik'). Neben der Lokomotion (Proxemik) unterscheiden wir zwei weitere wesentliche Bereiche des nichtverbalen Verhaltens: die ‚Motorik', unter die Mimik, Pantomimik und Gestik fallen, und die ‚Taxis', die Lehre von den körperlichen Orientierungen; ihr Gegenstand ist die Untersuchung der *axionalen Orientierung* des Kopfes und des Rumpfes, der Berührungs- und Blickkontakte.

In Anlehnung an Deppermann (1999, 46ff.) stellt Sager (2001) in seinem Forschungsüberblick *fünf* wesentliche Anforderungen an eine Transkription nichtverbalen Verhaltens, die sie zu erfüllen habe:

1) *praktikabel* (leicht erlernbar, realisierbar, handhabbar, lesbar) zu sein;
2) *relevant* zu sein (für die vorgesehenen Forschungszwecke die interessierenden Phänomene angemessen zu erfassen);
3) *adäquat* zu sein, d.h. die erfassten Phänomene vollständig, trennscharf und eindeutig darzustellen;
4) *neutral* zu sein, d.h. das Verhalten so wenig wie möglich zu interpretieren und so originalgetreu abzubilden wie möglich;
5) *flexibel* und *erweiterbar* zu sein, d.h. das Basisinventar durch weitere differenzierende Kategorien für neue, zusätzliche Fragestellungen zu erweitern.

---

1   Wir orientieren uns im Folgenden an dem Forschungsbericht von Sager (2001).

Während das Design für die Eigenschaften (1) bis (4) relativ gut planbar ist, ist die Anforderung (5) in der Regel schwer einzulösen, da der theoretische Hintergrund meist höchst komplex und anspruchsvoll ist. Die Erforschung der strukturellen Eigenschaften der nonverbalen Kommunikation stehen erst am Anfang. Der Kodierungsbedarf bei Transkriptionen nicht-verbalen Verhaltens kann sich rasch ändern, denn: „Kinesische Displays stellen [...] informationstheoretisch die komplexesten Signale dar, die es überhaupt geben kann. Das Problem ihrer Transkription besteht darin, diese vier informationstheoretisch relevanten Parameter [siehe oben ‚Signalverhalten' – ND] so in eine schriftliche Form zu transformieren, dass sie einerseits adäquat (d.h. vollständig und trennscharf) im System erfasst werden können und andererseits das System noch praktikabel und handhabbar bleibt" (Sager 2001: 1070).

Die kinesisch-motorischen Bewegungen werden durch unterschiedliche Wahrnehmungskanäle verarbeitet; man unterteilt sie in den *auditiven, visuellen, taktilen, olfaktorischen, thermalen* und *gustatorischen* Kommunikationskanal: „Diese[m] medial-komplexe[n] Charakter menschlicher Kommunikation", den Sager nach der Theorie von Delhees in Form einer Tabelle als „Multikanal-Multikodesystem" charakterisiert (ebd.), liegt eine „sensorische Sichtweise" zugrunde. Die visuelle und die taktile Dimension wäre nach dieser Einteilung Gegenstand der Transkription[2]. Während die heutigen Transkriptionsverfahren immer noch von der kanalspezifischen (und sensorischen) Sichtweise geprägt seien, versucht Sager im Unterschied zu der seiner Meinung nach nicht transkribierbaren „subjektiven Wahrnehmung der Gesprächspartner" die entsprechenden „kommunikationsrelevanten medialen Bereiche von der aktiven Motorik her" zu bestimmen (a.a.O.: 4). Das Problem ist in der Einheitenidentifizierung im *stream of behaviour* und im Einfügen der Einheiten als graphisch fixierbare Zeichen ins Transkript zu sehen. So sind die bisherigen Transkriptionssyteme gegliedert nach (1) der Art der Bezeichnung, (2) der Form der Anlage der Transkription und (3) dem Prinzip der Kategorisierung bzw. Segmentierung des Verhaltens.

## 6.2 NichtVerbale TranskriptionsSysteme NVTS[3] nach Art der Bezeichnung („Symbolisierung vs. Ikonisierung")

Das Verfahren der ‚Symbolisierung' besteht in der Art der Bezeichnung des kinesischen Verhaltens durch ein Wort oder eine Prädikation. ‚Verbal'

---

2    Während ‚taktil' nur Körperkontakt umfasst, besteht die visuelle Dimension aus Körperbewegungen, Körperhaltung, äußerer Erscheinung, Raumverhalten [Distanz, Sitzposition usw.], Blickkontakt, Gestik und Mimik.

3    NVTS= Nichtverbales Transkriptions-System

(durch die Bezeichnung des Verhaltens) sollen abgrenzbare Einheiten des Verhaltens erfasst werden.

*Verfahren der Symbolisierung I: HIAT*
Typisch für dieses Verfahren ist HIAT (vgl. Ehlich 1993a). Die Verschriftlichung des sprachlichen Verhaltens nach HIAT wurde in 5.4 dargestellt. Das nonverbale und Blickverhalten beschreibende Kategorieninventar ist hier direkt anschließbar in Form von Displays wie „Kopfheben", „hebt KO an", „legt KO schräg" etc. Dabei wird nonverbales Verhalten in Kommentar-Klammern notiert. In HIAT 1 war eine einzige Zeile für verbale Kommunikation vorgesehen; in HIAT 2 hingegen wird diese Zeile mit VK (verbale Kommunikation) bezeichnet, denn es enthält darüber hinaus noch zusätzliche Zeilen für nonverbale Kommunikation (NVK) und Aktionales (AK). Merkmale, die bei nonverbaler Kommunikation berücksichtigt werden müssen, betreffen entsprechende aktive Teile des Körpers und die Art und Dauer der Bewegung. Es wird dann eine minimale Beschreibung der nonverbalen Kommunikation in einer Zeile vorgenommen, die sich an der Zeile der verbalen Kommunikation orientiert. In dem Beispiel

„o--------Lächeln--------o"
(Sager 2001: 1072)

wird die Dauer einer Handlung graphisch durch einen kleinen Kreis ‚o' in Kombination mit einer Anzahl von Bindestrichen dargestellt. ‚o' markiert die Anfangs- und Endpunkte einer Aktivität, die Kombination mit den Bindestrichen repräsentiert die Dauer. Kurze Aktivitäten, z.B. das Schließen der Augenlider, werden im Transkript hingegen durch ein Prozentzeichen (%) markiert:

VK:  oh
NVK: % eyelid closed
(Ehlich 1993a: 137)

In Ehlich/Rehbein (1979) findet sich eine Liste für Abkürzungen von Körperteilen in Verbindung mit der axionalen Orientierung *l (links)* und *r (rechts)*. Während die Sprecherzeile mit der Sprechersigle beginnt, steht vor einer Zeile für nichtverbale Kommunikation N1, N2 oder N3. Punktuelle Tätigkeiten werden durch ein Prozentzeichen % gekennzeichnet[4]. In dem Beispiel haben wir es sowohl mit mimischem Gesichtsausdruck als auch mit teil- und ganzkörperbezogenen Bewegungen zu tun. Auch die Richtung der Bewegungen wird in die verbale Notation einbezogen (Kürzel zur Bezeichnung des Körperteils, Prädikation (Verben) und räumliche Angaben).

---

4   Siehe den Transkriptionsausschnitt nonverbalen Verhaltens weiter unten, auf den sich die folgenden Erläuterungen beziehen; er zeigt mit ‚o' Anfangs- und Endpunkt einer Aktivität an, die zwischen den beiden Extremen verbal erläutert wird; dabei wird Bezug auf die Bewegung verschiedener Körperteile, sowie auf den Blickkontakt und die Mimik genommen.

Andere nicht-verbale Handlungen (Essen, Aufstehen, Blättern in der Zeitung etc.) werden nur dann notiert, wenn der Sprecher gerade nicht spricht (= schweigt). In doppelten runden Klammern findet sich dann ein Kommentar wie ((liest----)); die wiederholten Bindestriche markieren die Zeitdauer. Spricht ein Sprecher während des Vollzugs bestimmter Handlungen, so werden diese Handlungen in einer Kommentarzeile beschrieben.

Alle anderen nonverbalen Handlungen werden in der Kommentarzeile mit einer Skopusangabe[5] versehen, möglichst mit einer sich abhebenden Schrift. Nach dem gleichen Prinzip werden akustische Ereignisse während der Aufnahme (Türschließen, Autohupen, Schritte, Sirene etc) notiert.

Für den *Kopfbereich* werden Kürzel wie K0 ‚Kopf‘, GE ‚Gesicht‘, ST ‚Stirn‘ oder NA ‚Nase‘, für *Arme & Beine* Abkürzungen wie HA ‚Hand‘, FI ‚Finger‘, FU ‚Fuß‘ oder BE ‚Beine‘ benutzt (eine umfassende Übersicht über diese Kategorien findet sich in Ehlich/Rehbein 1979).

Anfang und Ende einer Blickkontaktinformation wird in einer Kommentarzeile notiert:

```
o-----schaut weg-----o
o------N1 und N2 blicken sich in die Augen -----o
```

Nicht-verbale Sprachhandlungen (Fingerschnipsen, Klatschen, Kopfnicken) werden mit einem kleinen Kreis (°---Anfang....Ende---°) gekennzeichnet, punktuelle Tätigkeiten mit %:

```
                  +----------------------------------
                  | >+        <  <   <  < <    <
                  | A  | So, und hier nun unser neues HIAS-DOS 2.2!
                  |N1 |    %hebt den Kopf
                  |N2 +        o--------zeigt auf Bildschirm-------o
1 sehr erstaunt   |B  [                                   (1 Echt? 1)
                  +-----------------------------------------------------------
```

Quelle: <http://www.ehlich-berlin.de/HIAT/#HIAT Beispiele>

Erfolgen ‚Sprechen‘ und ‚Handeln/Aktivität‘ gleichzeitig, wird die Handlung in einer Kommentarzeile beschrieben:

```
    +------------------------------------------------------
    |A  ((3,8 s))          So! Wolln wer mal ganz kurz/
    |    ((justiert Stern auf der Achse ------------------------------------
1  +------------------------------------------------------------
```

Neuere Entwicklungen zielen auf EDV-gestützte Auswertungen. „Die Einblendung digitalisierter Bilder kann, wie bei HIAT 2 mittels Export aus

---

5  Angabe der ‚Reichweite‘ eines nichtverbalen Ausdrucks (Markierung des Anfangs- und Endpunktes).

HIAT-DOS in WinWord [...] unterhalb der VK mit Lokalisierungspfeil erfolgen" (Redder 2001: 1054).

Redder spricht sich insgesamt gegen eine Überbewertung der NVK und der AK (Aktionales) aus: Beide Komponenten sollten beachtet werden, „sofern sie für das Zusammenwirken im Diskurs entscheidend und also bedeutungsdistinktiv sind. Notiert werden sollten also verallgemeinerte Form-Funktions-Einheiten dieser Dimensionen der Kommunikation. Dies kann auch lediglich bestimmte Passagen im Diskurs betreffen, welche entsprechend differenzierter transkribiert werden als andere. Insbesondere für illokutive Analysen ist zuweilen das Zusammenwirken der kommunikativen Dimensionen zentral. Gleichwohl darf ein Transkript nicht überfrachtet werden. Seine Komplexität muss der Komplexität der Sache entsprechen, eine Bearbeitung praktikabel sein. Ein Transkript, dem analytische Bestimmungen bereits gleichsam semiotisch eingeschrieben werden, verfehlt seinen Zweck" (ebd.).[6]

*Verfahren der Symbolisierung II: Konversationsanalyse*
Ein weiteres symbolisierendes Verfahren der Transkription nonverbalen Verhaltens wird in der *Konversationsanalyse* angewandt[7]. Betrachten wir zunächst die Kennzeichnung von Blickkontakt.

Die Blickrichtung eines Sprechers wird auf einer Kommentarzeile oberhalb der Äußerung markiert, die des Adressaten unterhalb der Äußerung. Wenn keine Linie eingezeichnet ist, bedeutet das, dass kein Blickkontakt vorhanden ist.

Ist der Blick auf den Gesprächspartner gerichtet, wird dies durch eine durchgehende Linie gekennzeichnet. Punkte zeigen den Übergang der Blickrichtung hin zum Gesprächspartner an. Durch ein X (‚Grenzmarkierung') wird der Punkt markiert, an dem der Blick den Gesprächspartner erfasst.

```
Hilde:     . . . . .       [X_____
           Ich kann mich [nicht er [innern, das gesagt zu haben
Herta:                    . . . . . . .    [X_____
```

Falls der Blick innerhalb einer Pause auf den anderen gerichtet wird, wird jede zehntel Pause durch einen Bindestrich angezeigt. Ändert sich die Blickrichtung → vom anderen weg, kennzeichnen dies Kommata.

```
Hilde:     . . . . . . .   [X_____, , ,
           Nun ja     (--[---)ich ha[be damals ja nicht mein Ehrenwort gegeben
Herta:     [X_____
```

---

6   Ein lehrreiches Beispiel der Integration des nicht verbalen Verhaltens in eine mit Hilfe von HIAT-DOS angefertigte Transkription findet sich im Beitrag von Jutta Fienemann (2000), Nonverbale Aspekte höflichen Handelns. Arbeitspapier 12 des Projektes „Sprache der Höflichkeit im interkulturellen Kontakt", Hamburg, Institut für Germanistik I. Der NVK-Kodierung sind Einzelaufnahmen aus den Videos unterlegt.

7   Textgrundlage: *Transcript Notation* v. Jefferson/Schegloff/Sacks in: Atkinson/Heritage (1984); das nonverbale Verhalten, dessen Symbolisierung wir hier im Transkript erläutern, ist als Ergänzung zu 5.3 (KA) zu verstehen.

*Kommata* markieren, dass der Blickkontakt nicht aufrecht erhalten wird. Als typisch für nichtverbale Handlungen wird der *Applaus* angeführt. Beifall(klatschen) wird durch x/X wiedergegeben, wobei durch Klein- oder Großschreibung des ‚x' *laut* oder *leise* angezeigt wird.

Audience: xxxxxXXXXXXXXXXXXXXXXXxxxx

(Attkinson/Heritage 1984: XV)

Einfaches/kurzes Klatschen wird in Bindestrichen notiert:

Audience: – x -

(ebd.)

Unregelmäßiges oder zögerliches Klatschen wird durch eine von Bindestri- chen unterbrochene Reihung von x angezeigt:

Audience: – x – x – x – x – x – x

Eine eckige Klammer unter der Zeile mit Pausenlängenangabe (Sekunden) gibt die Dauer des Beifalls an:

Erna:       Ich danke Ihnen für Ihre Aufmerksamkeit =
            |_____(6.0)_____|
Publikum:   =x – xxXXXXXXXXXXXXXXXXXXX – xx

Paraverbale Phänomene, z.B. Schniefen, Husten oder andere Begleiterschei- nungen der Rede oder Geräusche im Raum werden in doppelten runden Klammern notiert:

Tom:    I used to ((cough)) smoke a lot
Bob:    ((sniff)) He thinks he's tough
Ann:    ((snorts))

(ebd.: xiii)

Jan:    This is just delicious
        ((telephone rings))
Kim:    I'll get it.

(ebd.)

Ron:    ((in falsetto)) I can do it now
Max:    ((whispered)) He'll never do it

(ebd.)

*Asteriske* (*) werden in eher spontaner Weise für die Markierung besonderer (spezifischer) Phänomene verwendet, so beispielsweise für den Moment, in dem ein Sprecher Essen in den Mund nimmt:

Ann: _____

        = like – (0.2) ssilvery: : g-go:ld wwa:  ‖paper.
Beth:                        * ***** . . X ____

(ebd. xv)

Für die KA war stets klar, dass nichtverbale Phänomene nur in dem Maße notiert werden sollten, wie sie die verbalen und kommunikativen Orientierungen der Sprecher-Hörer erkennbar/nachvollziehbar beeinflussen. Allein der vollständigen Beobachtung wegen ist sie nicht vorgesehen. Dies ergibt sich bereits aus der minimalen Ausstattung des Bescheibungsinventars (vgl. für punktuelle Weiterentwicklungen Schegloff 2007).

*Verfahren der Symbolisierung III: GAT*
Das dritte hier zu nennende symbolisierende Verfahren ist (in geistiger Nachfolge der KA) GAT (Selting et al. 1998). Nichtverbales Handeln wird transkribiert, wenn dieses Handeln zur (Un-) Eindeutigkeit anderer Aktivitätsebenen/verbaler Äußerungen beiträgt. Berücksichtigt werden dabei Proxemik, Kinesik, Gestik, Mimik und Blickrichtung. Die Transkription erfolgt in einer separaten Zeile unterhalb der gleichzeitig hörbaren lautlichen Aktivitäten; hierbei werden folgende Zeichen benutzt:
*Dauer* einer sichtbaren Aktivität wird durch *Unterstreichung*, *Anfangs-* und *Endpunkte* werden durch *senkrechte Striche* („|") gekennzeichnet. Die Beschreibung der sichtbaren Aktivität wird durch andere Schrifttypen (z.B. Proportionalschrift) gekennzeichnet:

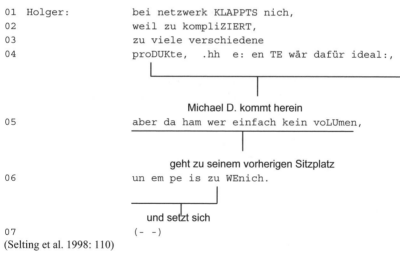

```
01  Holger:      bei netzwerk KLAPPTS nich,
02               weil zu kompliZIERT,
03               zu viele verschiedene
04               proDUKte,  .hh  e: en TE wär dafür ideal:,
```

Michael D. kommt herein

```
05               aber da ham wer einfach kein voLUmen,
```

geht zu seinem vorherigen Sitzplatz

```
06               un em pe is zu WEnich.
```

und setzt sich

```
07               (- -)
```

(Selting et al. 1998: 110)

Mit der Unterstreichung und dem ‚linken' oder ‚rechten' senkrechten Strich wird ein Begrenzungsbereich markiert. Unterhalb der Linie wird der nichtverbale Kommentar gegeben (in einer anderen Schriftart).
Bei Gesten und Körperbewegungen werden Anfang und Ende markiert, teilweise der Gipfel oder Scheitel der Bewegung (*apex*, gekennzeichnet durch „ ^ "). Die Kommentarzeilen für die Notation des sichtbaren Handelns werden nicht nummeriert.

175

```
01  FH:     .hh denn das is dann eben die FRAge;
02          wenn wir eben auch zwei getrennte folder HÄTten;
03          sei es jetzt n er ef DE, oder ge es A folder.
04          .hhh
05          DANN: (- -) kann ma nich sagen (-) (e)
06          also die baggage procedure für die er ef de is
07          in: ER ef ordner,
08          .hh un der rest is wieder im: (-) dem (s)
09          ANderen ordn[er. also da]s
10  HB:               [   .hhh      ]
                      └─────┬──────
                  FS löst ihre rechte Hand vom Tisch
11  FH:     [        müßte       dann     schon]
12  FS:     [<<all> (ich) mein> der aufbau is] ja eigntlich
            ─────────────────────^─────────────────────┘
                                 │
            FS macht mit ihrer Hand eine Bewegung in den Raum
            der Gruppe hinein und zieht sie dann wieder zurück,
            wobei sie zwei, vielleicht auch drei „Stufen" andeutet

13  FS:     sehr schön;
14          un wenn wer das für [ alle     ] (--)
15  FH:                         [<<p> mhm,>]
16  FS:     durchhalten;
```

(ebd. 111)

„Sichtbare Aktivitäten und Ereignisse werden in einer separaten Zeile unterhalb der gleichzeitig hörbaren lautlichen Aktivitäten [...] notiert" (ebd.: 110)

Die Integration digitalisierter Einzelbilder in das Transkript wird als machbar angesehen. Dennoch wird eine symbolische Notation nonverbaler Handlungen und Ereignisse im Rahmen des Transkripts nicht als überflüssig, sondern als ein Gewinn an Transparenz betrachtet.

Das Vorgehen bei der digitalisierten Integration in das Transkript sieht folgendermaßen aus:

a)  Identifizierung der beteiligten Personen im Bild durch die gleichen Siglen wie im Transkript;

b)  die Stelle im Diskurs, auf die sich das Bild bezieht, wird im Transkript mit einem Pfeil gekennzeichnet;

c)  Elemente und Bildteile, die für die Analyse von besonderer Bedeutung sind, werden graphisch hervorgehoben (weitere Beispiele finden sich in Selting et al. 1998: 113).

Mit symbolisierenden Verfahren (KA, HIAT, GAT) gehen folgende Probleme einher:

—  Für weniger bekannte und nicht herkömmliche Verhaltensweisen müssen oft lange Formulierungen/Paraphrasen gewählt werden, die trotz ihrer verbalen Präzision das Phänomen nicht adäquat erfassen. In diesem Punkt ist das Verfahren umständlich und nicht in dem Sinne ergiebig, dass das Wesentliche einer Verhaltensweise herausgearbeitet wird.

– Die Bandbreite möglicher Interpretationen ist nicht ohne Willkür. Die verbalen Formulierungen lassen vieles offen, geben unterschiedlichen Vorstellungen Raum. Manchmal lässt sich zwischen den Bereichen Gestik, Mimik, Köperhaltung etc. nicht klar trennen.

Diese Probleme können mit Hilfe der *ikonischen Transkription* offenbar besser gelöst werden.

*Das Verfahren der Ikonisierung*
Birdwhistell und andere[8] verwenden statt der verbalen Beschreibungen *ikonische* Zeichen. So wird der Körper in acht Regionen mit jeweiligen Basissymbolen eingeteilt (vgl. die Einteilung bei HIAT): (i) Kopf, (ii) Gesicht, (iii) Rumpf, (iv) Schulter/Arm/Handgelenk, (v) Hand-/Fingeraktivitäten, (vi) Hüfte/Bein/Knöchel, (vii) Fußaktivitäten/Gehen, (viii) Nacken. Jeder dieser Regionen werden differenziert Positionen und Aktivitäten zugerechnet (etwa ähnlich wie bei der Gebärdensprache *HamNoSys*). „Im Gegensatz zu den verbalen Bezeichnungen sind die ikonischen Zeichen (Piktogramme) sehr viel stärker an der äußeren wahrnehmbaren Erscheinungsgestalt des jeweiligen Displays orientiert" (Sager 2001: 1072). Natürlich hat dieser hohe Grad an möglicher Differenzierung zu hochkomplexen, umfangreichen Zeichenkatalogen geführt, die für die Transkribierenden schwierig und langwierig zu erlernen sind.

In Sager (2001: 1073, Abb. 102.2) findet sich eine Übersicht über Gesichts- und Schulterpositionen nach Birdwhistell. Die vielen feinen (und in sich sehr ähnlichen) Zeichen sind schwer unterscheidbar. Es muss, wie bei der verbalen Repräsentation in Kapitel 5, die Frage gestellt werden, in welchem Kosten-Nutzen-Verhältnis der datenaufbereitende Aufwand, die filigranen Körperpositionen deskriptiv zu erfassen, zur effektiven Erklärung der Daten beiträgt? Dabei dürfte die Entscheidung, Positionen nicht nur ‚objektiv-photographisch' abzubilden, sondern entsprechend ihrer Wahrnehmung und intersubjektiven Bedeutung in der Interaktion zu berücksichtigen, hilfreich sein. Redder (u. a.) warnt vor einer Überfrachtung der Transkription, die den Blick auf die zu beschreibenden diskursiven Phänomene verstellt. Dieser Warnung können wir uns hier nur anschließen.

## 6.3 Form der Anlage der Transkription

Die grundlegende Frage lautet:

*In welcher Form soll die nichtverbale Transkription räumlich angeordnet sein?*

---

8    Zit. in Sager (2001)

Unter den drei hierzu entwickelten Antworten bewegt sich die Texttranskription (typisches Beispiel ist GAT) im Rahmen der bereits bekannten Form. Das Nacheinander des Sprechens wird unter Einschluss des Nacheinanders körperlicher (gestischer, mimischer) Bewegungen in sukzessiver Form auf dem Papier dargestellt. Solche im Aufbau ‚Theatertexten' gleichenden Transkriptionen haben Probleme mit der übersichtlichen und leicht nachvollziehbaren Darstellung gleichzeitigen Sprechens mehrerer Sprecher und der damit verbundenen notwendigen Integration des hochkomplexen körperlichen Verhaltens in das Gesamtdesign der Trankription. Für die Beschreibungsinteressen spielt das nichtverbale Verhalten daher deutlich eine untergeordnete, die konversationellen Analysen bestätigende oder ‚falsifizierende' Rolle (höherer Detaillierungsgrad der Beobachtung).

Dagegen hat Ochs (1979) mit der Tabellenform eine alternative Lösung vorgeschlagen. Für jeden an der Interaktion beteiligten Partner wird eine Tabelle mit zwei Spalten angelegt, in der gesondert für die eine Spalte das *verbale* und für die andere Spalte das *nichtverbale* Verhalten notiert wird. Körperliches Verhalten wird ad hoc nach dem Relevanzprinzip notiert. Die Darstellung der Displays ist eine Kombination aus symbolischer und ikonischer Repräsentation. Diese tabellarische Notation ist jedoch nur für Dialoge geeignet; Ochs beschreibt Eltern-Kind-Interaktionen, die typischen Fälle sind dyadischer Natur. Sind mehr als zwei Personen an der Interaktion beteiligt (was in der Erst- und Zweitspracherwerbsforschung eher nicht so oft der Fall ist), eignet sich das tabellarische Verfahren aufgrund des hohen Aufwandes und der schlechten Übersichtlichkeit nicht.

Zur Lösung der genannten textsequenziellen und tabellarischen Darstellungen bietet sich die *Partiturtranskription* als Lösungsweg an. Die Gesprächspartner haben je eine eigene Zeile, die zur Spezifizierung von NVK-Merkmalen durch Kommentarzeilen zum kinesischen Verhalten ergänzt werden kann. Das Verfahren ist das gleiche, das in 5.4 ausführlich dargestellt wurde. In dem Partiturzeilenblockverfahren gibt es also für jeden Sprecher mehrere Zeilen, die genügend Platz für detaillierte Angaben zur NVK bieten (siehe HIAT 5.4).

Um nun die Kommentarzeilen und die Art des Verhaltens trennscharfer im Sinne der Analyse zu gestalten, haben Brinker/Sager (1996) eine Aufgliederung des NVK in die Bereiche Kopf/Mimik, Blickkontakt, Gestik und Körperhaltung zum Zwecke der Integration in die Partiturtranskription vorgeschlagen. Sie orientiert sich an dem differenzierten Kategorieninventar von Scherer und anderen[9]. Die Fülle und Detailliertheit der Zusatzzeichen macht die Partiturnotation allerdings unübersichtlich und schwer praktikabel. Für viele Linguisten/Kommunikationswissenschaftler stehen ja die verbalen Bot-

---

9    Zitiert in Sager (2001). Sager (2005) schlägt ein konsistentes System zur Beschreibung von Gestik vor. In Bührig & Sager (2005) werden Lösungswege der Beschreibung von nonverbalem Verhalten aufgezeigt, aber auch problematisiert.

schaften im Mittelpunkt, die nichtverbalen werden als für die einzelnen Interpretationen entscheidungsrelevante Zusatzinformationen angesehen. Soll das Transkript nicht seinen Praxisstatus als Arbeitsgrundlage verlieren, darf es nicht überladen werden.

## 6.4 Zu Prinzipien der Segmentierung des kinesischen Verhaltens

Bei den klassischen Darstellungsverfahren nichtverbalen Verhaltens müssen permanent alle Bewegungsphasen und Ruhepausen ständig festgehalten und ökonomisch dokumentiert werden. Dies lässt sich wiederum mittels zweier Verfahren realisieren: (a) Zeitreihenverfahren und (b) Gestaltverfahren.

Beide Verfahren erlauben wiederum sowohl die *ikonische* als auch die *symbolische* Notation und können sowohl in Tabellen- als auch in Partiturform dargestellt werden.

*(a) Zeitreihenverfahren:*
Das Prinzip der Positionszeitreihen „besagt, dass das komplexe kontinuierliche Bewegungsgeschehen in seinen (durch Film- oder Videoaufnahme erfassbaren) zeitlich aufeinander folgenden (jeweils statischen) Positionen protokolliert wird. Eine Bewegungsposition entspricht dabei einem Film-/Videobild" (Sager 2001: 1076). Ausgewertet werden 8 Bereiche des Bewegungsverhaltens (plus Varianten). Den einzelnen Bewegung(svariant)en werden Zahlen zugeordnet; so können 104 Bewegungsdimensionen in einer Datenmatrix kodiert werden.

Der Vorteil dieses Verfahrens ist, dass es nahezu frei von Interpretation ist, allerdings auch sehr viel Datenüberschuss mit sich bringt.

*(b) Gestaltverfahren*
Sager (2001: 1077) trifft in diesem Zusammenhang eine Unterscheidung hinsichtlich der Funktion nonverbalen Verhaltens auf der Folie von Frey et al. (1981) und Lorenz (1965)[10]. Während nach Lorenz die jeweilige Funktion nichtverbalen Verhaltens erst erkennbar ist, wenn die einzelnen Bewegungspositionen genau erfasst sind, neigt Sager zu der Position, Bewegung als ‚Gestalt' aufzufassen. Daran schließen auch die symbolischen Transkriptionsverfahren an und werden aus diesem Grunde auch als ‚Gestaltverfahren' bezeichnet. Trotzdem zählen auch sie zu den qualitativ deutenden Verfahren, wobei hinzuzufügen ist, dass im Grunde kein Transkriptionssystem als interpretationsfrei zu bezeichnen ist. In diesem Sinne kommen wir zu dem Schluss, dass symbolische Transkriptionsverfahren eher *qualitativ deutende Gestaltverfahren* sind. Kann man sich auf sie verlassen? Anders ausgedrückt: Ist ihre *Validität* hinreichend?

---

10  Zitiert a.a.0

Indem Sager (2001: 1077) der nicht hinreichenden Validität graphisch-symbolischer Darstellungen das Wort redet, fordert er die Entwicklung eines auf piktographische Darstellungsformen gestütztes Transkriptionssystem, das in den ethologischen Arbeiten von Eibl-Eibesfeld und Kallmeyer/Schmitt (1996) schon in Ansätzen vorgeschlagen worden ist: Verhaltensformen werden durch sogenannte „Bilderstaffeln in ihrer relevanten morphologischen Gestalt" erfasst (ebd.). Die Idee ist, die kinesischen Abäufe direkt mit den Äußerungen per Videobild und Zuordnungsindikatoren zu verbinden. Das Videobild wird mit einem Rahmen versehen, der so angelegt wird, dass das Bild dem Äußerungsausschnitt explizit zugeordnet wird. Abb. 6-1 illustriert dieses Verfahren. Es ist klar, dass dieses Verfahren sehr aufwändig wäre, wenn ganze Bildreihen abgebildet werden sollten. Daher ist es eher für kurze, exemplarische Ausschnitte geeignet.

*Abb. 6-1:* Zusammenhang verbalen und nicht-verbalen Verhaltens nach Kallmeyer/Schmitt (1996: 24)[11]

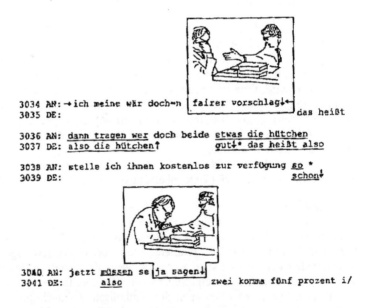

Am Beispiel der Gestik hat Weinrich (zit. in Sager 2001) ein zwei Schritte umfassendes Verfahren entworfen. Eine Reihe prototypischer Bewegungen (hier: Handstellungen) werden erfasst und in charakteristischen Abbildungen festgehalten. Diese werden dann mit Termini (in *Kapitälchen*) belegt, welche in die Transkription eingefügt werden. Da der Transkribent aus dem Reper-

---

11   Diesen Ausschnitt können Sie in erweiterter Form auf meiner Homepage einsehen.

toire der vorliegenden Prototypen die jeweils aktuelle auswählen kann, ist er von einem gewissen Entscheidungsdruck entlastet.


## 6.5 Ein integrativer Vorschlag

Sager stellt seinen eigenen Entwurf eines NVK-Systems in den Kontext der oben genannten Arbeiten. Ausgangspunkt der Analyse ist die ‚Gesprächsdokumentation', die die Gesamtheit aller gesprächsspezifischen Datentypen umfasst, also auch die systematisierenden und datenaufbereitenden, z.B. die Partiturtranskription mit den verbalen, prosodischen Eigenschaften und den kinesischen Displays. Letztere bestehen aus verschiedenen Bilddokumentationen, mit denen gestische und mimische Displays erfasst werden. Piktographische und symbolisch genormte Abbildungen werden für taxische und proxemische Displays genutzt, durch die die Transkription der sprachlichen Anteile mit nichtverbalen Informationen erweitert wird. Die so entstandenen verschiedenen Dispalys werden in einer zeitlichen Nachfolgebeziehung einander zugeordnet; in diesem Sinne nennt man sie ‚Chronogramme'.

Die ‚Gesprächsdokumentation' umfasst somit die folgenden Dokumente (vgl. Sager 2001: 1079):

- originale Videoaufnahme
- Basistranskription des verbalen Displays
- Bilderstaffeln des gestischen Displays
- Abbildungen von mimischen Displays
- Abbildungen und Bilderstaffeln von pantomimischen Displays
- erweiterte Transkripte, in die die sukzessive Abfolge von gestischen, mimischen, pantomimischen sowie taxischen und proxemischen Displays mit aufgenommen werden
- Dokumentation der axionalen Orientierung anhand spezifischer Konfigurationsabbildungen.

Die *gesamte Transkription* wird dann in Form eines Partiturblocksystems ‚orchestral' angelegt und besteht dann aus dem Basistranskript und dem/den erweiterten Chronogrammtranskript(en). Für jeden Sprecher werden dann je nach Forschungszielen eine Zeile bzw. ein Zeilenbündel angelegt. Um die Zuordnung der einzelnen sprecherspezifischen Displays zu sichern, werden jedem Sprechersigle (bestehend aus 3 Konsonanten getrennt durch Punkte) die jeweils relevanten Displays zugeordnet (zwei Minuskeln), z.B. (a) ‚Gerhard' =Grd, (b) Grd.vb (verbales Display), (c) Grd.pr (prosodisches D.), (d) Grd.gs (gestisches D.), (e) Grd.mk (mimisches D.) etc.

Ein wichtiger Bereich, der in letzter Zeit die Forschung vor allem aus praxisnahen Gründen stark beschäftigt hat, ist die *Gestik*. In Anknüpfung an die Lorenzschen Überlegungen (s.o.) soll das gestische Display als ein „einheitliches gestalthaftes Verhaltensstück mit bestimmter, kommunikativ relevanter Funktion" beschrieben werden, d.h. Gesten haben einen Anfang und ein Ende; zwischen diesen beiden Extremen liegen kommunikativ relevante Positionen, die in ihrer prototypischen Gestalt erfasst werden (s. o.).

Als Beispiel sei das kurze Heben der Hand angeführt: Dieses ist symbolisiert durch die Auf- und Abwärtsbewegung und begrenzt durch Anfangs- und Endpunkte; zwischen diesen beiden liegt, wie empirische Untersuchungen belegen, der so genannte ‚Extrempunkt': Er ist die kommunikativ signifikanteste Ausprägung der Grußgeste und bringt den Bewegungsablauf auf den Punkt.

Jede Geste hat meist mehrere solche *SfP* genannten *Signifikanzpunkte*.

Jede einzelne Geste hat mindestens drei markante Punkte, durch die eine Geste beschreibbar ist:

1. Start- oder Anfangspunkt (A) $\left.\right\}$ *onset*

2. Signifikanzpunkt (wenn es nur einen gibt) (SfP)$\left.\right\}$  (nach Wallbott)

3. Endpunkt (E) $\left.\right\}$ *offset*

Wenn es mehrere SfPs gibt, dann ist der Kern die Phase von SfP1 bis SfPn.

‚Geste' ist dann definiert als „eine klar umgrenzte, als Einheit empfundene, kommunikativ wirksame Bewegung" (ebd.: 1081). Man kann sie als einen Phasenablauf (Bewegungskomposition) verstehen.

„Die Geste hat verschiedene relevante Komponenten[12]:

| | |
|---|---|
| *Extremkin:* | Maximalposition einer Bewegungsamplitude |
| *Subkin:* | Phase zwischen zwei Extremkinen |
| *Signifikanzpunkt:* | kommunikativ markantes Extremkin in einer Geste |
| *Anfang:* | Extremkin, das den Anfangspunkt einer Geste darstellt |
| *Ende:* | Extremkin, das den Endpunkt einer Geste darstellt |
| *Onset:* | Bewegung (Subkin) vom Anfang bis zum ersten Signifikanzpunkt einer Geste |
| *Offset:* | Bewegung (Subkin) vom letzten Signifikanzpunkt bis zum Ende einer Geste |
| *Kern:* | Bewegung (Subkin) zwischen dem ersten und letzten Signifikanzpunkt einer Geste, bei nur einem Signifikanzpunkt stellt dieser den Kern dar" (ebd.) |

Die *Geste* lässt sich durch eine Bilderstaffel dokumentieren, in der Anfangs-, End- und Signifikanzpunkt erfasst werden. Im Transkript kann sie folgendermaßen repräsentiert werden:

° (3)----1-----2----3-----° (Anfang und Ende werden durch ° markiert, vgl. ebd.).

---

12  Im Folgenden bezeichnet „kin" eine *kinesische* Einheit/Grundgröße.

182

In ähnlicher Weise lässt sich die Darstellung von *mimischen/pantomimischen* Displays anfügen. Das Problem bei der Mimik ist dabei die generelle ‚mimische Grundposition' über lange Strecken hinweg; eine solche Grundposition liegt dann vor, wenn das Gesicht völlig entspannt ist (‚0-Mimik'). Darüberhinaus gibt es bestimmte grundlegende Emotionen oder innere Einstellungen (‚Primär-Emotionen'), die in einer Art Skala zum Ausdruck gebracht werden. Die Mimik der Grundposition über längere Gesprächsabschnitte wird auch ‚Basis-Mimik' genannt; sie müsste in gleicher Weise wie die *0-Mimik* ins Chronogrammtranskript aufgenommen werden, z.B.:

°(4)-----------------° (ebd.)

Auf dem Hintergrund der 0-/Basis-Mimik finden bestimmte Veränderungen mit kommunikativer Signifikanz statt, die man im Transkript markieren kann, z.b.

°(4)---1-----1-----2----° (ebd.)

Für die Dokumentation des pantomimischen Displays wird ein ähnliches Verfahren gewählt.

*Blickverhalten und axionale Ordnung*

a. Blickverhalten
Die Variationsmöglichkeiten sind nicht sehr groß: Sie können durch entsprechende Zeichen erfasst und ins Transkript eingefügt werden; folgende relevante Formen lassen sich unterscheiden:
° → Grd -- °    direktes Anblicken eines Gesprächspartners (hier: Gerhard)
° → > -- °    ins Leere blicken
° → \ -- °    vor sich hin blicken
° →/-- °    nach oben blicken
° → | -- °    an sich herunterblicken
° → (X) -- °    den Gegenstand X fixieren
etc. (ebd.)

b. Axionale Orientierung
Unter diesem Terminus verstehen wir die ‚Ausrichtung des Köpers auf den Gesprächspartner'; es handelt sich um ein komplexes, schwierig zu erfassendes Display; die Unterscheidung zwischen *Kopforientierung* und *Rumpforientierung* kann jedoch jeweils graphisch dargestellt werden.
    Folgende Formen der axionalen Orientierung lassen sich unterscheiden:
−    zentrale Orientierung (zur Mitte gewandt);
−    frontale Orientierung (einander zugewandt);
−    tangentiale Orientierung (halb zugewandt);
−    parallele Orientierung (in die gleiche Richtung gewandt);
−    ditangentiale Orientierung (aufeinander zu-, aber aneinander vorbei gewandt);
−    externe Orientierung (voneinander abgewandt). (ebd.)

Die Kopf- und Rumpforientierung kann durch Klein- und Großschreibung dargestellt werden: z.B.

°-z/Z-------°, °-f/F--------°, °-p/P-------°, °-b/B-------°, °-e/E--------°

Sogenannte kombinierte Orienterungen ließen sich durch entsprechende Kombinationen repräsentieren, etwa: °-t/Z----------° oder °-f/P-----------°. (vgl. ebd.) Ein konkreter Vorschlag, wie auf dieser Grundlage ein konsistentes System zur Beschreibung von Gesten aussehen kann, liegt mit Sager (2005) vor.

## 6.6 Ausblick

Der Fortschritt in der Beschreibung nichtverbalen Verhaltens auf der Basis detailliert dokumentierter Verhaltensabläufe ist bemerkenswert. Was ich in Dittmar (1971) in einem Beitrag zur damals jungen Disziplin der Soziolinguistik forderte, nämlich eine integrierte verbale und nonverbale Beschreibung, ist mit den multimedialen Möglichkeiten, derer sich Transkriptionen heute bedienen können, greifbar nahe gerückt (vgl. Bührig & Sager 2005).

Zur Einbeziehung nicht-verbalen Verhaltens in die soziolinguistische Forschung gibt es verschiedene Strategien. Erikson/Shultz (1982) verwendeten Experten als *Rater* (Kodierer) zur unmittelbaren Online-Beobachtung von Verhalten in der Interaktion. Sie notierten nach einem vorgegebenen Schema die Art der Bewegungen, die Kontaktnähe, den Blickkontakt etc. und kamen insgesamt zu einer Bewertung der Verlaufsdynamik als auch der Qualität des nichtverbalen Verhaltens. Dieses Vorgehen hat den Vorteil, dass unmittelbare Eindrücke der Interaktionssituation direkt und in Verbindung mit einem gewissen atmosphärischen Gefühl für die Interaktionssituation verbunden sind. Allerdings hat dieses Vorgehen den Nachteil, dass die einzelnen Beobachtungen eher ungenau und impressionistisch sind.

Die in diesem Kapitel vorgestellten Möglichkeiten der Transkription nichtverbalen Verhaltens fallen in drei Gruppen. Die eine Gruppe orientiert sich am verbalen Gesprächsverhalten mit redebegleitenden prosodischen, parasprachlichen und pragmatischen Signalen. Das Nonverbale bildet sozusagen die Hintergrundfolie, auf der sich die Interaktion abspielt. In dieser Gruppe von Kommunikationsforschungen genügt ein mehr oder weniger expliziter verbaler Kommentar zu auffälligen nichtverbalen Verhaltensweisen.

Eine zweite Gruppe hält das nichtverbale Verhalten für relevant, notiert jedoch das kontinuierliche nichtverbale Verhalten wahlweise nur an jenen Stellen des Diskurses/der Interaktion, bei denen bestimmte Gesten oder Züge des Blick-/Körperkontakts oder des Gesichtsausdrucks im Zusammenhang mit dem emotionalen oder Handlungscharakter der Äußerung besonders relevant sind. Selektiv zu dem verbalen Transkript werden dann in entsprechenden Zusatz- oder Kommentarzeilen Bildbelege für das Zusammengehen verbaler und nichtverbaler Verhaltensanteile repräsentiert. Prototypisch für dieses Vorgehen ist der Vorschlag von Kallmeyer/Schmitt (1996). Diese Konzeption geht von der ethnographischen Orientierung aus, dass bestimmte Passagen in Diskursen unter dem Gesichtspunkt ihrer qualitativen Relevanz die Bedeutung eines kommunikativen Stils ausmachen.

Die dritte Problemlösung ist auf dem Hintergrund differenzierter Einzelauswertungen nichtverbalen Verhaltens zu sehen. Sager (2001, 2005) schlägt hier ein relativ flächendeckendes Notationssystem vor, das jeder verbalen Äußerung (sofern diese genau abgrenzbar ist) bestimmte Displays des nichtverbalen Verhaltens (mehrere körperbezogene Bereiche) zuordnet. Soweit wir sehen, ist die Ausarbeitung von Systemen im Fluss. Sicher handelt es sich nicht um der Weisheit letzten Schluss, aber praktikable ganzheitliche Verfahren sind bereits in Sicht. Diese sicherlich extrem zeitaufwändige Transkription verbaler und nicht-verbaler Verhaltensanteile in der Synopsis einer Partiturfläche ermöglicht systematische Beschreibungen der Kookkurrenz von Anteilen verbaler Äußerungen und bestimmten mimischen, gestischen und körper(kontakt)bezogenen Verhaltensweisen, die sicher eine soziale Bedeutung und Rekurrenz aufweisen.

## 6.7 Aufgaben

1. Erstellen Sie sich selbst eine Videoaufzeichnung von einer Unterhaltungssendung mit Moderation, Gastgesprächen etc. (z.B. *Wetten, dass…*)
   Transkribieren Sie kleinere Ausschnitte wie die Anmoderationen von Beiträgen, Grußworte, Kommentare, Reaktionen von Moderatorseite im Wechsel von Worten und Publikumsbeifall nach Notationskonventionen der KA (siehe 6.2.2). Benutzen Sie die Notationskonventionen der KA und erfassen Sie die nonverbalen Momente der Ausschnitte!

2. Erstellen Sie sich selbst eine Videoaufzeichnung einer Talkshow.
   Transkribieren Sie einen kurzen Ausschnitt (2-4 Minuten) mit mindestens drei besonders lebhaft gegeneinander redenden Gesprächsteilnehmern so, dass gerade auch die nonverbalen Momente des Gesprächs erfasst sind.
   (a) Transkribieren Sie einmal nach den Konventionen von GAT und einmal nach HIAT.
   (b) Bilden Sie sich eine Meinung darüber, welches Verfahren (GAT oder HIAT) Ihnen leichter anzuwenden scheint, und begründen Sie diese. Vergleichen Sie z.B. die Notationen für Kopf- und Handbewegungen!
   (c) Welche der beiden NVK-Notationsarten erscheint Ihnen übersichtlicher, informativer, auswertungsgeeigneter? Begründen Sie Ihre Antwort.

3. Führen Sie die Transkription des in Abb. 6-1 dargestellten Ausschnittes weiter fort, indem Sie die Gestik (und möglicherweise auch die Mimik) mit den in der Interaktion geäußerten Worten in Verbindung bringen. Transkribieren Sie eine weitere Passage und nehmen Sie schematisch die Koppelung/Segmentierung der Worte in Korrespondenz zu Gestik und Mimik vor!

Versuchen Sie für den Zweck der Analyse verbalen und nichtverbalen Verhaltens im Zusammenhang des vom IPN in Kiel entwickelten Programms Videograph (http://www. ipn.uni-kiel.de/aktuell/videograph/htmStart.htm) anzuwenden, das digitalisierte Videos und Audios abzuspielen und auszuwerten (Videographieren) erlaubt. Vergleichen Sie die Unterschiede der beiden Notationsmöglichkeiten mit dem Vorschlag in Sager (2005).

4. Bedienen Sie sich erneut der für (1) oder (2) gemachten Videoaufnahme und lösen Sie bitte folgende Aufgaben:

(a) Wählen Sie bitte von zwei Personen je eine typische *Geste* aus und beschreiben Sie ihren jeweiligen ‚Signifikanzpunkt' im Rahmen ihrer ‚Bewegungskomposition' (vgl. 6.5 und Sager 2005).

(b) Beschreiben Sie den argumentativen Austausch zweier Gesprächspartner über einige wenige Sekunden hinweg in Bezug auf ‚Blickverhalten' und ‚Rumpforientierung' nach den ‚integrativen' Vorschlägen in Kapitel 6.5!

# 7. Die Arbeit mit Transkriptionen und die elektronische Datenverarbeitung

Wie wir in den vorhergehenden Kapiteln ausführlich dargelegt haben, ist es für die linguistische und kommunikationswissenschaftliche Arbeit ein ebenso mühsames wie unverzichtbares Geschäft, vor aller Auswertung von Datenmaterial dieses zunächst einmal – ganz allgemein gesprochen – zur Verfügung zu stellen. Dabei ist es keine Frage, dass man sozusagen mit Papier und Bleistift und einem Transkriptionssystem im Kopf loslaufen könnte, um, wie das in früherer Zeit unumgänglich war, sprachliche Daten für eine spätere Auswertung gleichsam zu Fuß schriftlich zu fixieren.

Im Zeitalter der Informationstechnologie will man jedoch möglichst große Anteile der Routinearbeit, die zum Geschäft der Linguisten/KommunikationsforscherInnen gehören, automatisieren und also von Computern, am besten von so genannten *Personal Computern* [PC], erledigen lassen.

In diesem Kapitel soll es also um den Computer und die Möglichkeiten seiner Verwendung als Hilfsmittel in der linguistischen Arbeit gehen.[1] Dabei werden nach einem ersten Überblick (7.1) der PC selbst (7.2) und auch das Internet (7.3) auf ihre Einsetzbarkeit hin betrachtet sowie dann konkret einzelne Computerprogramme vorgestellt (7.4), wie sie dem heutigen Stand der Hilfsmittel entsprechen. Den Abschluss dieses Kapitels bilden Hinweise (7.5) dazu, wie man sich hinsichtlich der vorgestellten wie auch neuer Hilfsmittel am einfachsten über den zukünftig je aktuellen Stand informieren kann.

---

1 In diesem Kapitel kann es nicht darum gehen, die meist recht ausführlichen Handbücher zur Bedienung von PC-Programmen zu ersetzen oder deren Lektüre gar überflüssig zu machen; es soll lediglich der Blick darauf gerichtet werden, dass es für die Arbeit des Transkribierens spezialisierte Programme und nützliche Angebote aus dem Bereich der EDV gibt.

## 7.1 Überblick zur Einsetzbarkeit von PCs

Machen wir uns zunächst einmal klar, für welche Arbeiten, für welche Teilschritte ein PC überhaupt zu Hilfe genommen werden kann. Jedem bekannt ist wohl die Möglichkeit, mittels PC Texte zu produzieren. Dazu werden Schreibprogramme, so genannte Textverarbeitungsprogramme gebraucht (etwas technischer *Texteditoren* genannt oder auch englisch *wordprocessor*). Weit verbreitet sind hier etwa die Programme *Starwriter*, *Wordperfekt* oder auch *Winword*. Jedes dieser Textverarbeitungsprogramme hat seine Vor- und seine Nachteile[2] und so finden sie unterschiedlichen Einsatz.

PCs können aber für eine Reihe anderer Aufgaben ebenfalls eingesetzt werden als da sind die Speicherung von Daten, das Transkribieren unter Berücksichtigung linguistischer Anforderungen an Notation und Lesbarkeit, das so genannte *Alignment* von Text und Ton bzw. auch Text und Bild und/oder Film, die Analyse von Daten (neben dem Transkribieren sicher ein Schwergewicht des Computereinsatzes), ihre Präsentation in Vorträgen, der Austausch von Daten zwecks Kooperation unter wissenschaftlich Tätigen und nicht zuletzt auch zur Konvertierung von Daten in verschiedene Formate, seien es Transkriptions- oder Dateiformate[3].

---

2   Textverarbeitungsprogramme bieten eine ganze Reihe von Arbeitserleichterungen bei der Erstellung von Texten, die gerade auch beim Transkribieren gute Dienste leisten. Da das Transkribieren sich häufig wiederholende Arbeitsschritte und Eintragungen bedingt, sind Formatvorlagen (für voreingestelltes Zeichen-, Absatz-, Dokumentlayout), Textbausteine (für wiederkehrende Textstücke wie z.B. Sprechersiglen) und auch so genannte Makrobefehle (für ganze programmierbare Arbeitsabläufe mit Such-, Zähl- und sonstigen Funktionen) sehr nützliche Hilfen für diese Arbeit. (Siehe in diesem Zusammenhang z.B. das Angebot von Prof. Dr. Brünner, Dortmund: <http://mail.edo.uni-dortmund.de/~bruenner/RITT.html>)

3   Der Unterschied zwischen ‚Transkriptionsformat‘ und ‚Dateiformat‘ liegt zunächst einmal in der Betrachtungsebene. Die verschiedenen Transkriptionsformate sind in den vorigen Kapiteln vorgestellt worden; es sind die Formate der Textebene, also die verschiedenen Notationsweisen für Pausen, Überlappungen etc. im schriftlich fixierten Ausschnitt gesprochener Sprache. Unter ‚Dateiformat‘ versteht man die Art und Weise, wie die Daten kodiert werden müssen, so dass ein PC sie verarbeiten kann. Bekannte Dateiformate sind etwa die mit den so genannten Erweiterungen der Dateinamen (die drei Buchstaben hinter dem Punkt zum Ende eines Dateinamens) angezeigten Formate *txt* oder auch *mp3* – das erstere ganz allgemein für Textdateien, das zweite für nach einem bestimmten Verfahren komprimierte Sounddateien, wie sie nicht zuletzt unter Musikfreunden beliebt und entsprechend verbreitet sind (zu Dateiformaten vergleiche auch weiter unten Kap. 7.2.2).

## 7.2 Der PC als Hilfsmittel

Für die typischen Arbeiten an sprachlichem Material kann im Prinzip jeder handelsübliche PC benutzt werden. Dies gilt für DOS-basierte Windows-Rechner genauso wie für die Rechner von *Apple MacIntosh*. Es ist für den Umgang mit Tondateien lediglich darauf zu achten, dass eine Soundkarte installiert ist, was im Grunde für jeden neueren PC vorausgesetzt werden kann. Lediglich hinsichtlich des Speicherplatzes muss man sich eventuell über eine Sonderausstattung Gedanken machen.

### 7.2.1 Speicherung von Daten

Das ursprüngliche Problem einer Beschreibung der gesprochenen Sprache (vgl. Kap. 2), die Fixierung des gesprochenen Wortes so, dass es eben in wissenschaftlichem Interesse untersucht werden kann, kann mit technischen Hilfsmitteln wie Ton- oder auch Bildaufzeichnungsgeräten zu einem großen Teil gelöst werden. Der Computer kommt erst dann zum Einsatz, wenn die eigentliche Aufzeichnung gesprochener Sprache bereits geschehen ist (vgl. Kap. 3), wenn es im Anschluss an die Aufzeichnung nämlich darum geht, die bereits festgehaltenen Daten so aufzubereiten, dass sie weiterverarbeitet werden können.

Mit der kostengünstigen Verfügbarkeit großer Festplatten für PCs wie auch von Brennern für *Compact Discs* [CDs], DVDs[4] und Blue-Ray-Discs ist das Problem der Konservierung von Daten im Grunde gelöst. Das Problem heute ist es weniger, große Datenmengen zu bekommen bzw. zu (er-)halten, als vielmehr sie soweit sinnvoll zu reduzieren, dass sie handhabbar werden.[5]

---

4    DVD steht für ‚Digital Versatile Disc‘ (versatile = vielseitig), und DVDs sind die Nachfolger der heute noch allerorten verwendeten CDs (ausgelegt als abspielbare Audio-CDs oder computerlesbare CD-R bzw. CD-R/W). Der Unterschied zwischen CD und DVD liegt für den Anwender einfach in der deutlichen Erweiterung der Speicherkapazität; eine CD faßt eine Datenmenge von etwa 650 Megabyte [MB], eine DVD kann je nach Nutzungsverfahren (Ein- oder Zwei-Schichten-Nutzung und ein- oder gar beidseitige Nutzung) von 4,5 bis zu über 16 Gigabyte [GB] an Daten jeder Art fassen. Kein anderes leicht austauschbares Speichermedium für PCs stellt bisher einen vergleichbar großen Speicherplatz in Aussicht. (Zur Veranschaulichung: Die 650 MB einer CD reichen aus, um den Ton eines einstündigen Gesprächs oder Interviews möglichst naturgetreu digital zu speichern.)

5    Die Handhabbarkeit von Daten hängt dabei nicht wenig vom Ordnungsprinzip ab, nach dem sie abgelegt und etikettiert werden. Ähnlich einer Bibliothek mit thematischen Räumen und Buchsiglen, so sollte man auch Sprachdaten möglichst auffindbar ablegen, d.h. man sollte sich ein die Datenmenge sowohl arbeitspraktisch als auch aussagekräftig strukturierendes Prinzip überlegen, nach dem man Verzeichnisse und auch Dateien benennt; dazu können formale Merkmale wie Zeit- und oder Intervallangaben bei Langzeitstudien oder auch inhaltliche Hinweise auf sprachliche Aufga-

## 7.2.2 Dateiformate für Tonmaterial

Linguistisches Sprachmaterial ist – wo es für eine Öffentlichkeit verfügbar gehalten wird – im Allgemeinen nicht als Ton- oder Bildmaterial angeboten, sondern liegt meist in transkribierter Form vor. Wenn man aber die Möglichkeit hat, Tonmaterial zu bekommen, oder wenn man für linguistische Untersuchungen selbst akustisches Sprachmaterial sammelt, dann empfiehlt es sich, die Unterschiede in den verschiedenen Dateiformaten für Tondateien zu beachten.

Dies gilt – nebenbei bemerkt – bereits hinsichtlich der Wahl des Aufnahmeinstruments. Das beste Aufzeichnungsergebnis erbringen Aufnahmen mit digitalen Bandgeräten (DAT-Recordern). Diese sind vom Frequenzbereich deutlich umfangreicher als die mit Komprimierungsverfahren arbeitenden digitalen Aufzeichnungsgeräte für Minidiscs (MD-Recorder). Letztere sind aber in jedem Falle den im vorigen Jahrhundert noch üblichen Aufnahmen mittels Musikcassetten [MC] vorzuziehen, die in ihrer Tonqualität weit hinter digitalen Aufnahmen zurückbleiben.

Ein für die Speicherung von Musikdateien (vor allem auch im Zusammenhang mit Datentransfers per Internet) heute weit verbreitetes Format ist das von der Fraunhofer Gesellschaft erarbeitete mittels des Audiokodierverfahrens MPEG Layer-3 erzeugte Format *MP3*.[6] Es macht sich Erkenntnisse aus der Psychoakustik zunutze, die hinsichtlich der Eigenschaften des menschlichen Gehörs zwischen solchen Anteilen der Akustik-Frequenzen unterscheidet, die oberhalb und solchen, die unterhalb der so genannten Mithörschwelle liegen. Letztere werden nicht bewusst wahrgenommen und können zwecks Reduzierung des Datenumfangs bei der Speicherung von Tönen deshalb ausgesondert werden. Der Vorteil liegt auf der Hand: Man braucht wesentlich weniger Platz für die Speicherung derart reduzierter Tondateien.

Das auf DOS-Computern mit der Benutzeroberfläche *Windows* vorinstalliert verwendbare Audioformat *wave* (Dateierweiterung *wav*) braucht wesentlich mehr Speicherplatz für aufgezeichneten Ton als das Format *mp3*; für einen einminütigen Gesprächsausschnitt kann das der Unterschied zwischen 12 MB und 1 MB Speicherplatz sein (und der Unterschied auch in jeweils entsprechender Transferzeit im Internet!). Bei einem Umfang für gesammel-

---

ben, Gesprächstypen usw. dienen, das hängt vom jeweiligen Kontext und den Arbeitsinteressen ab. Zu beachten ist dabei, dass ältere Programme Restriktionen hinsichtlich der Vergabe von Dateinamen mit sich bringen.

6   Die Entwicklung des Verfahrens begann in den 80er Jahren an der Friedrich-Alexander-Universität in Erlangen und wurde ab 1987 am Fraunhofer-Institut in Erlangen weitergeführt, das seine Arbeit schließlich standardsetzend in die Moving Pictures Expert Group, kurz MPEG genannt, einbrachte. Diese Entwicklung der Tondatenkomprimierung schreitet unaufhaltsam fort und ist mit dem zur Drucklegung noch relativ neuen Advanced Audio Coding, kurz AAC, zu einem Komprimierungsgrad von 1: 16 vorgedrungen.

tes Sprachmaterial von z.B. 100 Gesprächen à mindestens 30 Minuten Dauer, wie es für linguistische Studien keine Seltenheit ist, ist die Komprimierung also ein unschätzbarer Vorteil.

Dieser Vorteil des Formats *mp3* wird aber für linguistische Untersuchungen speziell im Bereich der Phonetik und der Prosodie zu einem Nachteil. Da ein Teil der in der Realität vorhandenen akustischen Frequenzen durch das Kompromierungsverfahren sozusagen abgeschnitten wird, können optische Darstellungen des Frequenzverlaufs gesprochener Sprache samt Tonhöhen, Pausen und Akzentsetzung kein naturgetreues Bild liefern. Für die Arbeit mit dem Analyse-Programm PRAAT (s. 7.4.4) z.B. sind Tondateien im Format *mp3* deshalb weniger geeignet als solche im nicht-komprimierenden und damit weit umfangreicheren Format *wave*.

Spätestens also, wenn eine gegebene linguistische Zielsetzung die Untersuchung der phonetischen Seite der gesprochenen Sprache nötig macht, wenn Akzent, Intonationseinflüsse von Überlappungen, Tonhöhenverläufe, sprich: auch prosodische Elemente untersucht werden sollen, empfiehlt sich die Arbeit mit *wave*-Dateien. Und damit ist dann auch klar, dass es eines entsprechend großdimensionierten Speichermediums wie etwa eines CD-Brenners bedarf und einer Festplatte, die groß genug ist, neben dem Betriebssystem samt Benutzeroberfläche, neben aller Software und sonstigem Datenmaterial mindestens immer auch eine ganze Tondatei aufzunehmen.[7]

Solche umfangreichen, unkomprimierten Tondateien wird man wohl aber nicht aus dem Internet bekommen, da der Platzbedarf wie auch vor allem die Zeiten für etwaige Datentransfers durch das Internet schlicht zu enorm wären.

## 7.3 Internet – Markt der Ideen und Projekte

Das Internet ist nichtsdestoweniger eine nicht zu unterschätzende Quelle der Unterstützung für die diskurslinguistische Arbeit. Eine große Zahl linguistischer Projekte zur gesprochenen Sprache stellt sich mit Samples, also Beispielen aus ihren Korpora, und per Homepage vor und nennt Ansprechpartner für weiteres Nachfragen. Es gibt Mailinglisten zu verschiedenen linguistischen Fragestellungen, und es wird auch eine erkleckliche Anzahl an Computerprogrammen im Internet zum Download angeboten.[8]

Als Beispiele für im Internet zu findendes Material sollen hier nur die Angebote des *Instituts für Deutsche Sprache in Mannheim* [IDS, <http://

---

7    Es ist aus Gründen der vergleichsweise langen Zugriffszeiten auf CDs davon abzuraten, eine Datei direkt von einer CD aus zu bearbeiten. Man sollte die zu bearbeitenden Tondateien auf einer in jedem Falle schneller arbeitenden Festplatte gespeichert haben.

8    Für Hinweise, wie man die aktuellen Internetadressen finden kann, siehe Kap. 7.5.

www.ids-mannheim.de/>] genannt werden und das *Child Language Data Exchange System* [CHILDES, <http://childes.psy.cmu.edu/>].

Das IDS unterhält neben einer Vielzahl anderer Projekte das DEUTSCHE SPRACHARCHIV, die größte Sammlung von Tondokumenten der gesprochenen deutschen Sprache überhaupt, aus dem sowohl Tondokumente als auch Transkripte gegen eine Gebühr bestellt werden können. Zudem stellt das IDS mit COSMAS eine öffentlich zugängliche Datenbank mit einer Sammlung transkribierter Texte gesprochener Sprache für Recherchen vor Ort im Mannheimer Institut wie auch für eine Recherche in zumindest einem Teil der Datenbank per anonymem und kostenfreiem online-Zugang über das Internet zur Verfügung (siehe *Internetadressen* im Anhang).

Auch im Projekt CHILDES kommen viele verschiedene Stränge zusammen, die für die linguistische Arbeit an der gesprochenen Sprache benötigt werden und hilfreich sind. Das Projekt ist – wie der Name es schon sagt – zunächst einmal auf die Erforschung des Erstspracherwerbs, also des Spracherwerbs von Kindern, bezogen. Es bietet neben einer sehr umfangreichen Bibliographie zur Erstspracherwerbsforschung u.a. auch Korpora aus verschiedenen Sprachen (darunter auch ein deutsches Korpus[9]), und es bietet sowohl ein System zur Transkription gesprochener Sprache jeder Art (S. 5.8) als auch eine mächtige Software, die sowohl als Transkriptionshilfe wie auch als Analyseprogramm dienen kann; diese wird weiter unten vorgestellt (s. 7.4.1).

Zum Internet sind außer solchen Angeboten und den thematisch einschlägigen sogenannten Mailinglisten und Diskussionsforen noch Möglichkeiten ganz anderer Art zu erwähnen. Gemeint ist das kostenfreie Angebot an zum Teil großzügig bemessenem Speicherplatz für Daten, die man entweder nur für sich selbst oder aber auch für den weltweit freien Zugriff durch jedwede Öffentlichkeit per Internet ‚ins Netz stellen' möchte. Unter der Bezeichnung *GeoCities* – um nur ein Beispiel zu nennen – wird ein solcher Service von *yahoo!Inc.* angeboten; dort wird Speicherplatz kostenfrei jedem zur Verfügung gestellt, der ihn für sich per kurzer Anmeldung sozusagen beantragt. ‚Uploads' wie auch ‚Downloads' erfolgen über den so genannten *fieldmanager*, der auf der Internetseite des Dienstes per Mausklick einfach aufgerufen werden kann.

Für die Belange des Transkribierens selbst aber sind jene Programme das wichtigste, die die Arbeit des Transkribierens erleichtern sollen und für eine automatisierte Analyse Hilfestellung bieten. Eine Auswahl der gebräuchlichsten und verbreitetsten Programme für die Standardaufgaben, die mit Hilfe

---

9    Es handelt sich um eine Langzeitstudie aus den 70er Jahren über anderthalbjährige Zwillinge und deren jüngere Schwester, deren Reden man während eines Zeitraums von etwa einem Jahr in ihrem Zuhause, also in natürlicher, freier Umgebung auf Tonbänder aufgezeichnet hat (s. Clahsen 1982).

des PCs erledigt werden können, soll im nun folgenden Kapitel vorgestellt werden.

## 7.4 Computerprogramme für das Erstellen und die Analyse von Transkripten[10]

Als erstes muss man im Zusammenhang der Vorstellung solcher Software, die das Transkribieren erleichtern soll, darauf hinweisen, dass nicht alles, was im Internet auf diesem Gebiete angeboten wird, WissenschaftlerInnen oder Studierenden auch kostenfrei zur Verfügung steht. Man muss schon zwischen so genannter Freeware einerseits und kommerziellen Unternehmungen andererseits unterscheiden bzw. solchen Projekten, die ihre Entwicklungskosten zumindest teilweise durch Lizenzgebühren wieder einbringen sollen. Ihre freie Verfügbarkeit (und das meint auch die kostenfreie Verfügbarkeit) ist aber sicher u.a. eine gewichtige Ursache für die Verbreitung einer Software (und in der Folge davon dann auch für die Verbreitung eines mit ihr weiter verarbeitbaren Transkriptionsformates).

### 7.4.1 CHILDES und das Programm CLAN

Im Rahmen des bereits vorgestellten und hier mehrfach erwähnten weit ausgearbeiteten Projektes CHILDES wird u.a. die Software CLAN, Akronym für *child language analysis*, angeboten. Sie steht für sowohl *Windows*- als auch *Apple*-Rechner kostenfrei jedermann zum Download im Internet zur Verfügung. Zu dem Programm gibt es ein sehr umfangreiches und detailliertes Handbuch[11] in englischer Sprache, das als *pdf*-Datei ebenfalls zum freien Download auf der Hauptseite von CHILDES zu finden ist.[12]

Da man sich dort ausführlich über die einzelnen Schritte im Umgang mit dem Programm informieren kann und eine ausführliche Darstellung den Rahmen des hier vorliegenden Leitfadens sprengen müsste, sollen hier lediglich einige Ausblicke auf die Verwendbarkeit des Programmes gegeben werden.[13]

---

10 Im Anhang finden Sie die einschlägigen Internatadressen zu den hier genannten Programmen.

11 Ebenfalls in englischer Sprache wird übrigens auch das Transkriptionssystem CHAT in einem eigenen Handbuch sehr detailliert dargetan.

12 *pdf* steht für *portable document format*, was soviel bedeutet wie die Benutzbarkeit dieses Dateiformates auf den verschiedensten Rechnerplattformen. Das Programm *Acrobat Reader*, welches zum Lesen der *pdf*-Dateien benötigt wird, kann kostenlos aus dem Internet bezogen werden.

13 Ebenfalls aus Platzgründen wird hier auf *Screenshots* verzichtet.

Zum einen dient das Programm als Eingabe- bzw. Erstellungshilfe für Transkriptionen im Format CHAT, das weiter oben bereits ausführlich dargestellt worden ist. Es gibt für dieses Transkriptionsformat, wie bereits erwähnt, gerade im Hinblick auf die Auswertbarkeit der Sprachdaten mittels PC strenge, unhintergehbare Vorschriften für die Struktur der Transkripte. CLAN bietet als Editor-Programm für CHAT-Transkripte eine sehr einfach zu bedienende Hilfe, zunächst die obligatorischen Angaben und typischen so genannten *Headers* (vgl. 5.8) einzutragen und mit den nötigen Rahmendaten zu einer Transkription zu füllen. Des weiteren stellt es über die Eintragungen bei der Erstellung neuer Transkriptionen Routinen (vergleichbar den Makrobefehlen einfacher Textverarbeitungsprogramme) für die immer wiederkehrenden genormten Zeilenanfänge zur Verfügung, die per Mausklick abgerufen werden können, so dass das Transkribieren von ständig wiederholtem Tippen des ewig Gleichen entlastet wird.

Getreu der Maxime, dass Sprache grundsätzlich den drei Anforderungen zu genügen habe, so klar, so verständlich und so einfach wie möglich zu sein[14], verlangt auch CHAT Eindeutigkeit in der Verwendung von Notation und Kodierung; in der Festlegung der Komplexität des kodierten Transkripts ist natürlich die Lesbarkeit ein Kriterium der Auswahl aus den Möglichkeiten, die CHAT bietet.[15] Hinsichtlich des dritten Moments, der Einfachheit in der Produktion eines Transkriptes, bietet nun CLAN eine wichtige Funktion als Hilfe an. Sie liegt in der Möglichkeit, ein Transkript nach der Fertigstellung auf seine korrekte Form hin checken zu lassen und (mehr noch) sich jede vom Programm als fehlerhaft transkribierte (bzw. technisch [!] falsch kodierte) Textstelle anzeigen und identifizieren zu lassen.

Hat man dann ein für CLAN akzeptables, per *check of correctness* sozusagen akkreditiertes Transkript, so kann der nächste Schritt erfolgen, die Analyse.

Die Analyse umfasst mindestens zwei systematisch zu unterscheidende Schritte, nämlich das Kodieren des Transkriptes und die Auswertung dieser Kodierung. Diese ein wenig feine Unterscheidung ist deshalb wichtig, weil sie eines deutlich macht: Die Kodierung innerhalb eines Transkriptes geht über das eigentliche, bloße Transkribieren hinaus und stellt bereits eine Interpretation, eine formale Beurteilung der je transkribierten Rede dar. Während das Transkript selbst nicht mehr und nicht weniger ist als der Versuch,

---

14  MacWhinney verweist in seinem CHAT-Handbuch in diesem Zusammenhang auf Slobin (1977).

15  CHAT bietet für nahezu alle linguistischen Belange und Interessen Kodierungsmöglichkeiten, sei es die Morphologie, die Prosodie, die Phonetik, die Umschreibung fremdsprachiger Anteile in der Rede usw. Es macht aber selbstverständlich kaum Sinn, eine Transkription herstellen zu wollen, die am Ende sozusagen alles und jedes Moment in aller möglichen Kodierung enthält. Ein solches Transkript wäre nahezu unlesbar und wäre einer linguistischen Arbeit im wahren Sinne des Wortes schlicht nicht angemessen.

für das authentische Kommunikationsereignis (sozusagen *parole online*) wie sie ‚in der Wirklichkeit‘ mittels Ton- oder Bildaufzeichnung festgehalten werden konnte, ein schriftliches Abbild zu schaffen, ist das Transkript mit einer Kodierung zu versehen, also ein dem Transkribieren systematisch nachgeordneter Schritt, der in der Praxis allerdings in bestimmten Fällen durchaus mit dem ersten der Tätigkeit des Transkribierens verwoben sein kann. In der Benutzung von CLAN wird hier mittels so genannter Eingabemodi klar unterschieden zwischen z.b. dem CHAT-Modus für die Erstellung eines Basistranskripts im Format CHAT und dem Kodiermodus, dem Modus für die Eingabe aller für eine Auswertung nötigen Kodierungen.

Diese kann je nach linguistischer Zielsetzung auf phonetische oder morphologische Aspekte abzielen, auf lexikalische, lernersprachliche Analysen oder solche der Zeitrelationen zwischen Äußerungen, auf Sprechakte oder auch auf die Notation nonverbaler Phänomene der Rede. Klar ist, dass alles, was per CLAN gezählt und statistisch ausgewertet werden soll, vorher für CLAN kodiert worden sein muss. Automatische Analysen, wie sie CLAN bietet, unterliegen einem unhintergehbaren Prinzip: Was nicht kodiert ist, das kann auch nicht gefunden werden. Anders ausgedrückt: Es muss jedes einzelne Vorkommen einer wie auch immer angesetzen linguistischen Einheit oder eines linguistischen Momentes identifiziert und dann indiziert, also per Kode, benannt (kodiert) werden, bevor CLAN dann als Analyseprogramm strukturelle Aussagen über die Gesamtheit der Vorkommen des sprachlichen Phänomenbereichs und die Erklärung distributioneller Verhältnisse Aussagen machen kann.

Das Transkriptionssystem CHAT und das Analyseprogramm CLAN sind hinsichtlich dieser Kodierung in mehrfacher Hinsicht flexibel. Zum einen bieten sie, wie angesprochen, für die Phänomene auf den verschiedenen linguistischen Ebenen Standard-Kodierungen an. Zum anderen aber besteht auch die Möglichkeit, innerhalb von CLAN neue Kodierungen für je eigene Belange neu zu definieren und das Programm auf diese Weise individuell an jedwede Transkriptionsziele anzupassen. Die speziellen Kodierungs- und Notationsdefinitionen sind dann den Transkriptionen als eigene Datei jeweils beizulegen, damit jeder spätere Nutzer (Leser, Auswerter) der so individuell erstellten Transkriptionen um die Eigenarten des besonderen Transkriptes weiß und sein eigenes Programm CLAN darauf einstellen kann.

CHAT hat sich nicht zuletzt wegen dieser Flexibilität im Transkriptionssystem und der dazu passenden (auch dazu noch kostenfrei zur Verfügung stehenden) Software CLAN sehr weit durchgesetzt. Außerdem wird das System CHILDES immer weiter ausgebaut und auf dem Stand der neuesten Forschung und ihrer Anforderungen gehalten.[16] Eines allerdings bieten CHAT und CLAN nicht, was in der linguistischen Forschung zur gesprochenen

---

16 Audioverlinkungen von Transkriptionen sind mittlerweile genauso möglich wie sogar die Verknüpfung eines Transkriptes mit Videoaufzeichnungen.

Sprache aber in vielen Fällen verlangt wird: CHAT und CLAN bieten keine Partiturtranskription an.[17]


### 7.4.2 Das Programm HIAT-DOS

Die Partiturschreibweise ist eine besondere Spezialität derjenigen Programme, die mit dem System für *H*alb*I*nterpretative *A*rbeits*T*ranskriptionen (vgl. 5.4, kurz HIAT), verbunden mit und als Eingabehilfe für die Erstellung solcher Transkriptionen, entstanden sind.

Gebräuchlich ist heute nur noch das Verfahren HIAT-DOS, das auf Apple MacIntosh Rechnern läuft (siehe <http://www.ehlich-berlin.de/HIAT/ #HIAT/>). Dieses Programm wird zwar noch in Untersuchungen, die seit langem mit bestimmten Korpora laufen, benutzt, ist aber in der derzeitigen Form nicht zukunftsfähig. Die Arbeit mit diesem Programm wird unter dem Link → Buch Transkription, 7.4.2, auf meiner Hompepage <http://personal. geisteswissenschaften.fu-berlin.de/nordit> dargestellt.


### 7.4.3 EXMARaLDA

Ein neueres Projekt, das für die Partiturschreibweise einen modernen, komfortablen Editor bietet, ist EXMARaLDA – ein System[18] zur Diskurstranskription und Diskursannotation mittels Computer, das wegweisend ein neues Konzept in die EDV-gestützte linguistische Transkriptionsarbeit einbringt. Dieses System macht sich die Einsicht[19] zunutze, dass das Transkribieren und Kodieren im Zeitalter der Rechnerbenutzung nicht mehr an das gewohnte (Buch-)Format der Verschriftlichung aus vergangenen Tagen gebunden ist. Transkribierter Text kann vielmehr auf der Grundlage des Dateifor-

---

17   Zwar wird die Partiturschreibweise in Ansätzen durch teilweises Leerlassen von Sprecherzeilen nachahmbar, doch funktioniert diese Verfahrensweise bei etwas längeren Redebeiträgen nicht, da die Transkriptionsweise von CHAT und damit die Leseweise von CLAN auf der Basis ganzer Äußerungen konstruiert ist. Konkret heißt das, neue Sprecherzeilen sind immer erst nach dem Ende einer Äußerung zugelassen, so dass mehrzeiliger Text, einer Sprechersigle zugeordnet, prinzipiell nicht vermeidbar ist. Der fließende Zeilenübergang der Partiturschreibweise, die beliebig lange Sprecherzeilen zulässt, ist schlicht nicht gegeben.

18   Eine ausführliche Darstellung des Systems EXMARaLDA von Thomas Schmidt findet sich als pdf-Datei im Internet bzw. veröffentlicht als Schmidt (2001), siehe auch <http://www.rrz.uni-hamburg.de/SFB358/>, Deppermann & Schütte 2008: 3.4.1 mit aktuellen Angaben sowie „Internetadressen" im Anhang.

19   Vgl. Schmidt (2002b: 5)

mats XML[20] (kurz für *Extensible Markup Language*) so gestaltet werden, dass er letztlich zunächst unabhängig vom Transkriptionssystem bzw. -format zusammengestellt bzw. erstellt und dann in jedem beliebigen Transkriptionssystem dargestellt (ausgedruckt, angezeigt) werden kann. Die Bezeichnung EXMARaLDA steht für *Extensible Markup Language for Discourse Annotation* und wird als Teil eines Projektes am Sonderforschungsbereich „Mehrsprachigkeit" in Hamburg, dessen Ziel die Erstellung einer mehrsprachigen Diskursdatenbank ist, von Thomas Schmidt entwickelt und weiter ausgebaut. Geplant sind ‚Werkzeuge' *(tools)* für eine komfortable Anfertigung von Transkriptionen wie auch die Annotierung der Sprachdaten und die Anbindung an Datenbanken. Die Flexibilität dieses Systems zeigt sich heute schon zum einen darin, dass es auf der Basis aller üblichen Betriebssysteme genutzt werden kann, egal ob Linux, Apple oder DOS bzw. Windows. EXMARaLDA erscheint zudem für jedes dieser Systeme im vertrauten Design. Diese Felxibilität zeigt sich außerdem in der leichten Handhabung der hinsichtlich Schriftart, -größe und -farbe frei gestaltbaren äußeren Darstellung des Outputs wie auch der verschiedenen Dateiformate, in die sich in EXMARaLDA produzierte Transkripte exportieren (ausgeben) lassen. Neben dem direkten Ausdrucken von Transkripten an einem Drucker ist es möglich, Dateien im Format *rtf* wie auch als Endlospartitur im Format *html* zu erstellen. Die *rtf*-Dateien könne dann (mit entsprechendem Seitenumbruch) in üblichen Textverarbeitungsprogrammen dargestellt und weiter verarbeitet werden; die *html*-formatierten Texte sind z.B. in Internetbrowsern darstellbar.

Die Transkriptionen in EXMARaLDA werden mit der Festlegung der Metadaten über Ort, Zeit, Bearbeiter usw. begonnen (siehe für ein vollständiges Beispiel Deppermann & Schütte 2008: 185). Dann werden die am zu transkribierenden Diskurs beteiligten Sprecher bestimmt und ihnen u.a. Sprechersiglen zugeordnet. Schließlich sind unter diesen dann Zeilen (Spuren genannt) zu definieren für die Eintragung der Redebeiträge einerseits und jede Art zusätzlicher Informationen andererseits, seien es Übersetzungen, nonver-

---

20 EXMARaLDA stützt sich auf die Standards UNICODE und XML sowie auf die objektorientierte Programmiersprache JAVA der Computerfirma SUN. Die moderne Programmierung in JAVA bietet sich an, da so erstellte Anwendungen in allen gängigen Betriebssystemen (Linux, Macintosh, Windows, Unix etc.) funktionieren. UNICODE ist der moderne Standard für die Generierung von Computerzeichen. Der alte Standard (ASCII) war auf 256 Zeichen beschränkt, UNICODE umfasst 65536 Zeichen und deckt so einen Großteil der Schriftsysteme, einschließlich z.B. IPA, ab und lässt zudem noch Freiraum für spezielle Benutzerdefinitionen. XML schließlich ist ein Dateiformat, mit dem man flexibel das Erscheinungsbild vorstrukturierter Daten einrichten kann. Dieser Standard für Computerdateien unterscheidet sozusagen zwischen Form und Inhalt der Daten und ermöglicht es, mittels so genannter DTDs (*Document-Type-Definition*), die Daten aus einer Datei in verschiedener Form darzustellen; ein XML-Dokument enthält Daten, die in bestimmter Weise strukturiert sind, und deren Struktur gemäß mitzuliefernder DTDs schließlich in verschiedenste Darstellungen (etwa in verschiedene Transkriptionssysteme) überführt wird.

bale Aspekte der Kommunikation, Nebenhandlungen, Annotationen oder Kommentare jedweder Art oder auch Verlinkungen mit Mediendateien (Ton, Video). All dies geschieht jeweils per Klick und direkter Eintragung in einem übersichtlichen Menü, wie man es von Textverarbeitungsprogrammen her kennt. Die Eintragungen in den Spuren sind unter einer Zeitachse in ‚Ereignisse' eingeteilt und einander so zugeordnet, dass simultane Ereignisse (z.B. Überlappungen in der Rede) auch erfasst sind.

Da die Unterstützung der Transkriptionstätigkeit durch Programme, die das Abspielen, Aufarbeiten, Konvertieren und Sortieren von Audiomaterial erleichtern, immer wichtiger wird, haben sich die Arbeiten an dem Programm EXMERaLDA in den letzten Jahren vor allem auf „die Anbindung an eine oder mehrere Datenbanken" (Verknüpfung der Transkription mit Metadaten) sowie auf „die Entwicklung benutzerfreundlicher Tools zum Anfertigen von Transkriptioen und [das] Hinzufügen von Annotationen" (Schmidt) konzentriert. Das Konzept von EXMERaLDA, das auf das Annotationsmodell von Bird and Liberman (2001) zurückgeht, ist ja besonders gut dafür geeignet, den Austausch von Transkripten mit anderen Editoren/Editionswerkzeugen wie PRAAT, ELAN[21] oder den TASX Annotator zu unterstützen. Konkret heisst das, dass Transkripte in anderen Sprachen mit einer Wort-für-Wort- und einer übertragenen Übersetzung (transparente Wiedergabe der grammatischen Prinzipien vs. angemessene Bedeutungswidergabe) annotiert werden können. (In diesem Sinn unterstützt EXMERaLDA ja den Gebrauch weitverbreiteter Transkriptionssysteme wie GAT, KA, HIAT ....). Die folgenden Beispiele (6), (7) und (8) aus Deppermann & Schütte (2008: 199) zeigen, wie Zeitmarken für die Synchronisation von „sound files" gesetzt werden können (Abb. 7.1) und wie der „screenshot" des EXMERaLDA Partitureditors arbeitet (Graphik 7.2).

Einen autodidaktischen Kurs für die Einrichtung von EXMERaLDA auf Ihrem PC finden Sie unter dem Stichwort *<Transkribieren mit EXMARaLDA – eine Enführung (mit Videos)>* auf der HP des Autors *<http://personal. geisteswissenschaften.fu-berlin.de/nordit>*. Sie lernen, wie im EXMARaLDA Format eine Roh-Transkription in GAT angefertigt werden kann. Das Passwort für den Online-Kurs EXMARaLDA erhalten Sie direkt von dem Autor (nordit@ zedat.fu-berlin.de ) oder der Verfasserin des Kurses, <Victoria@Viererbe. de>. Das System EXMARaLDA leistet gute Dienste schon in der derzeitigen Form, ist aber – wie es Thomas Schmidt in seinem Handbuch ausdrücklich anmerkt – „work in progress". Wer sich für das Transkribieren mit Hilfe von Rechnern interessiert, dem sei hier wärmstens empfohlen, die EXMARaLDA-Seiten von Thomas Schmidt im Internet immer mal wieder aufzusuchen!

---

21  Ein Handbuch für den Editor ELAN kann man unter <http://www.lat-mpi.eu/tools/ elan/> herunterladen. Eine Kurzdarstellung von ELAN findet sich in Deppermann & Schütte (2008: 201-203); den Ausschnitt dieser Darstellung von ELAN finden Sie auf meiner Homepage als Ergänzung zu Kap. 7 (<http://personal.geisteswissenschaften.fu-berlin.de/nordit>).

*Abb. 7-1:* Transkript im RTF-Format des EXMARaLDA Partitureditors mit Zeitmarken

[6]

| | 14 [15.2] | 15 [16.7] | 16 [17.3] |
|---|---|---|---|
| **Frank:** | <<len, h> den is <<f> ultragEIl,> (.) aldär, (.) | | den hab isch schon gesä:hn |
| **ÜB** | <<len, h> this is <<f> ultra fucking A,> (.) oldster, (.) | | this have I already seen LAST |
| *ÜB* | This is ultra fucking, | man! | I've seen this already last |

[7]

| | .. | 17 [18.3] | 18 [19.3] | 19 [20.4] | 20 [21.0] |
|---|---|---|---|---|---|
| **Frank:** | LETZte | ja::hr, (.) hey aldär.> (.) | | ta:m TSCHU cki aldär. (.) | |
| **ÜB** | | year, (.) ay oldster.> (.) | | ri:ght FINE | oldster. (.) <<p> |
| *ÜB* | | year, ey man! | | Right. Fine, | man. |
| **Denis:** | | TA::M ey:: | total TA::M. (.) | ta::m (ha:h.) | |
| **ÜB** | | ri::ght ay::, | totally RI::GHT. (.) | ri::ght (hu:h.) | |
| *ÜB* | | Right, ay. | Totally right. | Right. | |

[8]

| | .. | 21 [21.8] | 22 [23.5] |
|---|---|---|---|
| **Frank:** | <<p> tschU: cki;> | | |
| **ÜB** | fi:ne;> | | |
| *ÜB* | Fine. | | |
| **Wuddi:** | | mayer- (-) mein bein mal- (-) an deinem- (.) | fuß da vorbei |
| **ÜB** | | mayer- (-) my leg just- (-) past your- (.) | foot that I could |
| *ÜB* | | Mayer let me move my leg along | yours |

Inzwischen wird am Institut für Deutsche Sprache (IdS) in Mannheim der Editor EXMARaLDA von Thomas Schmidt, seinem Begründer, in enger Zusammenarbeit mit der Abteilung „Pragmatik" am IdS (Leitung Arnulf Deppermann und Martin Hartung) weiterentwickelt. Der neue Transkriptionseditor heisst FOLKER. Mit seiner Hilfe soll das neue „Lehr- und Forschungskorpus gesprochenes Deutsch", FOLK, erstellt und nach dem neuen Transkriptionsstandard GAT-2 ausgerichtet werden. FOLKER basiert auf den EXMARaLDA –Werkzeugen. Die Publikation der offiziellen Version 1.0 ist für den Mai oder Juni 2009 vorgesehen, die BETA-Version 0.7 steht bereits zum Testen als Download nach erfolgreicher Registrierung zur Verfügung (http:// agd.ids-mannheim.de/html/folker.shtml).

*Abb. 7-2:* ‚Screenshot' vom Pratitureditor EXMARaLDA

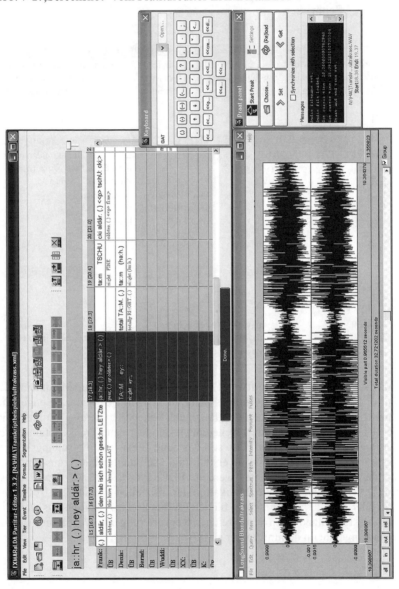

„Der Editor verfügt über einen integrierten Audioplayer[22], für die Darstellung des Sprachsignals ist ein Oszillogramm[23]4 vorgesehen, das die Segmentierung von Einheiten effizienter gestaltet und die verlässliche Einbindung von Zeitmarken für die Segmente erlaubt" (Steckbauer 2009 : 80, siehe auch den Ausschnitt 5.2. aus dieser Arbeit auf meiner Homepage <http://personal.geisteswissenschaften.fu-berlin.de/nordit>). FOLKER bietet eine auf die neuen Transkriptionskonventionen von GAT 2[24] ausgerichtete Variante von EXMARaLDA, die den XML-immanenten Vorteil der Trennung von Form und Inhalt konsequent nutzt, um die Praxis des Transkribierens als Prozess der stetigen Verfeinerung und Korrektur zu unterstützen. Die Leistungen von FOLKER schätzt Steckbauer (2009: 81) so ein:

„FOLKER überprüft bereits bei der Eingabe des transkribierten Textes die korrekte Einhaltung der neuen GAT 2-Konventionen und bietet verschiedenen Ansichten zur Eingabe, die den verschiedenen Arbeitsschritten bei der Erstellung eines Transkriptes Rechnung tragen. Für die Erstellung des Rohtranskriptes steht eine Segment-Ansicht zur Verfügung, welche die genaue Ausdehnung von Überlappungen noch nicht berücksichtigt. In einer in Analogie zum EXMARaLDA Partitur-Editor gestalteten Partitur-Ansicht können in einem Folgeschritt die Feinheiten von Überlappungen notiert werden. Die dritte Ansicht in Form der Abfolge von Sprecherbeiträgen kann für ein abschließendes Korrekturhören genutzt werden. Die verschiedenen Ansichten lassen für die weiterführende Verarbeitung z.B. in Textverarbeitungsprogrammen oder zur Veröffentlichung auf Internetseiten im Dateiformat HTML ausgeben (....).

Der Unterschied zum EXMARaLDA Partitur-Editor besteht also darin, bereits bei der Eingabe des Transkripts auf die verschiedenen Visualisierungen Zugriff zu haben und diese für das Transkribieren zu nutzen. Daher ist FOLKER im Gegensatz zu den Mehrzweckeditoren EXMARaLDA, ELAN und PRAAT, die für möglichst viele Anwendungsmöglichkeiten innerhalb einer Oberfläche konzipiert sind, für ein bestimmtes Nutzungsszenario aus-

---

22  Für den Gebrauch unter Windows-Systemen ist eine DirectShow-Player-Komponente vorhanden, wie sie im Programm ELAN des MPI enthalten ist. Bei Bedarf kann zusätzlich auf zwei JAVA-basierte Player ausgewichen werden (Schmidt/Schütte 2009, <http://agd.ids-mannheim.de/html/folkershtml>).

23  Das Oszillogramm befindet sich unterhalb der Zeitleiste und zeigt das Audiosignal in der so genannten ‚waveform‘, einer Darstellung der Amplitude als Wellenform, wie sie in herkömmlichen Audioeditoren, wie z.B. dem kostenlosen Audacity (www.audacity.de), verwendet wird, um bestimmte akustische Ereignisse schnell und zuverlässig aufzufinden. Das Oszillogramm ermöglicht die Anzeige und das Festlegen eines Auswahlausschnitts, der sich dem jeweiligen Transkriptausschnitt anpasst und so Anfangs- und Endpunkte der zugeordneten Audiodatei bestimmt (Schmidt/Schütte 2009, http://agd.ids-mannheim.de/html/folkershtml>)

24  Zu GAT 2 siehe 5.7.2 und (in weitereren Details) Steckbauer (2009), dessen wissenschaftliche MA-Arbeit auf meiner Homepage einzusehen ist (http://personal.geisteswissenschaften.fu-berlin.de/nordit)

gelegt" (Transkription mit GAT 2, vgl. Schmidt/Schütte 2009, <http://agd.ids-mannheim.de/html/folkershtml>).


### 7.4.4 Ton und Text

Diese weitere Bearbeitung umfasst u.a. auch die Verlinkung des Textes mit den Tondateien des Transkriptes. Solche Arbeit kann z.B. mit dem Programm *Ton und Text*[25] [TuT] durchgeführt werden, einem Hilfsprogramm für die Arbeit des Transkribierens auf Windows-Rechnern. Es erfüllt einerseits und in erster Linie die Funktionen eines Tonbandgerätes, kann aber auch, wie der Name schon deutlich macht, für die Verlinkung von Ton und Text angewendet werden.[26] Das Programm läuft auf Rechnern mit den Benutzeroberflächen *Windows NT 4.0* sowie *Windows 98* und *Windows 2000*; die Verlinkung von Ton und Text setzt eine Textdatei im Textverarbeitungsprogramm für Windows *Word 97* oder *Word 2000* sowie eine digitale Tondatei im Format *wave* voraus. Die Bedienung erfolgt variabel über Tastenkombinationen (*short cuts*), Mausklick und per Menü und ist so einleuchtend konzipiert, dass jeder, der Windowsprogramme grundsätzlich zu benutzen in der Lage ist, auch TuT intuitiv richtig zu steuern weiß.

Das Programm TuT erlaubt schnelle und präzise Navigation in großen Tondateien, u.a. durch Festlegung und wiederholtes Abspielen von Zeitintervallen, durch Markierung von Zeitpunkten und der Speicherung dieser Markierung sowie präziser Positionierung von Synchronankern durch eine so genannte *Sonagramm-Lupe*.

Das Programm steht für den kostenfreien Download im Internet und ist eine ideale Ergänzung zu Transkriptionsprogrammen wie etwa HIAT-DOS oder auch Transkriptionen aus herkömmlichen Textverarbeitungsprogrammen.


### 7.4.5 PRAAT

Als ein Beispiel für ein Analyseprogramm, das in der linguistischen Forschung weit verbreitet Einsatz gefunden hat, soll das Analyseprogramm für gesprochene Sprache PRAAT vorgestellt werden. PRAAT dient nicht der Analyse des transkribierten Textes, sondern des Tonsignals, das einer Trans-

---

25  Das Programm *Ton und Text* ist auf Initiative von Prof. Dr. Gisela Brünner an der Universität Dortmund entstanden und wird von Wolfgang Schneider weiterentwickelt (<http://www.ton-und-text.de>).
26  Es werden sowohl eine Programmvariation mit Synchronisationsfunktion (TUT synchron) angeboten, als auch eine Version ohne diese Möglichkeit (TuT solo). Angekündigt ist eine dritte Version (TuT professionell), die u.a. das Überschreiben bestimmter Passagen in Tondateien (etwa zwecks Anonymisierung) ermöglicht.

kription zugrunde liegt, und damit also der phonetischen Analyse. Das Tonsignal wird mittels PRAAT graphisch darstellbar und für weitere Bearbeitung (Segmentierung, Manipulation etc.) zugänglich. Für die linguistische Arbeit am gesprochenen Wort sind mit diesem Programm die verschiedensten Darstellungen, Messungen, Vergleiche und Auswertungen möglich; von Tonhöhenverläufen, präzisen Lokalisierungen der Akzentsetzung, Aspiration etc. über Sprecheridentifizierung anhand phonetischer Merkmale bis hin zur Detailanalyse der Realisierungen einzelner Phoneme sind über PRAAT alle wahrnehmbaren artikulatorischen Phänomene zugänglich.

Das Programm arbeitet – ab seinem Start – in zwei getrennten Bildschirmfenstern, einem Fenster für die Navigation bezüglich der Tondateien (als Objekte bezeichnet) und einem Fenster für die Ausgabe der graphischen Darstellungen. Es umfasst die Möglichkeit, Tonsignale sowohl direkt digital auf die Festplatte eines Rechners aufzunehmen und als Tondateien z.B. im wave-Format[27] zu speichern, als auch vorgegebene Tondateien zu ver- bzw. zu bearbeiten. Es können zudem vorhandene Aufnahmen von MCs wie DAT-Kassetten in PRAAT importiert werden. Tondateien können dann über alle Analysekategorien graphisch am Bildschirm dargestellt wie auch als Datei gespeichert oder über einen Drucker ausgegeben werden. Dazu stehen verschiedene Formate zur Verfügung, u.a. können die Ergebnisse von Analysen als Postscript-Dateien[28] konserviert werden.

PRAAT läuft sowohl auf Apple MacIntosh (PowerMac, G3 und höher) als auch auf Windows-Rechnern (ab Win95) und steht fachlich Interessierten kostenlos zum Download zur Verfügung. [29] Es ist ein sehr flexibles, mächtiges Programm, dessen Bedienung einiger Einübung in die Handhabung bedarf. Unbedingt zu empfehlen ist der Einstieg in den Umgang mit PRAAT über die Erarbeitung der in englischer Sprache aus dem Internet zu beziehenden Einführungen. Das Programm selbst führt aber auch umfangreiche sogenannte *Tutorials* mit sich, die nicht unbedingt leicht zu verstehen sind, aber nach eingehendem Studium und – parallel dazu – praktischem Üben mit dem Programm vertraut machen. Mit dem eher einfach handhabbaren *General Analysis Tool* sind weitgehend automatisiert (und so gesammelt in einer mehrgliedrigen Graphik) *Visualisierungen* von Frequenzkonturen, *spekto-*

---

27  Eine Applikation zur weiteren Konvertierung von Ton-Dateiformaten (z.B. wav in mp3) ist für die Fortentwicklung des Programms vorgesehen bzw. in Arbeit.

28  Genauer gesagt können die Ergebnisse als *Encapsulated Postscript-Dateien* [EPS-Dateien], also als eine Kombination von Texten und Graphiken, gespeichert werden. EPS ist das Dateiformat, das die Druckersprache *Postscript* für Grafikdateien verwendet; es ist für den Import oder Export von Postscript-Dateien zwischen unterschiedlichen grafischen Anwendungen geeignet.

29  PRAAT ist von Paul Boersma und David Weemink vom *Institut for Phonetic Sciences* der Universität Amsterdam in den Niederlanden entwickelt worden; den Zugang zum Programm-Download erhält man unter <www.praat.org>.

*graphische Analysen* der Intensität von Tonsignalen wie auch *Kurvendarstellungen* zu Tonhöhengrenzwerten und Lautstärkeveränderungen möglich.[30]

PRAAT, TuT wie auch CLAN und andere, hier nicht ausdrücklich erwähnte Programme werden ständig weiterentwickelt, und ständig kommt auch Neues auf den Markt.[31] Informieren kann man sich über diese Entwicklung im Internet.

## 7.5 Der Weg zum Überblick oder wie ich mich auf dem Laufenden halte

Die Zahl der thematisch einschlägigen Internetseiten ist Legion. Wie aber findet man dann zu denjenigen Seiten, die weiterführende Informationen bieten? Wie findet man neue Programme, Korpora und Projekte? Auf diese Fragen gibt es relativ einfache Antworten und Ratschläge, die zu beherzigen viel Zeit sparen hilft und sicher zum Ziel führt.

### 7.5.1 Institutionen und Einrichtungen

Zunächst einmal ist auf die Seiten besonders bedeutender übergeordneter Institutionen und Einrichtungen bzw. auch privater Initiativen zu verweisen.

Eine solche Institution ist z.b. das bereits erwähnte[32] IDS in Mannheim. Es bietet mehrere Möglichkeiten sich dort über aktuell laufende Projekte im Bereich der gesprochenen Sprache zu informieren. Ein recht schneller Weg ist der über den *online*-Zugriff auf die Datenbank des IDS selbst. Per Stichwortsuche etwa in der Datenbank „Dokumentation zur Germanistischen Sprachwissenschaft" läßt sich eine erkleckliche Anzahl von Projekten finden. Der erste Rat also lautet: *Mache Dich mit dem vielfältigen Angebot des IDS in Mannheim vertraut.*[33]

---

30 Einem speziellen linguistischen Interesse dient PRAAT mit der Möglichkeit zur grafischen Ausführung optimalitätstheoretischer Übersichten. Die Optimalitätstheorie ist ein constraint-basiertes Oberflächenmodell der Sprache, und die übliche OT-Darstellungsform ist die des Tableaus aus Kandidaten und Constraints.

31 Ein „Werkzeug zur Konvertierung von Transkripten aus PRAAT" ist das vor kurzem entwickelte Verfahren *Traatsch*. In Kügler (2001) wird Traatsch folgendermaßen in einer Zusammenfassung beschrieben: „Traatsch ist ein Werkzeug zur Konvertierung von Transkripten aus PRAAT. Ein in PRAAT erstelltes Transkript einer Sounddatei kann wahlweise in eine Textdatei nach GAT-Konventionen, in eine *CLAN*-Datei oder in eine Eingabedatei für die Prosodiedatenbank *proso*DB konvertiert werden." In PRAAT ist ein einfacher Texteditor integriert, der eine Verlinkung des Tons mit dem Text vorsieht.

32 S. Kap. 7.3.

33 Eines der Projekte des IDS soll hier noch ausdrücklich Erwähnung finden, das Projekt mit dem Namenskürzel GAIS für *G*esprächs*A*nalytisches *I*nformations*S*ystem. In diesem Projekt fließen die Arbeitsergebnisse von mehreren der IDS-Projekte (wie DIDA,

Eine Initiative, die im Zusammenhang mit der Forschung zur gesprochenen Sprache zu nennen ist, stellt das Informationsportal zur *Gesprächsforschung* von Martin Hartung dar (siehe Internetadressen). Es versteht sich als Angebot für ein Netzwerk derjenigen Forschung wie auch Berufspraxis, „die sich in ihrer Arbeit auf die Analyse von Gesprächen spezialisiert haben", wie es in der (Selbst-) Darstellung des Instituts für Gesprächsforschung (IGF, <http://www. gespraechsforschung.de>) heißt. Dieses beständig wachsende Projekt (neuerdings mit dem IDS verbunden) ist mit seiner übersichtlichen Gestaltung, seiner (sehr empfehlenswerten) Mailingliste, der Technikseite und auch der *online*-Zeitschrift, um nur einige Angebote zu nennen, ein sehr guter Ausgangspunkt für einen Einstieg in die aktuelle Information.

Hilfreich ist zuweilen auch der Blick auf die Internetseiten von Hochschullehrern und Mitarbeitern, die je nach eigener Nutzung des Internet als Informationsbörse und vielleicht auch als didaktisches Instrument sehr interessante *Link*-Sammlungen und Hinweise bieten.

Grundsätzlich ist ansonsten natürlich noch auf die allseits verwendeten Suchmaschinen im Internet zu verweisen, wie etwa FIREBALL, GOOGLE, LYCOS, YAHOO etc. Sie bieten mehr als nur die einfache Suchmaske ihrer Hauptseiten; man sollte sich der Mühe unterziehen, die jeweils etwas unterschiedlichen Verfahren für die sogenannte komplexe Suche kennenzulernen, denn das ist wohl unmittelbar einleuchtend: Wer etwa Informationen über das Transkriptionssystem von CHILDES allein mit Hilfe des Suchwortes CHAT zu erreichen hofft, der sieht sich einem Suchergebnis von an die 30 Mio. Seiten ausgesetzt, das nicht weiter bringt als zu einem Achselzucken (und anfällige Geister vielleicht mit einem zeitraubenden neuen Hobby versieht). Auf die richtige Auswahl in der Kombination der Suchwörter kommt es also an.[34] Uneindeutige Ausdrücke in der Suche führen zu frustrierend breitgefächerten Suchergebnissen; mit dem Einsatz sucheleitender thematischer Oberbegriffe aber kommt man im Dschungel der abermillionen Internetseiten schließlich doch ans Ziel eines umfassenden Überblicks.

### 7.5.2 Ausblick

Die Entwicklung von Software zur Nutzbarmachung der Möglichkeiten elektronischer Datenverarbeitung [EDV] ist heute ein so großes Thema wie nie zuvor. Das hat seinen Hintergrund sicher auch darin, dass Rechner heut-

---

COSMAS, Gesprächsrhetorik) zusammen, so dass deren Ergebnisse in GAIS Verwendung finden können bei der didaktischen und multimedialen Aufbereitung wissenschaftlicher Analyseergebnisse. Das dreijährige Projekt GAIS wurde im März 2001 begonnen und verspricht eine hilfreiche Unterstützung der Hochschullehre im Bereich der Gesprächsforschung zu werden (siehe Internetadressen).

34 Es empfehlen sich Suchwort-Kombinationen mit Ausdrücken wie: *linguistic, database, transcriber, transcription, informationsystem, project, conversational analysis* etc.

zutage weit verbreitet und zumindest im akademischen Bereich nahezu selbstverständliche Gerätschaft in der täglichen Arbeitsbewältigung sind. Dieser Boom in der Softwareentwicklung führt dazu, dass viele konkurrierende Unternehmungen, Projekte und Ideen entstehen, alternative Lösungen für ähnliche bis gleiche Problemstellungen auftauchen und sich immer wieder neue Computerprogramme für die Arbeit mit Transkriptionen wie auch neue Korpora gesprochener Sprache im Internet finden lassen. Außerdem ist das Internet ein internationales, ein globales Netzwerk, das über Grenzen hinaus Projekte und deren Programme anbietet.

Wenigstens zu nennen sind in diesem Zusammenhang zumindest etwa das Programm TRANSCRIBER, das aus einem Projekt zur Transkription von Radionachrichten an der Universität Pennsylvania, USA, entstanden ist, und das von vielen Internetseiten downloadbare Plugin *Reproduction Control* V1.34 (rctrl134.exe, Download z.B. von <http://www.simtel.iif.hu/pub/pd/ 56691.html>) für die einfache Steuerung (per Klick) des allseits beliebten Programmes für die Wiedergabe von Tondateien *Winamp*, wie auch das Programm *waverec* (<http://www.waverec.de>), das zur Übertragung von Tonaufzeichnungen in den PC sowie zur Konvertierung von wav-Dateien in mp3-Dateien dient.

Von besonderer Bedeutung ist das in den letzten Jahren am MPI für Psycholinguistik in Nijmegen in der Kognitiven Anthropologie (Stephen Levinson) entwickelte Programm ELAN (siehe Internetadressen, je eine Kurzdarstellung mit weiteren detaillierten bibliographischen Hinweisen findet sich in Deppermann & Schütte (2008: 201), Steckbauer (2009), siehe <http://www.personal. geisteswissenschaften.fu-berlin.de\nordit> und Skiba & Dittmar (2008)). ELAN ist ein Annotationswerkzeug für Audio- und Videodateien.

Das Internet ist in unaufhaltsamer Bewegung, verändert sich, und es bietet dem Nutzer ein immer wieder neues Bild. Von diesem ständigen Wechsel sind die Inhalte, aber auch die Internetadressen betroffen; sie gelten oft nur für eine gewisse Zeit und überleben sich mehr oder weniger schnell. So bleibt auch hier die alte Weisheit des Heraklit, *panta rhei*, und es kann die Empfehlung nur lauten, sich regelmäßig im Internet über den neuesten Stand der Hilfsmittel für Transkribierende je selbst zu informieren. Die Tätigkeit des Transkribierens und Kodierens gesprochener Sprache authentischer Kommunikation wird in absehbarer Zukunft sicher nicht durch automatische Verfahren ersetzt werden können, sie kann jedoch durch die Weiterentwicklung der elektronischen Transkribier- und Analysehilfen erheblich erleichtert werden.[35]

---

35 Für die Erfassung von Korpora geschriebener Sprache, die gedruckt oder heutzutage in digitalisierter Form vorliegen und in der Regel nur relativ wenige Abweichungen von der Norm enthalten, wird die automatische Kodierung seit längerem bereits durchgeführt. Gesprochene Sprache ist demgegenüber wesentlich schwerer in einen Rechner einzulesen, da in der freien Natur kein gesprochenes Wort einem anderen wirklich völlig gleich ist. Aber auch die automatische Spracherkennung entwickelt sich weiter und so ist nicht

## 7.6 Aufgaben

1. Außer CHAT kennt CHILDES noch ein anderes Transkriptionsformat; suchen Sie in den im Internet verfügbaren Informationen nach dem Namen und nach den Unterschieden zwischen CHAT und dem gesuchten anderen Transkriptionsformat.
2. Erstellen Sie zu allen in diesem Leitfaden angesprochenen und dargestellten Programmen steckbriefartige Beschreibungen (*datasheets*) ihrer Einsatzmöglichkeit und ihrer Leistungsfähigkeit.
3. Von den hier vorgestellten oder auch nur angesprochenen Programmen gilt für mindestens eines (oder vielleicht für mehrere?), dass es die Möglichkeit des Alignments von Ton und Text, vergleichbar dem hier vorgestellten Programm ‚TuT', bietet. Welches ist es? Und ist es wirklich nur ein anderes, das dieses technische Feature hat?
4. Informieren Sie sich in der Datenbank des IDS „Dokumentation zur Germanistischen Sprachwissenschaft" darüber, wie viele Projekte zur gesprochenen Sprache zur Zeit dort verzeichnet sind, und was sich über deren Forschung jeweils erfahren lässt.
5. Stellen Sie sich vor, Sie sollten einer asiatischen Studienkollegin helfen, für ihr Studieninteresse des Vergleichs von (gesprochenen) Begrüßungssequenzen in der asiatischen Sprache des Heimatlandes und der deutschen Sprache ein Transkriptionssystem und möglichst ein Programm für die Erstellung entsprechender Transkriptionen zu finden. Überlegen Sie, worauf es bei dieser Arbeit ankommt; formulieren Sie einen Rat mit Begründung für Ihre Kommilitonin und erläutern Sie, was die einzelnen Systeme für die genannte Aufgabenstellung zu bieten haben.

---

auszuschließen, dass Rechner mit ihrer Hilfe in der ferneren Zukunft mehr als bloßes Schreiben nach Diktat und die Ausführung sprachgesteuerter Befehle leisten können.

# 8. Die Praxis des Transkribierens

Studierende finden in diesem letzten Kapitel praktische Hinweise zur schrittweisen Erlernung der Kunst des Transkribierens. Wer die Chance hat, sich Trankribieren unter Anleitung in einem Kurs anzueignen, sollte sie nutzen. In der Wechselbeziehung von Erfolg und Irrtum fördert ein solcher auf Informationsaustauch angelegter Kurs die Einübung in Routinen und die Sicherheit in der korrekten und zuverlässigen Verschriftlichung. Dieses Buch ist als Grundlage für einen solchen Kurs angelegt; ebenso stellt es jedoch eine Selbstlernanleitung dar; wie in Kapitel 7 gezeigt wurde, kann man sich zur Selbsthilfe des Internets bedienen; die Lösung der Aufgaben erlaubt eine effiziente Kontrolle des Lernerfolges.

## 8.1 Auswahl eines Transkriptionssystems

Der erste Schritt besteht in der Auswahl eines Transkriptionssystems, das gemäß der Forschungsfragen Kommunikationsprozesse adäquat abbilden soll. Ein Katalog einschlägiger Fragestellungen zu sprechsprachlicher Kommunikation wurde in Kap. 2 vorgestellt. Typische Fragen, die man sich bei der Auswahl stellen sollte, sind die folgenden:

a) Sollen muttersprachliche oder auch lernersprachliche Äußerungen (Erst-, Zweitspracherwerb) wiedergegeben werden? In welchem Maße spielen bei Erstspracherwerbern oder Nichtmuttersprachlern Abweichungen von und Verstöße gegen grammatische Regeln eine Rolle? Im Falle der Dokumentation von vom Standard abweichenden Äußerungen ist es ratsam, ein System zu wählen, das die angemessene Abbildung morphosyntaktischer Abweichungen, selbst phonologischer, vorsieht. Aus praktischen und spracherwerbsbezogenen Gründen würde es naheliegen, CHAT zu wählen (vgl. Stephany/Bast/Lehmann 2001).

b) Soll *quantitativ* oder *qualitativ* ausgewertet werden? Im ersteren Falle bietet sich ein System an, das eine Notation für spätere EDV-gestützte Auswertungen bietet. Aber auch für qualitative Auswertungen kann die

Möglichkeit, eine EDV-gestützte Auswertung durchzuführen, von Vorteil sein[1]. Zum Beispiel kann man im Zusammenhang mit dem Ende von Äußerungen oder prosodischen Einheiten die Länge von Pausen untersuchen und nach ihrer Funktion in der fortlaufenden Rede fragen. Ebenso kann man sich alle Stellen vom Computer ausgeben lassen, an denen *langsam* oder *schnell*, *laut* oder *leise* gesprochen wird und diese formalen Eigenschaften auf ihre Funktionen untersuchen.

c) Was für ein *Typ* von Gespräch oder Diskurs soll untersucht werden? Nehmen viele Personen an einem Gespräch teil, kann es oft zu Überlappungen, Streit um das Rederecht, kompetitives Schnellsprechen etc. kommen. Je komplexer die Sprecherwechsel ausfallen (z.B. mehrfache Überlappungen), umso schwieriger ist eine übersichtliche Darstellung mit einem sequenziellen Anordnungsverfahren (KA, CHAT, GAT). Eine Partiturschreibweise bietet hier flexiblere Abbildungen (HIAT, EXME-RaLDA). Andererseits gibt es bei Zweier- oder Dreiergesprächen mit der sequenziellen Methode Vorteile in der Auswertung bestimmter linguistischer Merkmale individueller Sprecherbeiträge, die im Modus der Partiturschreibweise nur mit Schwierigkeiten (z.B. EDV-gestützt) ausgewertet werden können.

d) Sollen z.B. prosodische Eigenschaften untersucht werden, bietet es sich an, eine für die Eigenschaften [P] besonders differenzierte Notation zu wählen (z. B. GAT) – oder gleich für solche Analysen PRAAT (vgl. Kap. 7) zu verwenden (wobei dann die Wahl eines Notationssystems wieder offener ausfällt).

(a) bis (d) sind nur eine exemplarische Auswahl aus Vorgaben, die die Wahl einer präferierten Notation nach sich ziehen. Im Übrigen spielen natürlich alle jene Gesichtspunkte bei der Wahl des Transkriptionssystems eine Rolle, die in 5.1 und 5.2 in Bezug auf das Design und die konzeptionellen Kriterien eines Inventars diskutiert wurden.[2]

Zuerst muss also die Frage beantwortet werden: Welche sprachlichen/ kommunikativen Eigenschaften eines Diskurses sollen untersucht werden, und welches Transkriptionssystem erfasst die gesuchten Eigenschaften valide und zuverlässig?

---

1   CHAT bietet durch das Werkzeug CLAN beste Voraussetzungen hierfür; für GAT ist ein Editor vorgesehen, die Palette der Voraussetzungen und Möglichkeiten findet sich in Kap. 7.

2   Die in 5.1 und 5.2 besprochenen Kriterien werden in DuBois et al. (1992: 125-132) noch einmal ausführlich nach anwendungsbezogenen Kriterien diskutiert.

## 8.2 Voraussetzungen

Zu den Voraussetzungen des Transkribierens gehören eine gute Ausrüstung, eine gute Qualität der Aufnahmen und ethnographische Daten, die die Gesprächs- und Diskurseigenschaften in hinreichender Differenziertheit erklären.[3]

(i) Ein auf Tonband oder auf Video aufgenommener Diskurs muss im soziolinguistischen Sinne *valide* sein (vgl. Kap. 3). Dies bedeutet (im Sinne von Labov) die Audio- oder Videoaufnahme erfasst die zu beschreibenden typischen sprechsprachlichen/kommunikativen Eigenschaften einer realen Kommunikation. Wenn beispielsweise Schweizerdeutscher Dialekt beschrieben werden soll, Standard aber erhoben wurde, ist die Aufnahme nicht valide etc.

(ii) Eine zweite wichtige Vorbedingung einer guten Transkription ist eine hochwertige *Tonqualität*. Es sollten optimale Aufnahmebedingungen bestehen (vgl. 3.2). Ein digitales Aufnahmegerät ist am besten geeignet (siehe die Empfehlungen in 3.2). Die neuen digitalen Mikrorecorder (mit Minikassetten) haben nach dem Urteil von Phonetikern nicht gleichwertige Tonqualität, da die Frequenzbereiche reduziert sind.

(iii) Ein drittes wichtiges *datum* der Transkription ist die genaue Dokumentation der Gesprächsaufnahme[4]. Wir empfehlen, von jeder Aufnahme ein so genanntes ‚Situationsprototkoll' anzufertigen[5]. Zum Situationsprotokoll gehören die beteiligten Personen, deren Status und Rolle während der Gesprächsaufnahme, die Sitzordnung der Beteiligten während des Gesprächs und ihre physische Umgebung (Skizze, verbale Beschreibung). Schließlich gehören alle auffälligen Eindrücke während des Gesprächs, so wie es die Teilnehmer *online* erlebt haben, ins Protokoll. Themen und Themenwechsel, die das Gespräch bestimmten sowie die Wirkung der InformantInnen als Persönlichkeiten sollten im Situationsprotokoll berücksichtigt werden.

(iv) Ein weiteres vor Beginn der Transkription zu konsultierendes Dokument ist das *Abhörprotokoll*. Es enthält die Sigle der Datei (Audio- oder Videoaufnahme), die Namen der am Gespräch Beteiligten (*Anonyma*) sowie

---

3    Zur eine gute Tonqualität garantierenden Ausrüstung hatte ich mich bereits in 3.2 geäußert; DuBois et al. (1992: 122-124) geben ganz konkrete Hinweise zur Anschaffung von Geräten und Zubehör. Die Technik verbessert sich jedoch so schnell, dass die Forscher heutzutage selbstständig die modernsten Geräte auf dem Markt ausfindig machen müssen!

4    Hierzu gehören u.a.: Das Gesprächsthema, die biographischen Daten der Sprecher, Kontextinformationen über die Gesprächssituation, Beobachtungen über die Dynamik des Gesprächsverlaufs etc.

5    Das Beispiel eines *Situationsprotokolls* und eines *Abhörprotokolls* (siehe unten) findet sich unter dem Link *Transkriptionsbuch* auf meiner Homepage (FU); ebenso auf der Homepage finden sich Vorschläge von Du Bois et al. (1992) für eine geeignete soziolinguistische Dokumentation der Aufnahme und ihrer Umstände (Appendix 3: Situationsprotokoll, Sprecherdaten, Transkriptionsdokument, Checkliste für Transkribenten).

Angaben über den Verlauf des Gesprächs (Formalität vs. Informalität, Themenverlauf, Auffälligkeiten in den Varietäten und Stilen etc.).

(v) Für die Transkription wird eine Kopie der Originalaufnahme benutzt. Die Originalaufnahme wird sorgfältig an einem geschützten Ort der Datenverwaltung aufbewahrt.

(vi) Zu jeder Transkription sollte eine ethnographische Information über die Sprecher und den Kontext der Sprechereignisse sowie über die Transkription selbst (Zeitpunkt der Aufnahme, Zeitpunkt der Transkription, Typ des Aufnahmegerätes, Typ des Transkribiergerätes etc.) angefertigt werden. Wichtige Informationen finden sich meistens im Transkriptionskopf (auch *Transkriptionsmaske* genannt). Beispiele für Transkriptionsmasken finden sich unter (D-3) in 5.2.1, am Beispiel von HIAT unter 5.4.5 sowie bei den einzelnen Beispieltranskripten für die in Kapitel 5 vorgestellten Transkriptionsverfahren. Eine vollständige, umfassende Liste der bei Transkriptionsmasken zu berücksichtigenden Größen findet sich in Du Bois et al. (1992: 200ff.):

a) Der *Kodierbogen für die Sprechereignisse* (dies entspricht dem unter (ii) genannten Situationsprotokoll; dieser Bogen enthält Ort, Zeitpunkt, Typ, Situation, Beteiligte etc. der Aufnahme);

b) *biographische Daten des Sprechers/der Sprecher* (entspricht dem unter (iv) erwähnten Abhörprotokoll; dieses Blatt enthält den Namen des Sprechers, die Sigle, Geschlecht, Alter, sprachliche Varietät, Bildung, Beschäftigung, Ethnizität, Religion und möglicherweise auch Informationen über kommunikative Netzwerke);

c) *„Tape log"*; dieser Bogen dient dazu, alles in Spalten einzutragen, was wir „Abhörprotokoll" (siehe oben (iv)) genannt haben; während unser Abhörprotokoll (siehe HP_ND) einen Fließtext darstellt, in dem sich links eine Zählwerksangabe oder eine Zeitmarke für die Stelle auf dem Tonband findet, werden Anmerkungen zum Gesprächsverlauf notiert, die mit Themen und dem Redeverhalten der Interviewten zu tun haben;

d) *Transkriptionsblatt*: Hier handelt es sich um eine erweiterte Form der Transkriptionsmaske, die den Namen des Transkribenten enthält, der Person, die die Transkription kontrolliert hat, sowie Kommentare verschiedener Art zu der Transkription;

e) die Checkliste für Transkribenten. Diese Checkliste habe ich auf meiner HP wiedergegeben (vgl. Du Bois et al. 1992: 204-205):

Bevor ich nun damit beginne, die Checkliste für eine grobe und dann verfeinerte Transkription zu kommentieren, soll das Verfahren kurz erläutert werden.

(vii) Ein Kassettenabspielgerät[6] („Diktiergerät' für SekretärInnen) mit Fußpedal und digitaler Zahlen- oder Zeitangabe für das fortlaufende Abspielen der Kassette (wie es auch Sekretärinnen für das Schreiben eines Dik-

---

6 Wird nur noch für Daten benutzt, die in Kassettenform vorliegen (alte Archive). Die meisten Daten sind heute digitalisiert (CD) und werden nach (ix) bearbeitet.

tates vom Band benutzen). Ein empfehlenswertes Gerät ist der *Sanyo Memo-scriber TRC 8070A* (oder ein äquivalentes modernes Gerät). Das Abspielge-rät sollte auch das Einstellen eines Zeittaktes ermöglichen, mit dem der Fortlauf des Gesprächs in Sekundenabschnitten wiederholt eingespielt wer-den kann.

(viii) Qualitativ hochwertige Kopfhörer, z.B. Sennheiser HD 420SL oder HD 450 (oder bei geringen finanziellen Ressourcen Kopfhörer im ‚walk-man'-Stil: Sony MDR 55).[7] Die Kopfhörer sollten gut sitzen und ausgezeich-nete Wiedergabequalität haben.

(ix) Die moderne Technik erlaubt heute das Transkribieren am Compu-terbildschirm. Dazu stehen für einige Transkriptionssysteme speziell ausge-legte Editoren (z.B. CLAN, HIAT-DOS, EXMERAaLDA, ELAN, FOLKER – vgl. Kap. 7) zur Verfügung. Deren Benutzung ist für den Fall, dass ein ent-sprechendes Transkriptionssystem tatsächlich ausgewählt wurde, zu emp-fehlen. Einen solchen Editor zu benutzen hat Vorteile, denn er ist so einge-richtet, dass viele Routinen für das Transkribieren wie die Erstellung von Transkriptionsköpfen, die häufig wiederkehrende Eintragung von Sprecher-siglen usw. ökonomisch, effizient und bequem gehandhabt werden können.

(x) Gleichermaßen ist es heute möglich, den O-Ton von einem Compu-terprogramm, das die Funktion eines Abspielgerätes übernimmt, abzuhören. Dies kann geschehen, während man das Transkript schreibt. Solche Abspiel-programme (z.B. *Winamp* und noch komfortabler TuT, vgl. Kap. 7) sind, wenn man in den Umgang mit ihnen etwas eingeübt ist und der Wechsel zwi-schen Programmen leicht von der Hand geht, eine deutliche Erleichterung der Arbeit. Zum einen entfällt das ständig zeitraubende Hin- und Herspulen zwischen verschiedenen Textstellen, das ohnehin nur mit speziell ausgeleg-ten und somit recht kostspieligen Transkribiergeräten wirklich zu bewerk-stelligen ist. Die Bedienungsfenster der Abspielprogramme können auf dem Bildschirm permanent sichtbar bleiben, so dass es nur jeweils eines Klicks bedarf, um aus einem Transkriptionsprogramm zum Wiedergabeprogramm zu wechseln (und zurück) und die Wiederholung kleiner Ausschnitte zu in-itiieren bzw. zu lösen oder für wiederholtes Abhören kleine Rückwärtssprün-ge in der Tonwiedergabe durchzuführen. ‚Profis' im Transkribieren betonen andererseits, dass das ‚Klicken' mit der Maus gerade recht unhandlich bei der praktischen Arbeit sei. Daher, so Kathrin Kirsch, MPI, sei es „von Vorteil, die Bedienung der Abspielprogramme mit Hotkeys, also einer be-stimmten Tastenkombination, zu belegen, bzw. die Tastenkombination des Programms selbst zu nutzen. Erst dieser Schritt macht das Transkribieren am PC wirklich einfach: Der Weg von den Buchstaben zur Maus entfällt; wertvolle Sekunden sind gespart" (pers. Mitteilung, 16.09.03). Das wie-derholte Abspielen von einer schwierigen Stelle sei mit der Maus-Tastatur-Kombination sehr mühsam im Vergleich zur Tastatur-Tastatur-Kombination.

---

7 Man erkundige sich nach den gängigen modernen Nachfolgegeräten.

Daher sei ein Transkribiergerät mit Fußtaste jeder Maus-Tastatur-Kombination vorzuziehen.

## 8.3 Praktische Schritte zur Durchführung der Transkription

Nach Durcharbeiten des Situations- u. Abhörprotokolls hört man sich die Audio- oder Videoaufnahme mehrfach an. Insbesondere kommt es darauf an, sich die Stimmen der einzelnen Sprecher einzuprägen und diese – bei mehreren Beteiligten am Gespräch – auseinander zu halten. Besondere oder auffällige Gesprächsabschnitte sollten mehrfach nacheinander erst angehört und dann transkribiert werden. Nach dem ersten Durchgang beginnt die eigentliche konzentrierte Transkribierarbeit. Stück für Stück werden jetzt einzelne ca. fünf Sekunden lange Abschnitte transkribiert.

Zunächst übt man die korrekte Umsetzung des vorgegebenen Zeicheninventars, indem man die wesentlichen Kodierungen und Segmentierungen vornimmt. Schwierige Stellen, Sonderzeichen und spezielle Kodierungen können beim zweiten oder dritten Durchgang vorgenommen werden. Durch mehrmaliges Hören können die Hypothesen über das Gesagte im Einzelnen eingeschränkt und präzisiert werden.

Bei einzelnen Wörtern oder Erscheinungen sollte man sich nicht zu lange aufhalten, da man erst mal ein Stück vorankommen muss und die Feintranskription in einem späteren Durchgang noch vornehmen kann. Es gilt die Erfahrung, dass man oft Wiederholungen oder ganze Wortgruppen überhört. Deshalb sollte man möglichst nicht mehr als zwei bis drei Stunden am Stück transkribieren, da die Konzentration und Diskriminierungswahrnehmung nachlässt.

Man beginnt die Transkription mit den ‚großen‘, klaren Fakten. Zunächst werden also die *Sprechenden* identifiziert und mit ihren Siglen der Reihe nach festgehalten. Dann beginnt die Ausführung der *Sprecherbeiträge* (WAS SAGT DER EINZELNE SPRECHER?). In der Regel werden alle Wörter klein geschrieben (vgl. 5.1, Ausnahme HIAT). Zunächst werden nur berücksichtigt D-1 und D-2, RB-1 und RB-2, V-1, V-3 und V-4.

*Erläuterung*: Was je ein Sprecher sagt, soll in Worten (als Redebeitrag) notiert werden; dabei kann ein nicht ausgeführtes Wort (Wortfragment) ebenso wie das Zusammenziehen von Wörtern (*hatse* = ‚hat sie‘ etc.) bereits im Anfangsstadium grob festgehalten werden. Die Segmentierung in Wörter steht also im Vordergrund. Äußerungsbegrenzungen werden zunächst nur für klare Fälle vorgenommen (kann dem zweiten Durchgang überlassen werden). In diesem Sinne arbeitet man zunächst Sequenzen von 1-2 Minuten nacheinander ab. Dadurch wird das Kurzzeitgedächtnis nicht zu sehr belastet und man kann Einzelheiten schneller verarbeiten.

Dieser erste grundlegende Schritt wird bei Interviews und Dialogen relativ rasch geleistet. Meistens ist die Rede klar, der Sprecherwechsel problemlos (wenig Überlappungen) und die Identifizierung der Stimme bzw. der Wortbedeutungen einfach. Es empfiehlt sich in diesem Falle, einen Zeitabschnitt bis zu drei Minuten fertigzustellen, dann je nach gewähltem System (Partiturschreibweise vs. sequenzielle Struktur) Hörerrückmeldungen (*hm, äh, genau, ja* etc.) und Pausen[8] einzufügen. Dann geht man im gewählten Zeit-Takt[9] weiter.

Bei der Aufnahme von Gruppengesprächen (mehrere Beteiligte am Gespräch) sollte man sich im ersten Durchgang nur darauf konzentrieren, die Sprechenden per Stimme zu erfassen und ihnen die Wortfolgen eindeutig zuzuordnen. Dieser Vorgang wird erleichtert, wenn man selber als Transkribent an der Aufnahme teilgenommen hat und somit die Gesprächspartner kennt. Ist dies nicht der Fall, empfiehlt es sich, die Stimmenidentifizierung mit einer Person durchzugehen, die an der Interaktion teilgenommen hat.

Die weitere Bearbeitung der Transkription gehört zunächst zur Obligatorik. Der unmittelbare Anschluss von Äußerungen („latching") und Redeüberlappungen müssen gekennzeichnet werden (RB-3, RB-4); sprechbegleitende Äußerungen wie Lachen, Husten etc. sollten ebenfalls markiert werden (NV-1, NV-2). Mit K-3 ist akustisch Unverständliches und mit K-4 nicht sicher Verstandenes (vermutete Bedeutungen) darzustellen. Schließlich sollte die Äußerung sowohl nach prosodischen (P-Werte) als auch nach syntaktischen und semantischen Kriterien (V-Werte) segmentiert werden. Die in Kapitel 5 vorgestellten Systeme eröffnen unterschiedliche Alternativen/Möglichkeiten der Einheitenbegrenzung.[10]

Alle weiteren Verfeinerungen des Transkripts unterliegen im engeren Sinne den Forschungsinteressen. Je nach den Schwerpunkten können P-4 bis P-7 feinkörnig kodiert werden, wobei stets entschieden werden sollte, ob die prosodische Feinkodierung durchgeführt werden (zentral bei GAT) oder eine Analyse der prosodischen Struktur mit Hilfe des EDV-Programms PRAAT erfolgen soll. *Nach Erfahrungen vieler Linguisten bei der Untersuchung gesprochener Sprache ist es empfehlenswert, nur so viel/so weit differenziert zu kodieren, wie tatsächlich im Interesse der Forschungsziele ausgewertet werden soll.* Jede weitere bearbeitete Fragestellung impliziert dann einen neuen Durchgang durch die Daten und ihre Markierung mit den für die Untersuchung relevanten Symbolen. Mehr und mehr setzt sich heutzutage die Denkweise durch, einen allgemeinen Transkriptionsstandard zu erfüllen (meistens mit *Grobtranskript* gleichzusetzen), um dann für die Bearbeitung

---

8  Zunächst nur nach ‚kurz' oder ‚lang' differenzieren, beim zweiten Durchgang nach Zeitdauer in (Milli-)Sekunden.

9  Das Vorgehen bleibt im Wesentlichen den Transkribenten und ihren Strategien überlassen: Man kann auch den ganzen Diskurs von x-Minuten in Worte segmentieren und dann erst Hörerrückmeldungen (V-5) und Pausen einfügen.

10  Transkribenten sollten beachten, dass die Kodierung in Einheiten für die weitere Bearbeitung der Transkripte für Forschungszwecke wichtige Vorentscheidungen trifft.

spezifischer Forschungsfragen die zur Verfügung stehenden speziellen Computerprogramme einzusetzen.

Du Bois et al. (1992: 92ff.) definieren einen Mindeststandard für *Grob*- und *Fein*transkriptionen und geben eine relativ festgelegte Reihenfolge von nacheinander zu vollziehenden Schritten an. Da gesprächsanalytische Fragestellungen im Vordergrund stehen, spielen intonatorische Merkmale – z.b. zur Segmentierung von intonatorischen Einheiten – eine große Rolle. Wort-, Redebeitrags- und prosodische Segmentierungen sollen zunächst ‚grob‘, dann ‚fein granuliert‘ und ‚endsegmentiert‘ werden (vgl. „Transcribers' Checklist, broad and narrow", nach Du Bois et al. 1992 auf meiner Homepage):

SCHRITT (1): (wie oben) Wörter segmentieren und Sprecher identifizieren.

SCHRITT (2): Die Markierung von ‚intonation units‘ (P-2 nach Kap. 5); die Kette von Wörtern soll in ‚Intonationseinheiten‘ auf einer separaten dafür vorgesehenen Zeile annäherungsweise segmentiert werden; eine Feinkorrektur kann später erfolgen.

SCHRITT (3): Sprecherbeitragsüberlappungen und Feedbacksignale (*hm, äh, genau* etc.) werden erfasst; besondere Aufmerksamkeit muss dem Beginn und dem Ende der Überlappung gelten.

SCHRITT (4): Wortabbrüche (V-3) werden grob, bei nochmaligem Abhören präzise wiedergegeben.

SCHRITT (5): Bestimmung der Art des Übergangs von einer intonatorischen Einheit zur nächsten (siehe 5.6.2).

SCHRITT (6): Richtung der terminalen Tonhöhenbewegung.

SCHRITT (7): Festlegung von Pausen (erst kurze und lange, dann Dauer in Millisekunden) und ‚Anklebungen‘ („latching") eines Sprecherbeitrags an den vorausgehenden.

SCHRITT (8), (9) und (10) Akzente, Akzentkonturen und Dehnung von Lauten fixieren.

SCHRITT (11): Vokalisierungen kenntlich machen: Lachen, Atmen, Glottisverschluss etc.

SCHRITT (12): Geräusche in der Umgebung benennen, z.B. verursacht durch die Kommunikationsteilnehmer.

SCHRITT (13): Veränderungen im Stimmregister notieren: laut – leise; schnell – langsam etc. Phonetische Detailtranskription nach IPA.

SCHRITT (14) und (15): schwer verständliche und unverständliche Ausdrücke markieren (Anzahl der Silben angeben!).

Wie bereits oben beschrieben und im Kapitel 5 am Beispiel von ‚Grob-‘ und ‚Feintranskript‘ diskutiert, werden die groben und vorläufigen Segmentierungen in einem Verfeinerungs- und Korrekturarbeitsgang in ‚endgültige‘ umgewandelt. In (1) bis (15) habe ich die wichtigsten Schritte zusammengefasst, die bei Du Bois et al. 1992 in je eine Checkliste (auf meiner HP siehe oben) für ‚grobes‘ und ‚feines ‘ Transkribieren differenziert sind. Will man linguistische Untersuchungen zu Prosodie, Intonation, Rhythmus sowie zur gesprächsanalytischen Struktur von Redebeiträgen durchführen, sollte man die Schritte vollziehen, die Du Bois et al. (1992: 100-114) ausführlich beschreiben (diese Anleitung kann man unter anderem auch auf GAT anwenden). Grenzen intonatorischer Einheiten werden durch fünf charakteristische Merkmale indiziert:

1) kohärente Kontur (übergreifender Gestaltbogen),
2) Einsetzen mit einer bestimmten Tonhöhe zu Beginn der Einheit,
3) Pausen (zu Beginn der Einheit, zwischen zwei Einheiten),
4) *Anacrusis*: Sequenz beschleunigt gesprochener Silben zu Beginn der Einheit,
5) prosodische Längung der Silbe(n) am Ende der Einheit.

Bei der Identifizierung und Begrenzung intonatorischer Einheiten sollte

a) ‚enges' syntaktisches Denken,
b) zu großzügiges Zusammenfassen kleiner Einheiten zu größeren („lumping") und
c) die Annahme ‚prosodische Einheit' = propositionaler Gehalt'

vermieden werden. Danach sollten ‚Transkriptkorrekturleser' (*checkers* in der Terminologie von Du Bois et al. 1992) die vorliegende Version verbessern und die entsprechenden Vorschläge mit den Ersttranskribenten besprechen.

Je öfter transkribiert und vom ‚Groben' zum ‚Feinen' fortgeschritten wird, desto mehr Erfahrungen sammeln die Transkribenten und desto besser wird die dokumentarische Zuverlässigkeit der Transkription. *Keine Transkription wird jedoch alles diskursiv und interaktiv Relevante vollständig erfassen können. Jede Transkription spiegelt die Forschungsinteressen wider und ist PER DEFINITIONEM selektiv.* Die Originalaufnahme ist immer substanziell reicher an Informationen als die Transkription. Aus diesem Grunde ist es ja auch so wichtig, die Originalbänder/-aufnahmen an einem sicheren Ort zu archivieren und in Zweifelsfällen erneut anzuhören.

## 8.4 Varia

*Sollte man die erste Version mit der Hand schreiben?*

Ehlich und Rehbein empfahlen in ihrem ersten Aufsatz zu HIAT (1976), das *Primärtranskript* handschriftlich anzufertigen. Der handgeschriebene Bogen sollte in vieler Hinsicht überarbeitbar und korrekturfähig sein. Bei der heute zur Verfügung stehenden Transkriptionssoftware (vgl. Kap. 7) kann man allerdings das Primärtranskript gleich im PC anfertigen.
*Wie valide ist die Transkription?*

Die Wahrnehmung von Stimmen und Interaktionsverläufen ist unterschiedlich. Daher ist eine Validitätsprüfung obligatorisch. Wünschenswert ist das Gegenhören von mindestens zwei Experten oder, wenn die Transkription schwierig war, von drei Personen, die unabhängig voneinander die Aufnahme abhören und Alternativen durch farbige Markierungen auf dem Computer verdeutlichen. Bei Verschiedenheit der Urteile muss ein Konsens gesucht werden.

*Praktischer Hinweis zur Benutzung von CLAN*
Das Programm CLAN enthält die Funktion, ein CHAT-Transkript auf seine normgerechte Wohlgeformtheit hin zu überprüfen (vgl. Kap. 7). Es empfiehlt sich, diese Prüfung nicht erst am Ende eines (womöglich recht langen) Transkriptes, sondern von Zeit zu Zeit immer mal wieder durchzuführen. Eine solche regelmäßige Korrekturdurchführung schärft zum einen den Blick für die eigenen Fehler und erhöht die eigene Sicherheit. Zum anderen wird eine große Häufung von Fehlern vermieden, die es sehr mühsam werden lässt, das Transkript mit der Korrekturhilfe zu bearbeiten.

*Datenverwaltung*
Mithilfe der EDV-Programme ist die Datenverwaltung keine allzu große Schwierigkeit mehr. Umfangreiches Tonmaterial kann digitalisiert und in Computerdateien übertragen werden, und diese können dann auf den heutzutage recht großen Festplatten oder auf Wechselmedien wie z.B. CDs gespeichert werden. Dabei ist zu beachten, dass für eine spätere Orientierung in dem Material schon bei der Benennung der Dateien, dann aber vor allem auch bei der Unterbringung der Dateien in Verzeichnisse, die einfache und schnelle Wiederauffindbarkeit als ein wichtiges Kriterium berücksichtigt werden sollte. Um dies zu gewährleisten, empfiehlt es sich, Dateien mit Inhalt umreißenden Namen in systematischer Weise strukturiert abzuspeichern und über die Archivierung mindestens in einer Tabelle ‚Buch zu führen'. Die Systematik bleibt letztendlich jedem selbst überlassen und hängt von dem jeweiligen (Forschungs-)Interesse ab. Die Systematisierung von Audio- und Videotranskriptionen kann auf verschiedene Weise erfolgen. In Du Bois et al. (1992: 199ff.) findet man Vorschläge für Datenprotokolle, die in einem Ordner abgeheftet werden (siehe die Arbeitsbögen auf meiner HP). Das IdS hat über die Datenverwaltung eigene Vorstellungen, die über die Homepage des Mannheimer Instituts erfragt werden können.

## 8.5 Envoi

Keine noch so detaillierte Anleitung kann die eigene Praxis ersetzen. Damit letztere erfolgreich sein kann, habe ich versucht, die notwendigen methodischen Grundlagen zur Verfügung zu stellen.

*TRANSCRIPTIO FLUCTUAT NEC MERGITUR!*

## 8.6 Aufgaben

1. Prüfen Sie, WIE LANGE Sie für eine Minute mündlichen Diskurs transkribieren müssen; nehmen Sie den gleichen Test nach 3-4 Wochen Erfahrungen im Transkribieren wieder auf. Wie lange brauchen Sie dann für 1 Minute (ohne an Genauigkeit einzubüßen)?
2. Reflektieren Sie während des Transkribierens, welche Eigenschaften der gesprochenen Sprache Ihnen besondere Schwierigkeiten machen! Bringen Sie die Schwierigkeiten in eine Hierarchie von bis zu 10 Phänomenen (z.b. Markieren von Satz- und Wortakzent, Abgrenzung intonatorischer Einheiten, Notation von Redebeitragsüberlappungen, Angaben zu Lautstärke oder Tempo etc).
3. Erstellen Sie sich eine Checkliste, in der Sie alles notieren, was Sie vor dem, beim und nach dem Transkribieren beachten wollen bzw. sollten. Überlegen Sie sich dabei, welche Vorbereitung zum Transkribieren gehört, wie das Transkribieren selbst verläuft und wie die Nachbereitung einer Transkription aussieht.
4. Nehmen Sie ein Gespräch (z.b. ein Tischgespräch) von mindestens drei, besser: fünf (aktiv sprechenden) Teilnehmern auf Band auf. Die Aufnahme sollte 20 Minuten Länge nicht überschreiten und ein möglichst lebendiges Gespräch darstellen.
   *Gleich transkribieren oder erst anhören?*
   (a) Suchen Sie sich aus der Aufnahme zwei kurze, vergleichbare Gesprächsausschnitte (gleich in Lebendigkeit, Anzahl der aktiv Sprechenden, Länge etc.) aus. Nehmen Sie sich den ersten Gesprächausschnitt vor und transkribieren Sie ihn ohne weitere Vorbereitung (Grobtranskript reicht).
   (b) Nehmen Sie sich dann den zweiten Gesprächausschnitt vor, aber hören Sie sich diesen erst zwei- oder dreimal an, bevor Sie mit dem Transkribieren des Abschnitts beginnen. Welche Wirkung hat das vorgängige Anhören auf die Durchführung der Transkriptionsarbeit? (Zeitaufwand, Wahrnehmung der Aufnahme, Genauigkeit, Sicherheit, Geschwindigkeit etc.)?
   *Eine Stimme durchgängig separat für sich oder Stimmen in ihrer natürlichen Abfolge im Gespräch nacheinander transkribieren?*
   Suchen Sie aus dem Tischgespräch eine Passage von 2 Minuten aus, in der viele Sprecher durcheinander reden.
   Versuchen Sie in GAT oder HIAT zunächst entlang dem Gesprächsverlauf zu transkribieren (Grobtranskript reicht).
   Nehmen Sie sich dann erst eine Stimme aus der Gruppe vor, und fertigen Sie für diese eine Stimme über das ganze Gespräch hinweg ein Basistranskript an, um dieses Basistranskript danach um jeweils eine Stimme aus dem Gespräch zu erweitern.

Welche Vor- oder Nachteile sehen Sie?

*Erst von Hand, dann mit Computer transkribieren?*

Ehlich/Rehbein (1976) schlagen vor, man solle vor dem edv-gestützten Transkribieren ein Grobtranskript von Hand anfertigen. Suchen Sie die praktischen Hinweise von Ehlich/Rehbein im Originaltext auf und finden Sie heraus, welche Begründung sie für ihre Instruktion geben.

Überlegen Sie sich selbst, welche Vor- und Nachteile es möglicherweise hat, zunächst von Hand und erst später mit Hilfe eines Computers zu transkribieren.

# Literaturverzeichnis

Antos, G. (1982) *Grundlagen einer Theorie des Formulierens. Textherstellung in geschriebener und gesprochener Sprache.* Tübingen.

Assmann, A./Assmann, J. (1988) „Schrift, Tradition und Kultur", in: *Zwischen Festtag und Alltag: 10 Beiträge zum Thema „Mündlichkeit und Schriftlichkeit",* Raible, W., ed., Tübingen, 25-49.

Assmann, J. (1992) *Das kulturelle Gedächtnis. Schrift, Erinnerung und politische Identität in frühen Hochkulturen.* München.

Association Française de Linguistique Appliquée, ed., (1996) *Revue Française de Linguistique Appliquée (1-2). Corpus de leur constitution à leur exploitation.* Amsterdam.

Atkinson, M./Heritage, J. (1984) *Structures of Social Action. Studies in Conversational Analysis.* Cambridge.

Auer, P. (1992) "Introduction: John Gumperz' Approach to Contextualization". In: *The Contextualization of Language,* Auer, P./Di Luzio, A., eds., Amsterdam, 1-38.

Auer, P. (1996) "On the prosody and syntax of turn-continuations", in: Couper-Kuhlen, E./Selting, M., eds., 57-100.

Auer, P. (1999) *Sprachliche Interaktion. Eine Einführung anhand von 22 Klassikern.* Tübingen.

Auer, P./Di Luzio, A. eds. (1992) *The Contextualization of Language* (Pragmatics and Beyond 22), Amsterdam/Philadephia.

Auer, P./Couper-Kuhlen, E. (1994) „Rhythmus und Tempus konversationeller Alltagssprache", in: *Zeitschrift für Literaturwissenschaft und Lingustik* 96, 78-106.

Auer, P./Selting, M. (2001) „Der Beitrag der Prosodie zur Gesprächsorganisation", in: Brinker, K. et al., eds., (= HSK 16.2), 1122-1131.

Austin, J.L. (1962) *How to do Things with Words,* Oxford.

Baldry, A./Thibault, P. J. (2005) *Multimodal Transcription and Text Analysis.* (Equinox Textbooks and Surveys in Linguistics). Londen.

Barbour, S./Stevenson, P. (1998) *Variation im Deutschen. Soziolinguistische Perspektiven.* Berlin.

Becker-Mrotzek, M./Ehlich, K. et al. (1989) „Transkription von Sprachdaten mit Computer-Hilfe: HIAT-DOS", in: *UNI-Report* 9, 22-24.

Beckman, M./Ayers, G. (1994) *Guidelines for ToBI transcription, Version 2.* Ohio State University.

Bergmann, J. R. (1987) *Klatsch. Zur Sozialform der diskreten Indiskretion.* Berlin.

Bergmann, J. R. (1994) „Ethnomethodologische Konversationsanalyse", in: *Handbuch der Dialoganalyse,* Fritz, G./Hundsnurscher, F., eds., Tübingen, 3-16.

Bird, S./Libermann, M. (2001) "A formal framework for linguistic annotation", in: *Speech Communication* 33 (1,2), 23-60.

Birdwhistell, R.L. (1970) *Kinesics and Context.* Harmondsworth.

Birkner, K. (1999) *Ost- und Westdeutsche im Bewerbungsgespräch. Eine kommunikative Gattung in Zeiten gesellschaftlichen Wandels.* Tübingen.

Blanche-Benveniste, C./Jeanjean, C. (1987) *Le français parlé.* Paris.

Bloom, L. (1993) "Transcription and Coding for Child Language Research: The parts are more when the Whole More". In: Edwards, J.A./Lampert, M.D., eds., 149-168.

Boersma, Paul/Weenink, David (1992-2001) Praat: A system for doing phonetics by computer. Availbale from <www.praat.org>

Bohnsack, R./Nentwig-Gesemann, I./Nohl, A.-M., eds., (2001) *Die dokumentairsche Methode und ihre Forschungspraxis,* Opladen.

Bredel, U./Dittmar, J. (1996) „Strukturelle Planbrüche als Hinweis auf Registerkonflikte im Sprachgebrauch von Ostberlinern nach der Wende", in: *Deutsche Sprache* 24, 39-53.

Bredel, U. (1999) *Erzählen im Umbruch.* Studie zur narrativen Verarbeitung der "Wende" 1989. Stauffenburg Linguistik. Tübingen.

Bright, W. ed., (1992) *International Encyclopedia of Linguistics,* 4 Vols. Oxford.

Brinker, K./Sager, S. (1996) *Linguistische Gesprächsanalyse. Eine Einführung.* 2. Aufl., Berlin.

Brinker, K. et al., eds., (2001) *Text- und Gesprächslinguistik.* Bd. 2: *Gesprächslinguistik,* Berlin/New York.

Brünner, G. (1987) *Kommunikation in institutionellen Lehr-Lern-Prozessen. Diskursanalytische Untersuchungen zu Instruktionen in der betrieblichen Ausbildung,* Tübingen (= Kommunikation und Institution 16).

Brünner, G. (2000) *Wirtschaftskommunikation,* Tübingen.

Bühler, K. [1934] (1965) *Sprachtheorie,* Stuttgart.

Bührig, K./Sager, S. F., eds. (2005) *Nonverbale Kommunikation im Gespräch.* OBST 70. Osnabrück.

Bührig, K.,/ten Thije, J. (²2005) Diskurspragmatische Beschreibung, in: *Soziolinguistik. Ein internationales Handbuch zur Wissenschaft der Sprache und Gesellschaft,* eds. Ammon, U./Dittmar, N. et al., Bd. 2., Berlin, 1225-1250.

Bußmann, H. (1990) *Lexikon der Sprachwissenschaft,* Stuttgart.

Chafe, W. L. (1982) "Integration and involvement in speaking, writing and oral literature", in: *Spoken and Written Language: Exploring Language and Literacy,* Tannen, D., ed., Norwood, New Jersey (=Academic in Discourse Processes 9), 35-53.

Clahsen, H. (1982) *Spracherwerb in der Kindheit: Eine Untersuchung zur Entwicklung der Syntax bei Kleinkindern,* Tübingen.

Clifford, J. (1990) "Notes on (field)notes", in: *Fieldnotes: The Making of Anthropology,* Sanjek, R., ed., Ithaca/London, 47-70.

Condon, W.S./Ogston W.D. (1967) "A segmentation of behaviour", in: *Journal of Psychiatric Research* 5, 221-235.

Couper-Kuhlen, E. (1986) *An Introduction to English Prosody,* Tübingen.

Couper-Kuhlen, E. (1996a) "Intonation and clause combining in discourse: the case of because", in: *Pragmatics* 6 (3), 389-426.

Couper-Kuhlen, E. (1996b) "The prosody of repetition: on quoting and mimicry", in: Couper-Kuhlen, E./Selting, M. 1996a, 366-405.

Couper-Kuhlen, E./Selting, M., eds., (1996a) *Prosody in Conversation. Interactional Studies.* Cambridge.

Couper-Kuhlen, E./Selting, M. (1996b) "Towards an interactional perspective on prosody and a prosodic perspective on interaction", in: Couper-Kuhlen, E./Selting, M. (eds.) (1996a), 11-56.

Cruttenden, A. (1986) *Intonation.* Cambridge.

Crystal, D. (1969) *Prosodic Systems and Intonation in English.* Cambridge.

Crystal, D. (1975) *The English Tone of Voice: E*ssays *in Intonation, Prosody and Paralanguage.* London.

Crystal, D. (1993) *Die Cambridge Enzyklopädie der Sprache.* Frankfurt/Main, Wien.

Dannerer, M. (1999) *Besprechungen im Betrieb,* München.

Delhees, K.H. (1994) *Soziale Kommunikation,* Wiesbaden.

Deppermann, A. (1999) *Gespräche analysieren. Eine Einführung in konversationsanalytische Methoden,* Opladen.

Deppermann, A./Schütte, W. (2008): Data and transcription. In: Antos, G./Ventola, E./Weber, T. (Hg.): Handbook of Interpersonal Communication. Berlin: de Gruyter, S. 179-213.

Dittmar, N. (1971) „Möglichkeiten einer Soziolinguistik: Zur Analyse rollenspezifischen Sprachverhaltens", in: *Sprache im technischen Zeitalter* 38, 87-105.

Dittmar, N. (1973) *Soziolinguistik.* Frankfurt/Main.

Dittmar, N. (1997) *Grundlagen der Soziolinguistik. Ein Arbeitsbuch mit Aufgaben,* Tübingen.

Dittmar, N./Bredel, U. (1999) *Die Sprachmauer,* Berlin.

Dittmar, N./Kirsch, K. (2000) *"The Discourse Marker also in L₂ Acquisition".* EUROSLA, Krakau (Ms., FU-Berlin).

Dittmer, N./Bressem, J. (2005) Syntax, Semantik und Pragmatik des kausalen Konnektors *weil* im Berliner ‚Wendekorpus' der neunziger Jahre, in: Schwitalla, J./Wegstein, W. (eds.): *Korpuslinguistik deutsch: synchron, diachron, kontrastiv. Tübingen: Niemeyer, 99-125. (= Würzburger Kolloquium).*

Du Bois, J. W. (1991) "Transcription design principles for spoken discourse research", in: *Pragmatics* 1, 71-106.

Du Bois, J.W. et al. (1993) "Outline of Discourse Transcription", in : Edwards, J.A./Lampert, M.D., eds., 45-90.

Duden (⁷2005) *Die Grammatik.* Mannheim

Edwards, J.A. (1989) *Transcription and the New Functionalism: A Counterproposal to CHILDES' CHAT Conventions.* UC Berkeley Cognitive Science Program Technical Report, Nr. 60, March 1989.

Edwards, J.A. (1992a) "Transcription of Discourse", in: Bright, W., ed., vol. 1, 367-370.

Edwards, J.A. (1992b) "Computer methods in child language research", in: *Journal of Child Language* 19, 435-458.

Edwards, J.A. (1993a) "Perfecting research techniques in an imperfect world", in: *Journal of Child Language* 20, 209-216.

Edwards, J.A. (1993b) "Principles and contrasting systems of discourse transcription", in: Edwards, J.A./Lampert, M.D. eds., 3-31.

Edwards, J.A. (1993c) "Survey of electronic corpora and related resources for language researchers", in: Edwards, J.A./Lampert, M.D., eds., 263-306.

Edwards, J.A. (1995) "Principles and alternative systems in the transcription, coding and markup of spolen discourse", in: *Spoken English on Computer: Transcript, Mark-up and Application,* eds. Leech, G.M./Thomas, J., 19-34.

Edwards, J.A. (2001) "The Transcription of Discourse", in: Schiffrin, D./Tannen, D./ Hamilton, H.E., eds. *The Handbook of Discourse Analysis,* Blackwell, 321-348.

Edwards, J.A./Lampert, M.D., eds., (1993) *Talking Data. Transcription and coding in Discourse Research.* Hillsdale.

Ehlich, K. (1980) „Schriftentwicklung als gesellschaftliches Problemlösen", in: *Zeitschrift für Semiotik* 2, 335-359.

Ehlich, K., ed. (1981a) *Literalität in traditionalen Gesellschaften,* Frankfurt/Main.

Ehlich, K. (1981b) „Zur Notierung nonverbaler Kommunikation für diskursanalytische Zwecke (Erweiterte halbinterpretative Arbeitstranskriptionen HIAT 2)", in: *Methoden der Analyse von Face-to-Face-Situationen*, Winkler, P., ed., Stuttgart, 302-329.

Ehlich, K. (1982) *Augenkommunikation*, Amsterdam.

Ehlich, K. (1986a) „Funktional-pragmatische Kommunikationsanalyse – Ziele und Verfahren", in: *Untersuchungen zur Kommunikation – Ergebnisse und Perspektiven* (Linguistische Studien, Reihe A, Arbeitsberichte), Hartung, W., ed., Berlin: Akademie der Wissenschaften der DDR, 15-40.

Ehlich, K. (1986b) „Interjektionen", in: *Linguistische Arbeiten* 111, Tübingen.

Ehlich, K. (1993a) "HIAT: A transcription system for discourse data", in: Edwards, J.A./ Lampert, M.D., eds., 123-148.

Ehlich, K. (1993b) „Prozedur", in: *Metzler Lexikon Sprache*, Glück, H., ed., Stuttgart.

Ehlich, K. (1994) „Funktion und Struktur schriftlicher Kommunikation", in: *Schrift und Schriftlichkeit*, in: Günther, H./Ludwig, O., eds., Berlin/New York (= HSK 10.1), 18-41.

Ehlich, K./Rehbein, J. (1976) „Halbinterpretative Arbeitstranskirptionen [Heuristic Interpretative Auditory Transcriptions]", in: *Linguistische Berichte* 45, 21-41.

Ehlich, K./Rehbein, J. (1979) „Erweiterte Halbinterpretative Arbeitstranskriptionen (HIAT 2): Intonation", in: *Linguistische Berichte* 59, 51-75.

Ehlich, K./Rehbein, J. (1986) *Muster und Institution. Untersuchungen zur schulischen Kommunikation*. Tübingen, (= Kommunikation und Institution 15).

Ehlich, K./Switalla, B. (1976) „Transkriptionssysteme – Eine exemplarische Übersicht", in: *Studium Linguistik* 2, 78-105.

Ehlich, K./Tebel, C. et al. (1991) *Users's Guide for Annotating Trancriptions by Means of HIAT-DOS 2.0*, Universität Dortmund, Institut für deutsche Sprache und Literatur.

Ehmer, W./Schütte, W. (2008) Bericht über die 14. Arbeitstagung zur Gesprächsforschung am IDS Mannheim vom 2.-4. April 2008, in: *Gesprächsforschung 9*: 225-243.

Eibl-Eibesfeldt, I. (1997) *Die Biologie des menschlichen Verhaltens. Grundriß der Humanethologie*, Weyarn.

Eisenberg, P. (1998) *Grundriß der deutschen Grammatik*. Band 1: *Das Wort*, Stuttgart.

Erikson, F./Shultz, J. (1982) *The Counselor as a Gatekeeper. Social Interactions in Interviews*, New York.

Fiehler, R./Sucharowski, W., eds., (1992) *Kommunikationsberatung und Kommunikationstraining. Anwendungsfelder der Diskursforschung*. Opladen.

Flieher, R./Barden, D./Elstermann, M./Kraft, B. (2004) *Eigenschaften gesprochener Sprache*, Tübingen.

Ford, C.E./Thompson, S.A. (1996) "Interactional units in conversation: syntactic, intonational and pragmatic resources for the management of turns", in: *Interaction and Grammar*, Ochs, E./Schegloff, E.A./Thompson, S.A., eds., Cambridge, 134-184.

Ford, C.E./Fox, B./Thompson, S.A. (1996) "Practices in the construction of turns: The 'TCU' revisited", in: *Pragmatics* 6(3), 427-454.

Forsthoffer, I./Dittmar, N. (2002) „Konversationsanalyse", in: *Methoden der Organisationsforschung. Ein Handbuch*, Kühl, S./Strodtholz, P., eds., Reinbek bei Hamburg, 395-425.

Frank, D. (1980) *Grammatik und Konversation*, Kronberg, Ts.

French, P./Local, J. (1983) "Turncompetitive incomings", in: *Journal of Pragmatics* 7, 17-38.

Frey, S./Hirsbrunner, H.-P. et al. (1981) „Das Berner System zur Untersuchung nonverbaler Interaktion: I. Die Erhebung des Rohdatenprotokolls: II. Die Auswertung von Zeitreihen visuell-auditiver Information", in: *Methoden der Analyse von face-to-face-Situationen*, Winkler, P., ed., Stuttgart, 203-268.

Garlin, E. (2000) *Bilingualer Erstspracherwerb*, München.

Gibbon, D./Moore, R. et al., eds., (1997) *Handbook of Standards and Resources for Spoken Language Systems*, Berlin; New York.

Glas, R./Ehlich, K., eds., (2000) *Deutsche Transkripte 1950 bis 1995. Ein Repertorium*. (Arbeiten zur Mehrsprachigkeit 63), Hamburg: Institut für Germanistik I/Deutsch als Fremdsprache, Hamburger Zentrum für Mehrsprachigkeit und Sprachkontakte (HAZEMS).

Goffman, E. (1959) *The Presentation of Self in Everyday Life*, Garden City, N.Y.

Goffman, E. (1967) *Interaction Rituals*, Philadelphia.

Goffman, E. (1974) *Frame Analysis. An Essay on the Organization of Experience*, New York. (Dt. Übersetzung: (1977) *Rahmenanaylse. Ein Versuch über die Organisation von Alltagserfahrungen*, Frankfurt a.M.)

Goodwin, C. (1981) *Conversational Organization: Interaction between Speakers and Hearers*, New York.

Goodwin, C. (1996) "Transparent vision", in: *Interaction and Grammar*, Ochs, E./ Schegloff, E.A./Thompson, S.A., eds., Cambridge, 370-404.

Goodwin, C. (2002) "Recording human interaction in natural settings", in: *Pragmatics 32, 181-209.*

Grießhaber, B. (1987a) *Authentisches und zitierendes Handeln. Bd. 1: Einstellungsgespräche*, Tübingen. (= Kommunikation und Institution 13).

Grießhaber, B. (1987b) *Authentisches und zitierendes Handeln. Bd. 2: Rollenspiele im Sprachunterricht*, Tübingen. (=Kommunikation und Institution 14).

Günther, H./Ludwig, O., eds. (1994/96) *Schrift und Schriftlichkeit*. Ein interdisziplinäres Handbuch internationaler Forschung, 2 Bde., Berlin, New York.

Günthner, S. (1995) „Gattungen in der sozialen Praxis", in: *Deutsche Sprache* 23, 193-218.

Günthner, S./Knoblauch, H. (1994) "'Forms are the Food of Faith' – Gattungen als Muster kommunikativen Handelns", In: *Kölner Zeitschrift für Soziologie und Sozialpsychologie* 46 (4), 693-723.

Gumperz, J./Berenz, N. (1993) "Transcribing conversational exchanges", in: Edwards, J./Lampert, M.D., eds., 91-121.

Haarman, H. (1998) *Universalgeschichte der Schrift*. Frankfurt/Main.

Hartog, J. (1996) *Das genetische Beratungsgespräch*, Tübingen.

Hausendorf, H./Quasthoff, U. (1995) "Discourse and Oral Contextualizations: Vocal Cues", in: *Aspects of Oral Communication*, Quasthoff, U., ed., Berlin usw., 391-418.

Heidtmann, D./Schütte, W./Steiger, K. (2003) „GAIS: GesprächsAnalytisches InformationsSystem. Ein hypermediales Lernsystem zur Gesprächsforschung", in: *Gesprächsforschung – Online-Zeitschrift zur verbalen Interaktion* 3, 137-146.

Heritage, J. (1995) "Conversation Analysis: Methodological Aspects", in: *Aspects of Oral Communication*, Quasthoff, U., ed., Berlin usw., 391-418.

Herrmann, Th. (2003) „Kognitive Grundlagen der Sprachproduktion", in: *Psycholingiuistik*, Rickheit, G./Herrmann, Th./Deutsch, W., eds., Berlin/New York (= HSK 24), 228-244.

Hoffmann, L. (1983) *Kommunikation vor Gericht*, Tübingen (=Kommunikation und Institution 9).

Hoffmann, L. (1997), „Anakoluth", In: Zifonum, G. et al., eds. Grammatik der deutschen Sprache, Bd. 1, 443-446.

Hoffmann, L., ed., (1996) *Sprachwissenschaft. Ein Reader*, Berlin.

Hufschmidt, J./Mattheier, K. (1976) „Sprachdatenerhebung. Methoden und Erfahrungen bei sprachsoziologischen Feldforschungen", in: *Sprachliches Handeln – soziales Verhalten*, Viereck, W., ed., München, 105-138.

Institut für deutsche Sprache, ed., (1987) *Textkorpora 2. Kindersprache*, Tübingen, (= Phonai 32).

International Phonetic Association (1999) *Handbook of the International Phonetic Association. A Guide to the use of the International Phonetic Alphabet,* Cambridge.

Jäger, L./Stanitzek, G., eds. (2002) *Transkribieren.* Medien/Lektüre. München

Jefferson, Gail (1996) „A Case of Transcriptional Stereotyping", in *Journal of Pragmatics* 26, 159-170.

Jordens, P. (2003) "Constraints on the shape of second language learner varieties", in: *Psycholinguistik,* Rickheit, G./Hermann. Th./Deutsch, W., eds., Berlin/New York (= HSK 24), 819-833.

Kallmeyer, W. (1985) „Handlungskonstitution im Gespräch", in: *Grammatik, Konversation, Interaktion,* Gülich, E./Kotschi, Th., eds., Tübingen, 81-123.

Kallmeyer, W. (1994) *Kommunikation in der Stadt,* Bd. 1-4, Berlin.

Kallmeyer, W., ed., (1996) *Gesprächsrhetorik* Tübingen.

Kallmeyer, W. (1997) „Vom Nutzen des technologischen Wandels in der Sprachwissenschaft: Gesprächsanalyse und automatische Sprachverarbeitung", in: *Zeitschrift für Literaturwissenschaft und Linguistik* 27(107), 124-152.

Kallmeyer, W./Schmitt, R. (1996) „Forcieren oder: Die verschärfte Gangart", in: *Gesprächsrhetorik,* Kallmeyer, W., ed., Tübingen, 19-118.

Kelly, J./Local, J. (1989) *Doing Phonology. Observing, Recording, Interpreting,* Manchester and New York.

Kendon, A. (1967) "Some Functions of Gaze-Direction in Social Interaction", in: *Acta Psychologica* 26, 22-63.

Kern, F. (2000*) Kulturen der Selbstdarstellung. Ost- und Westdeutsche in Bewerbungsgesprächen,* Wiesbaden.

Klein, W. (1985) „Gesprochene Sprache – geschriebene Sprache", in: *Zeitschrift für Literaturwissenschaft und Linguistik* 59, 9-35.

Klein, W./Dittmar, N. (1979) *Developing Grammars: the Acquisition of German by Foreign Workers,* Heidelberg/New York.

Klein, W./Schütte, W. (2000) *Transkriptionsrichtlinien für die Eingabe in DIDA,* Institut für deutsche Sprache, Mannheim.

Koch, P./Oesterreicher, W. (1985) „Sprache der Nähe – Sprache der Distanz. Mündlichkeit und Schriftlichkeit im Spannungsfeld von Sprachtheorie und Sprachgeschichte", in: *Romanisches Jahrbuch* 36, 15-43.

Koch, P./Oesterreicher, W. (1994) „Schriftlichkeit und Sprache", in: *Schrift und Schriftlichkeit,* Günther, H./Ludwig, O., eds., Berlin/New York, (= HSK 10.1), 587-604.

Koerfer, A. (1981) „Probleme und Verfahren der Notation von Face-to-Face Interaktion", in: Lange-Seidl, A. ed., 187-197.

Köhler, A./Kraft, B. et al. (1973) „„Wieviel spricht man am Tag'? Quantitative Angaben zur Sprachverwendung in einem bestimmten Zeitraum", in: *Aspekte der gesprochenen Sprache. Deskriptions- und Quantifizierungsprobleme,* in: Wackernagel-Jolles, B., ed., Göppingen.

Kruse, D. (1988) „Studien zu Glaßbrenners Witz und Humor", in: *Wandlungen einer Stadtsprache. Berlinisch in Vergangenheit und Gegenwart,* Dittmar, N./Schlobinski, P. eds., Berlin, 211-237.

Labov, W. (1980) „Einige Prinzipien linguistischer Methodologie", in: *Sprache im sozialen Kontext,* Dittmar, N./Rieck, B.O., eds., Königstein/Ts., 1-24.

Lampert, M.D./Erwin-Tripp, S.M. (1993) "Structured coding for the study of language and social interaction", in: *Talking Data. Transcription and Coding in Discourse Research,* Edwards J.A./Lampert, M.D., eds., Hillsdale, N.J., 169-206.

Lange-Seidl, A. (ed.) (1981) *Zeichenkonstitution,* Berlin.

Laver, J. (1994) *Principles of Phonetics,* Cambridge.

Leech, G./Myers, G./Thomas, J., eds., (1995) *Spoken English on Computer*, New York.

Lehmann, Ch. 2004, "Interlinear morphemic glossing." In: Booij G., Lehmann, Ch., Mudgan, J. & Skopeteas, S. (eds.), *Morphologie. Ein internationales Handbuch zur Flexion und Wortbildung. 2. Halbband*. Berlin & New York: W. de Gruyter (Handbücher zur Sprach- und Kommunikationswissenschaft, 17.2); 1834-1857.

Lehnen, K./Gülich, E., (1997) „Mündliche Verfahren der Verschriftlichung: Zur interaktiven Erarbeitung schriftlicher Formulierungen", in: *LiLI 27* (108), 108-136.

Lenk, U. (1999) "Notation systems in spoken language corpora", in: *Handbook of Pragmatics*, Verschueren, J., et al., eds., Amsterdam/Philadelphia. (Keine Seitenzahl = lose Blattsammlung)

Levelt, W. (1989) *Speaking. From Intention to Articulation*, Cambridge, London.

Levinson, S. (1979) "Activity types and language", in : *Linguistics* 17(15/6), 356-399.

Levinson, S. (1990) *Pragmatik*, Tübingen.

Liedke, M. (1994) *Die Mikro-Organisation von Verständigung*, Frankfurt/Main.

Lieshout, P.v. (o.Dat.) *PRAAT. Short Tutorial* [Online-Ausgabe].

Linell, P. (1982) *The Written Language Bias in Linguistics*, Linköping: University of Linköping (= Studies in Communication).

Lipps Group (2000) "The LIDES Coding Manual", in: *Language and Speech* 4(2). Middlesex, 131-270.

Local, J./Wells, W. et al. (1985) "Phonology for conversation. Phonetic aspects ot turn delimitation in London Jamaican", in: *Journal of Pragmatics* 9, 309-330.

Löning, P./Rehbein, J., eds., (1993) *Arzt-Patienten-Kommunikation*, Berlin.

Lorenz, K. (1965) „Gestaltswahrnehmung als Quelle wissenschaftlicher Erkenntnis", in: *Über tierisches und menschliches Verhalten. Aus dem Werdegang der Verhaltenslehre. Gesammelte Abhandlungen*, Lorenz, K., ed., München. [Bd. I. 17. A. (1974); Bd. II. 11. A. (1974)].

Luckmann, T., ed. (1979) „Verhaltenspartituren: Notation und Transkription", in: *Zeitschrift für Semiotik* 1, (2/3).

Luckmann, T. (1986) Grundformen der gesellschaftlichen Vermittlung des Wissens: Kommunikative Gattungen. In: *Kölner Zs. f. Soziologie und Sozialpsychologie*. Sonderheft 27, 191-211.

Ludwig, R. (1988a) *Korpus: Texte des gesprochenen Französisch. Materialien 1*, Tübingen (= Scripta Oralia 8).

Ludwig, R. (1988b) *Modalität und Modus im gesprochenen Französisch*, Tübingen (= Reihe Scripta Oralia 7).

MacWhinney, B. (1991) *The CHILDES-Project: Tools for Analyzing Talk*, Hillsdale 1991.

MacWhinney, B. (o.Dat.) *Online-Handbücher zu CLAN und CHAT*.

MacWhinney, B./Snow, C. (1985) "The child language data exchange system", in: *Journal of Child Language* 12, 271-296.

MacWhinney, B./Snow, C. (1992) "The wheat and the chaff: Or four confusions regarding CHILDES", in: *Journal of Child Language* 19, 459-471.

Martens, K. (1979) „Zur Herausbildung kommunikativer Handlungsmuster zwischen Kind und Bezugsperson: Unterstützung herstellen", in: dies., ed., *Kindliche Kommunikation*, Frankfurt/Main, 76-109.

Mayring, P. (1999) *Einführung in die qualitative Sozialforschung. Eine Anleitung zu qualitativem Denken*, 4. Aufl., Weinheim.

Menz, F. (2000) *Selbst- und Fremdorganisation durch Kommunikation in Wirtschaftsunternehmen*, Wiesbaden.

Metzler, J./Fishman, P. (1978) "Interaction", in: *Social Problems* 25, 397-406.

Morris, D. (1995) *Bodytalk. Körpersprache, Gesten und Gebärden*, München.

Müller, H.M. (2003) „Neurobiologische Grundlagen der Sprache", in: *Psycholinguistik,* Rickheit, G./Herrmann, Th./Deutsch, W., eds., Berlin/New York (= HSK 24), 58-80.

O'Connell, D./Kowal, S. et al (1994) "Some Current transcription systems for spoken discourse", in: *Pragmatics* 4, 81-107.

O'Connell, D./Kowal, S. (1995) "Transcription systems for spoken discourse", in: *Handbook of Pragmatics. Manual,* Verschueren, J./Östmann, J.-O. et al., eds., Amsterdam, 646-656.

O'Connell, D./Kowal, S. (2000) "Are transcripts reproducible?", in: *Pragmatics* 10 (2), 247-269.

Ochs, E. (1979) "Transcription as Theory", in: Ochs, E./Schieffelin, B., eds., 43-72.

Ochs, E./Schieffelin, B., eds., (1979) *Developmental Pragmatics,* New York.

PHONAI. *Texte und Untersuchungen zum gesprochenen Deutsch,* Tübingen. (Hrsg. von Ausgabe zu Ausgabe unterschiedlich).

Pöppel, E. (1989) „Eine neuropsychologische Definition des Zustands ‚bewusst'", in: Pöppel, E., ed. *Gehirn und Bewußtsein.* Mit Beiträgen von A. Beckermann u.a., Weinheim, 17-32.

Pompino-Marschall, B. (1995) *Einführung in die Phonetik,* Berlin.

Prillwitz, S. (1991) „syncWRITER in der Gebärdensprachforschung", in: *Kaleidoskop* 1, *med-i-bit,* 35-44.

Prillwitz, S. (1996) „Fingeralphabete, Manualsysteme und Gebärdensprachschriften", in: *Schrift und Schriftlichkeit,* Günther, H./Ludwig, O., eds., Berlin/New York (= HSK 10.2), 1623-1629.

Prillwitz, S./Leven, R. et al. (1989) *HamNoSys. Version 2.0. Hamburger Notationssystem für Gebärdensprachen. Eine Einführung,* Hamburg.

Psathas, G./Anderson, T. (1990) "The 'practices' of transcription in conversation analysis", in: *Semiotica* 78 (1/2), 75-99.

Rabelais, François (1974) *Gargantua und Pantagruel,* hrsg. H. und E. Heintze, Frankfurt/Main; Leipzig.

Redder, A. (ed.) (1982) *Schulstunden 1. Transkripte,* Tübingen.

Redder, A. (1984) *Modalverben im Unterrichtsdiskurs*: *Pragmatik der Modalverben als Beispiel eines institutionellen Diskurses,* Tübingen (= Germanistische Linguistik 54).

Redder, A. (1994) „‚Bergungsunternehmen' – Prozeduren des Malfeldes beim Erzählen", in: *Texte und Diskurse,* Brünner, G./Graefen, G., eds., Opladen, 238-264.

Redder, A. (2001) „Aufbau und Gestaltung von Transkriptionssystemen", in: Brinker, K. et al., eds., 1038-1059.

Redder, A., Ehlich, K., eds., (1994) *Gesprochene Sprache. Transkripte und Tondokumente,* Tübingen (= Phonai 41).

Rehbein, J. (1995) *Segmentieren. Memo 64 des Verbundprojekts Verbmobil,* Hamburg.

Reski, A. (1982) *Aufforderungen. Zur Interaktionsfähigkeit im Vorschulalter,* Bern.

Richter, H. (1982) „Darstellung und Verwendung verschiedener Transkriptionssysteme und -methoden", in: *Dialektologie. Ein Handbuch zur deutschen und allgemeinen Dialektforschung,* Besch, W. et al., eds., Berlin/New York, 585-597.

Roach, P. (1992) "Phonetic Transcription", in: Bright, W., ed., Bd. 3, 200-202.

Rost-Roth, M. (2000) "Intercultural communication in institutional settings: counseling sessions", in: *Beyond Misunderstanding,* Bührig, K./Ten Thije, J., eds., Amsterdam.

Sacks, H./Schegloff, E./Jefferson, G. (1974) "A simplest systematics for the organization of turn-taking in conversation", in: *Language* 50, 696-735.

Sacks, H. (1992) *Lectures on conversation.* Bd.I und II. , G. Jefferson, ed., Oxford.

Sager, S. (2001) „Probleme bei der Transkription nonverbalen Verhaltens", in Brinker, K. et al., eds., 1069-1085.

Sager, Sven F. (2005) „Ein System zur Beschreibung von Gestik", in: Bührig/Sager, eds. OBST 70, 19-47.

Schade, U./Barattelli, S. (2003) „Kognitionswissenschaftliche Beiträge zu Sprachproduktion und Sprachrezeption", in: *Psycholinguistik*, Rickheit, G./Herrmann, Th./ Deutsch, W., eds., Berlin/New York (= HSK 24), 80-91.

Schegloff, E. (1993) "Reflections on quantification in the study of conversation", in: *Research on Language and Social Interaction* 26, 9-128.

Schegloff, E.A. (1996) "Turn organization: one intersection of grammar and interaction", in: *Interaction and Grammar*, Ochs, E./Schegloff, E.A./Thompson, S.A.., eds., Cambridge, 52-133.

Schegloff, E. A. (2000) "Overlapping talk and the organization of turn-taking for conversation", in: *Language in Society* 29, 1-63.

Schegloff, E. A. (2007) *Sequence Organization in Interaction.* A Primer in Conversation Analysis. Vol. 1, Cambridge, New York.

Schegloff, E.A./Ochs, E./Thompson, S.A. (1996) "Introduction", In: *Interaction and Grammar*, Ochs, E./Schegloff, E.A., Thompson, S.A., eds., Cambridge, 1-51.

Scherer, C. (2006) *Korpuslinguistik.* Heidelberg.

Scherer, K. R., Giles, H. (1979) *Social Markers in Speech*, Cambridge, Paris.

Schiefer, L./Pompino-Marschall, B. (1996) „Phonetische Transkription", in: *Schrift und Schriftlichkeit – Writing and its Use*, Coulmas, F./Ehlich, K. et al., eds., Berlin/New York (= HSK 10.2); 1583-1591.

Schlieben-Lange, B. (1983) *Traditionen des Sprechens. Elemente einer pragmatischen Sprachgeschichtsschreibung*, Stuttgart.

Schlobinski, P. (1996) *Empirische Sprachwissenschaft*, Opladen.

Schlobinski, P., Kohl, G., Ludewig, I. (1994) *Jugendsprache. Fiktion und Wirklichkeit*, Opladen.

Schmidt, T. (2001) The transcription system EXMARaLDA: An application of the annotation graph formalism as the basis of a database of multilingual spoken discourse. In: Steven Dirf, Peter Buneman and Mark Liberman (eds.),. *Proceedings of the IRCS Worjshop Pn Linguistic Databases, 11-13 December 2001*, 219-227. Philadelphia, PA: University of Pennsylvania Press. (http://www.ldc.upenn.edu/annotation/ database/papers/Schmidt/2.2schmidt.pdf, access date: May 3, 2007).

Schmidt, Th. (2001) EXMARaLDA 1.0 Dokumentation [online-Dokumentation im pdf-Format].

Schmidt, Th. (2002a) *EXMARaLDA – Ein System zur Diskurstranskription auf dem Computer.* Hamburg (= Arbeiten zur Mehrsprachigkeit, Serie B).

Schmidt, Th. (2002b) „Gesprächstranskription auf dem Computer: Das System EXMARaLDA.", in: *Gesprächsforschung* 3 (Online-Zeitschrift zur verbalen Interaktion), Freiburg, 1-23.

Schmidt, Th. (2002c) „Stellungnahme zu Wolfgang Schneiders Artikel", in: *Gesprächsforschung 3* (Online-Zeitschrift zur verbalen Interaktion), Freiburg, 237-240.

Schmidt, Th. (2005) *Computergestützte Transkription. Modellierung und Visualisierung gesprochener Sprache mit texttechnologischen Mitteln.* Frankfurt a.M.: Land.

Schneider, W. (1997) *Bemerkungen zur Diskussionsvorlage GAT aus DV-technischer Sicht*, Dortmund.

Schneider, W. (1999) *Zur Notation von Intonationen in Transkriptionen aus DV-technischer Sicht*, Dortmund.

Schneider, W. (2002) „Annotationsstrukturen in Transkripten. DV-technische Strukturanforderungen für Annotate exemplifiziert an EXMARaLDA", in: *Gesprächsforschung 3* (Online-Zeitschrift zur verbalen Interaktion). Freiburg, 192-236.

Schnieders, G. (1999) „Zum Einsatz von Transkriptionen authentischer Diskurse im DaF-Unterricht", in: *Schnittstelle Deutsch*, Bassola, P./Oberwagner, C. et al., eds., Szeged, 189-303.

Schönherr, B., (1993) „Prosodische und nonverbale Signale für Paranthesen – ‚Parasyntax‘ in Fernsehdiskussionen", in: *Deutsche Sprache. Zeitschrift für Theorie, Praxis, Dokumentation* 21, 223-243.

Schröder, P., ed., (1985) *Beratungsgespräche – ein kommentierter Textband,* Tübingen.

Schuetze-Coburn, S./Shapley et al. (1991) "Units of intonation in discourse: acoustic and auditory analyses in contrast", in: *Language and Speech* 34, 207-34.

Schwitalla, J. (2006³) *Gesprochenes Deutsch. Eine Einführung,* Berlin.

Scollon, R. (2001) *Mediated discourse: The nexus of practice.* London.

Searle, J. (1969) *Speech Acts,* Cambridge.

Selkirk, E. (1984) *Phonology and Syntax: The Relation between Sound and Structure,* Cambridge.

Selting, M. (1995) *Prosodie im Gespräch. Aspekte einer interaktionalen Phonologie der Konversation,* Tübingen.

Selting, M. (1996) "On the interplay of syntax and prosody in the constitution of turn-constructional units and turns in conversation", in: *Pragmatics* 6 (3), 357-388.

Selting, M. (1998) "TCUs und TRPs: The Construction of Units in Cenversational Talk". *InLiSt* Nr. 4, Fachgruppe Sprachwissenschaft, Universität Konstanz.

Selting, M. (2001) „Probleme der Transkription verbalen und paraverbalen/prosodischen Verhaltens", in: Brinker, K. et al., eds., 1059-1068.

Selting, M. et al. (1998) „Gesprächsanalytisches Transkriptionssystem (GAT)", in: *Linguistische Berichte* 173, 91-122.

Skiba, R. (²2005) „Computerlinguistik", in: *Soziolinguistik,* Ammon, U. et al., eds., Bd. 2. Berlin/New York (= HSK 3.1.), 1187-1196.

Skiba, R., Dittmar, N. und Bressem, J. (2008) Planning, collecting, exploring , and archiving longitudinal L2 data: Experiences from the P- MoLL project. In: O. Lourdes und H. Byrnes (eds.): *The longitudinal study of advanced L2 capacities.* New York/London: Routledge, 73-88.

Slobin, D. (1977) "Language change in childhood and in history", in: *Language Learning and Thought,* Macnamara, J., ed., New York, 185-214.

Slobin, D. (1992) *The Crosslinguistic Study of Language Acquisition,* Hillsdale, NJ.

Söll, L. (³1985) *Gesprochenes und geschriebenes Französisch,* 3. Aufl., Berlin. (= Grundlagen der Romanistik 6).

Sperlbaum, M. (1975) *Proben deutscher Umgangssprache,* Tübingen.

Steckbauer, D. (2009) Computergestützte Transkirptionsprogramme auf dem Prüfstand. Zur Transkription gesprochener Sprache und non-verbalen Verhaltens am Computer. MA-Arbeit, FU-Berlin, Ausschnitte unter <http://www.personal.geisteswissenschaften. fu-berlin.de/nordit>.

Steger, Hugo (1974) „Kommunikationsbedürfnisse und Kommunikationsschwierigkeiten in den heutigen Großgesellschaften. Analysen und Modelle", in: *Acta. IV. Congresso Latino-Americano de Estudos Germanisticos,* Sao Paulo, 83-101.

Stephany, U./Bast, C./Lehmann, K. (2001) *Computer-Assisted Transcription and Analysis of Speech,* Arbeitspapiere, Institut für Linguistik, Köln.

Stern, C. u. W. [1907] (1928) *Die Kindersprache,* 4. Aufl., Leipzig.

Svartvik, J. ed., (1992a) *Directions in Corpus Linguistics,* Berlin.

Svartvik, J. (1992b) "Corpus linguistics comes of age", in: Svartik 1992a, 7-13.

*Texte gesprochener deutscher Standardsprache* 1-1V, München.

Steger, H., ed., (1971) Bd. 1: *Eine Reihe mit Texten deutscher gesprochener Gebrauchshochsprache – und was wir uns dabei gedacht haben.*

Van Os, Ch., ed., (1974) Bd. 2: *Meinung gegen Meinung.*

Fuchs, P./Schank, G., eds., (1975) Bd. 3: *Alltagsgespräche.*

Jäger, K.H. (1979) Bd. 4: *Beratungen und Dienstleistungsdialoge.*

Thibault, P./Vincent, D. (1990) *Un corpus de français parlé. Recherches sociolinguistiques 1*, Québec.

Tropf, H.S. (1983) *Variation in der Phonologie des ungesteuerten Zweitspracherwerbs. Band 1: Theorie und Methode, Band 2: Analyse der Daten*, St. Leon/Heidelberg.

Uhmann, S. (1992) "Contextualizing relevance: On some forms and functions of speech rate changes in everyday conversation", in: *The Contextualization of Language*, Auer, P./di Luzio, A., eds., Amsterdam, 297-336.

Völzing, P.-L. (1981) *Kinder argumentieren*, Paderborn.

Wagener, P. (1981) „Die Erfahrung der Dialektologen mit der Notation sprachlicher Daten", in: Lange-Seidl, A. ed., 150-158.

Wagener, P./Bausch, K.-H., eds., (1997) *Tonaufnahmen des gesprochenen Deutsch. Dokumentation der Bestände von sprachwissenschaftlichen Forschungsprojekten und Archiven*, Tübingen.

Wallbott, H.G. (1982) *Bewegungsstil und Bewegungsqualität. Untersuchungen zum Ausdruck und Eindruck gestischen Verhaltens*, Weinheim/Basel.

Weingarten, R. (1995) „Das Alphabet in neuen Medien", in: *Neue Medien*, Schmitz, U., ed., Oldenburg (= OBST 50), 61-82.

Weinrich, L. (1992) *Verbale und nonverbale Strategien in Fernsehgesprächen*, Tübingen.

Wiesmann, B. (1999) *Mündliche Kommunikation im Studium*, München.

Zifonun, G. et al. (1997) *Grammatik der deutschen Sprache*, 3 Bde., Berlin/New York (= Schriften des Instituts für deutsche Sprache 7.1).

Zikmund, H. (1996) „Transliteration", in: Günthner, H./Ludwig, O., eds., Berlin/New York (= HSK 10.2), 1591-1604.

Zumthor, P. (1990) *Einführung in die mündliche Dichtung*, Berlin.

Zwirner, E./Bethge, B. (1958) *Erläuterungen zu den Texten. Lautbibliothek der deutschen Mundarten 1*. Göttingen.

# Internetadressen

(Stand Ende Januar 2009)

**Archiv Gesprochenes Deutsch**   <http://agd.ods-mannheim.de/html./index.shtml> (viele Informationen zu den Korpusbeständen sowie zu laufenden korpustechnologischen Projekten des IDS und zu wichtigen „Stichworten" wie „Mundarten", „Transkription", „Alingment" etc.).

## Bibliographien zur Transkription

– Aus der Perspektive der interaktiven Gesprächsforschung
http://www.linguistics.

http://www.sscnet.
<ucla.edu/soc/faculty/schegloff/TranscriptionProject/index.html>
(Schegloffs Verbesserungen der KA, vgl. 5.3)

http://www.sscnet.
<ucla.edu/soc/faculty/schegloff/TransciptionProject/index.html>
(compiled by Jonathan Potter)

– Qualitative Sozialforschung

**CHAT**   <http://childes.psy.cmu.edu/>
**COSMAS**   <http://www.ids-mannheim.de/cosmas2/>
Portal für die Korpusrechte in den Textkorpora des Instituts für Deutsche Sprache. Auf der Startseite gibt es auch einen Link zur Web-Applikation. Das Datenbankangebot umfasst „nur" die Textkorpora des IDS, die sprechsprachlichen Korpora sind über die
**DGD** (Datenbank Gesprochenes Deutsch (DGD): <http://agd.ids-mannheim.de/html.dgd.shtml> herunterladen.
Zugang über <httm://agd.ids-mannheim.de/html/dgd.shtml> mit (Links zur öffentlichen und zur Wissenschaftler-Version). Die bisherige DGD benutzt einen kleinen Teil der COSMAS-2-Syntax, eine neue Version der DGD wird derzeit produziert.
**Dittmar, Norbert**   <http://personal.geisteswissenschaften.fu-berlin.de/nordit>

ELAN            <http://www.lat-mpi.eu/tools/elan/>

**Ethnographische**
**Gesprächsanalyse**      <http://www.gesprachsforschung-ozs.de/heft2000/
ga-deppermann.pdf>

**EXMARaLDA**      EXMARaLDA <http://www1.uni-hamburg.de/exmaralda/>
<http://www.gespraechsforschung-ozs.de/heft2002/px-
schmidt.pdf>

**GAIS**            <http://www.ids-mannheim.de/prag/GAIS/>
<http://www.gespraechsforschung-ozs.de/heft2002/px-
schuette.pdf>

**GAT** (Stand der neuesten Entwicklung, Transkriptionstutorien)
     Selting, Margret (Univeristät Potsdam)
     <http://uni-potsdam.de/u/germanistik/ individu-
al/selting/index.htm>
     Institut für deutsche Sprache
     <http://prowiki.ods-mannheim.de/_bin/view/GAT2/WebHome>
     Bergmann, Pia und Chritiane Mertzlufft (Universität Freiburg,
Tutorium GAT-TO)
     <http://paul.igl.uni-freiburg.de/bergmann/?GAT-TO) >.

**Gesprächsforschung** (Informationen verschiedenster Art)
     Das „Informationsportal" hat nach wie vor die ursprüngliche URL
<http://www.gespraechsforschung.de/>, auch wenn es seit einiger
Zeit nicht mehr aktualisiert wird und einzelne Angebote wie
Technik-Informationen und Bibliografie zum Gesprächsforschung
<http://hypermedia.ods-mannheim.de/pls/prag/bib.ansicht> mitt-
lerweile vomn IDS bzw. GAIS übernommen worden sind. Vom
Inhalt und Design („Relaunch") her aktuell ist aber die Zeitschrift
zur Gesprächsforschung <http://www.gespraechsforschung-
ozs.de/>.

**HIAT/HIAT-DOS**      <http://www.daf.uni-muenchen.de/HIAT/HIAT.HTM>
<http://www.gespraechsforschung-ozs.de/heft2001/px-
schneider2.pdf>

**IDS Mannheim**      <http://www.ids-mannheim.de/>

**IGF**
**Informationsportal**      <http://www.institut-gespraechsforschung.de/home/index.htm>
Gesprächsforschung <http://www.gespraechsforschung.de/>

**KA-Konventonen** (nach Schegloff)
     <http://www.sscnet.ucla.edu/soc/faculty/Schegloss/Transciption
Projekt/>

**METADATA**      <http://www.mpi.nl/IMDI/documents/Proposals/IMDI_MetaData_
3.0.4.pdf>

**PRAAT**           <http://www.fon.hum.uva.nl/praat/> or
                    <http://www.praat.org>

**prosoDB**         <http://www.gespraechsforschung-ozs.de/heft2001/px-gilles.pdf>

**RITT**            <http://mail.edo.uni-dortmund.de/~bruenner/RITT.html>

**Schütte, Wilfried (IDS)**<http://www.ids-mannheim.de/prag/personal/_schuette.html>

**Softwarepakete** (GAIS, Audio-Transkription)
                    <http://www.gais.ids-mannheim.de/technik/software.html> und
                    <www.audiotranskription.de>

**traatsch**        <http://www.gespraechsforschung-ozs.de/heft2001/px-
                    kuegler.pdf>

**TuT**             <http://www.ton-und-text.de/>
                    <http://gespraechsforschung-ozs.de/heft2001/px-schneider.pdf>

**YAHOO**           <http://www.yahoo.com>

# Glossar

**adjazent**

Aus dem Engl. *adjacent*: benachbart; „adjacency pairs" ist ein Begriff aus der Konversationsanalyse und lässt sich im Deutschen wiedergeben durch *Nachbarschaftspaare*; *Gruß – Gegengruß* kann als ein Nachbarschaftspaar verstanden werden (die beiden Ausdrücke bedingen sich gegenseitig, keiner der beiden kann für sich allein stehen).

**Affix**

Allgemeiner grammatischer Begriff für eine unselbstständige Form, die mit der Stammform eines Wortes zu einer komplexen Wortform verbunden wird (*un* + *glaub* + *lich*).

**Akusticum**

Akustische Ereignisse aller Art; z.B. während der Aufnahme eines Gesprächs unterschiedliche nichtsprachliche Nebengeräusche.

**Akzent**

Unter phonetischem Gesichtspunkt versteht man unter Akzent die Hervorhebung einer bestimmten Silbe gegenüber den anderen Silben eines Wortes (Wortakzent, lexikalischer Akzent). Die Hervorhebung einer betonten Silbe im Rahmen des Satzes wird als *Satzakzent* bezeichnet. Die betonte Silbe lässt sich durch verschiedene phonetische Parameter beschreiben. Mit der Betonung/Akzentuierung erfolgt normalerweise eine Veränderung der Grundfrequenz, der Lautstärke, der Dauer und partiell der Artikulationsgenauigkeit. Weitere Präzisierungen finden sich in Pompino-Marschall (1995: 233 ff.) u. in Bußmann (1990: 63). Weitere wichtige Begriffe bezüglich „Akzent" sind Neben- oder Sekundärakzent, Akzenttonhöhenbewegungen, Akzentsilbe, Akzentstelle u. a.

**Allophon**

Beim Sprechen konkret-manifeste Variante eines Phonems. Allophone des Phonems /r/ sind das deutsche Zungen- und das Zäpfchen-*r*.

**Anakoluth**
Nach Schwitalla (1997) sind Anakoluthformen „absichtliche Konstruktions-
abbrüche, oder unterlaufene syntaktische Konstruktionswechsel". Bußmann
(1990: 77): „Plötzlicher Wechsel der ursprünglich geplanten Satzkonstrukti-
on während des Sprechens, der zu einem insgesamt ungrammatischen Ausdruck führt. In gesprochener Sprache enstehen Anakoluthe als Ergebnis
mangelnder Satzplanung oder von Korrekturabsichten [...]".

**Apex**
Zungenspitze, Artikulationsorgan für Apikallaute.

**Apikal-Alveolar**
Artikulationsstelle am Übergang von der Zungenspitze zum Zahndamm.

**Apokope**
Nach Bußmann (1990: 90) „Vorgang und Ergebnis des Wegfalls von einem
oder mehreren Sprachlauten am Wortende".

**Artikulator**
Konzeptualisierendes Modul, das den phonetischen Plan (interne Rede) in
Vorbereitung des konkreten Sprechaktes gestaltet (vgl. Levelt 1989).

**Aspiration**
Behauchung; Stimmlosigkeit vor oder nach der Bildung stimmloser Plosive
oder Frikative bei vorausgehender bzw. folgender Öffnung des Ansatzrohres.

**Auslautverhärtung**
Stimmtonverlust von Obstruenten am Silbenende (das *d* in *rund* wird am Ende des Wortes als stimmloser Dental *t* ausgesprochen).

**bilabial**
Sprachlaut, an dessen Artikulation sowohl Ober- als auch Unterlippe beteiligt
sind, z.B. [m], [b], [p].

**Chronogramm**
Struktur von Zeitangaben einer Uhr auf einem Papierstreifen (Verlauf der
stimmlichen Artikulation in Zeiteinheiten).

**Codeswitching**
Sprachwechsel (Wechsel zwischen Türkisch und Deutsch, Deutsch und Englisch etc.).

**deiktische Mittel**
Sprachliche Ausdrücke, die sich auf Personen, räumliche und zeitliche Verhältnisse in Abhängigkeit der jeweiligen Äußerungssituation beziehen.

**distinktiv**
In der Linguistik Eigenschaft von phonologischen Merkmalen, die „bedeutungsunterscheidende" Funktion haben (distinktives Merkmal).

**Elision**
Auslassung, Tilgung, „Verschlucken" von Lauten z.B. in unbetonten Silben (*Orginal* für *Original*).

**Ellipse**
Unvollständiger Satz; Auslassung eines Satzteiles, der sich jedoch aus dem Kontext bzw. aus dem vorangegangenen Diskurs erschließen lässt: *Wo ist das Eichhörnchen? – Im Baum* (siehe Bußmann 1990: 207).

**Enklise**
„Anlehnung eines schwach oder nicht betonten Wortes (Enklitikon) an das vorangehende Wort, bei gleichzeitiger phonetischer Abschwächung, z.B. *kommste* für *kommst du*" (zitiert aus Bußmann 1990:213, Hervorhebung im Original).

**Epenthese**
Einfügung von Vokalen oder Konsonanten als Gleitlaute zwischen Konsonanten [...] ohne etymologische Motivation; z.B. das [t] in *hoffentlich*" (zitiert aus Bußmann 1990:216, Hervorhebung im Original).

**Flexion**
Linguistische Lehre der Wortformenbildung, Lexeme (z.B. Verben oder Substantive) werden in morphologisch verschiedenen Wortformen realisiert (vgl. Bußmann 1990: 244f).

**Fokus**
„Bezeichnung für das ‚Informationszentrum' des Satzes, auf das das Mitteilungsinteresse des Sprechers gerichtet ist. Grammatische Mittel zur Kennzeichnung des Fokus sind vor allem Wort- und Satzgliedstellung und Akzent" (Bußmann 1990: 245).

**Formulator**
Jene Ebene im Modell der menschlichen Sprechtätigkeit, auf der Gedanken in Pläne zu konkreten Verbalisierungen umgesetzt werden (vgl. Levelt 1989).

**Glottisverschluss**
„Knacklaut" [/]: kurzer Verschluss der Öffnung zwischen den Stimmritzen, der zu dem für das Deutsche typischen "harten Ansatz" von wort- und morphemanlautenden Vokalen führt; z.B. [/am /ab←→nt].

**Grundfrequenz**
$f_0$: Stimmtonfrequenz – ergibt sich aus der Schwingungsrate der Stimmlippen und wird als "Stimmlage" bzw. "Tonhöhe" wahrgenommen

**illokutiv**
Adjektiv zu ‚Illokution': Das Handlungspotenzial von Wörtern in einer Sprechhandlung; verbale Mittel, die eine Handlungsrolle übernehmen.

**Interjektion**
Gruppe von Wörtern, die zum Ausdruck von Empfindungen, Flüchen und Verwünschungen sowie zur Kontaktaufnahme dienen (*Au! Verflixt! Hallo!*) (zitiert aus Bußmann 1990:349, Hervorhebung im Original).

**Interlanguage**
Sprachliche Varietät eines Lerners („Zwischensprache" von Lernern einer Zweitsprache, die weder der Ausgangssprache noch der Zielsprache gleicht.)

**Intonation**
Sprechmelodie, Tonhöhenveränderung, Tonhöhenverlauf – die Veränderung der Grundfrequenz $f_0$ im Verlauf einer lautsprachlichen Äußerung.

**kinesisch**
Adjektiv zu ‚Kinesik': Sammelbegriff für die Untersuchung von Phänomenen der nicht-verbalen Kommunikation (Gesichtsausdruck, Gestik, Mimik, Körperhaltung, Blickkontakt etc.) Struktur und Funktion nicht-phonetischer Kommunikationsmittel.

**Klitisierung**
Zusammenfassender Begriff für *Proklise* und *Enklise* (Anlehnung eines schwach oder nicht betonten Wortes an das folgende oder vorangehende Wort bei gleichzeitiger phonetischer Abschwächung, z.B. *s-Buch* für *das Buch* oder *hatse* für *hat sie*.

**Kontamination**
„In der Wortbildung Vorgang und Ergebnis der Kreuzung bzw. Verschmelzung zweier Ausdrücke zu einem neuen Ausdruck" (Bußmann 1990: 416).

**Korpus**
„Endliche Menge von konkreten sprachlichen Äußerungen, die als empirische Grundlage für sprachwissenschaftliche Untersuchungen dienen" (Bußmann 1990: 155).

**Lernervarietät**
Erwerbsstadienspezifische Sprechsprache, die sich im Zweitspracherwerb auf einem spezifischen Erwerbsniveau zwischen Ausgangs- und Zielsprachen herausbildet (vgl. auch ‚Interlanguage').

**Majuskel vs. Minuskel**
Groß- vs. Kleinbuchstaben, die in Alphabetschrift das Inventar der Buchstaben verdoppeln (jedem Kernbuchstabe entspricht ein Großbuchstabe).

**Matrixsatz**
Bezeichnung für ‚übergeordnete' Sätze, in die Teilsätze eingebettet sind (gebräuchlich bei Konstituentenstrukturbeschreibungen).

**Monem**
Auf A. Martinet zurückgehende Bezeichung für die kleinste, aus Inhalt und Lautform bestehende Einheit der Sprache, die nicht in kleinere bedeutungstragende Elemente weiter zerlegt werden kann.

**Morphem**
Kleinstes Segment der Sprache, das Zeichencharakter aufweist, d.h. durch Form *und* Bedeutung gekennzeichnet ist. Morpheme sind Bedeutungselemente der Sprache, die phonologisch repräsentiert sind (z.B. *wir*; *sitz-*; *Häus-*) – sie können nicht weiter in kleinere Segmente zerlegt werden, ohne dass ihre Bedeutung zerstört würde.

**Paraphrase**
Im umgangssprachlichen Sinne: sprachliche Mittel zur Erklärung, Verdeutlichung oder Kommentierung/Interpretation kommunikativer Absichten. Im engeren linguistischen Sinn: heuristischer Begriff zur Darstellung der Synonymie-Relation zwischen Äußerungen.

**parasprachlich**
Parasprachliche Äußerungen sind akustisch messbare Signale nonverbalen Charakters, die nicht segmentierbar sind (z.B. Husten, Flüstern, weinen, seufzen...); auch individuelle Sprechtypen (Rhythmus, Timbre, Stimmlage) und Intonation können als Gegenstand der Paralinguistik aufgefasst werden (s. Bußmann 1990: 556).

**Phonation**
Erzeugung des Rohschalls durch den Kehlkopf: Beim „normalen" Sprechen wird der Stimmton durch die schwingenden Stimmlippen hervorgebracht.

**Proposition**
Satzinhalt, Satzaussage; Begriff aus der linguistischen Semantik (Sprechakttheorie). Im Bezug auf das Handlungspotential von Äußerungen der neutrale gemeinsame Nenner der Bedeutung von Sätzen, die das Zutreffen eines Sachverhaltes zum Inhalt haben. In der Regel die durch die Konjunktion *dass* eingeleitete Satzaussage (Subjekt-Prädikat).

**Prosodie**
Nach Bußmann (1990: 618) „Gesamtheit sprachlicher Eigenschaften wie Akzent, Intonation, Quantität, Sprechpausen. Sie beziehen sich im Allgemeinen auf Einheiten, die größer sind als ein einzelnes Phonem. Zur Prosodie zählt auch die Untersuchung von Sprechgeschwindigkeit, Rhythmus und Sprechpausen".

**Proxemik**
Teildisziplin der Kommunikationswissenschaft, die die nichtsprachlichen Aspekte der Kommunikation untersucht (Wahrnehmung und Verarbeitung von Räumen und ihrem Einfluss auf das Kommunikationsverhalten in verschiedenen Kulturbereichen).

**Reliabilität**
Zuverlässigkeit von linguistischen Aussagen/empirischen Feststellungen.

**Rezeptionssignal**
Sog. Hörerrückmeldungen (z.B. *hm, aha, ja*) während eines Diskurses, die im Allgemeinen nicht zur Übernahme des Rederechts und damit nicht zum Sprecherwechsel führen.

**Segment**
Aus dem Sprachkontinuum isolierte kleine und kleinste sprachliche Einheiten, z.B. Phone, Silben, Morphe (nach Bußmann 1990: 670).

**Semantik**
Lehre von der Bedeutung sprachlicher Zeichen.

**Sigle**
Auch: Sigel; feststehendes (beim Stenographieren verwendetes) Zeichen für ein Wort, eine Silbe oder eine Wortgruppe; Kürzel, Abkürzungszeichen (z.B. § für Paragraphen etc.).

**Silbe**
Phonetisch-phonologische Grundeinheit des Wortes bzw. der Rede, die zwar intuitiv nachweisbar ist, wissenschaftlich aber keine einheitliche Definition hat (Bußmann 1990: 684). Silben sind kleinste Einheiten der Artikulation und der Sprachwahrnehmung – sie sind durch einen Schallgipfel, den Silbenkern, gekennzeichnet.

**Skopus**
Bezugsbereich oder Geltungsbereich von Operatoren (Partikeln oder Quantoren, Negation).

**suprasegmental**
Auch: prosodisch, Bezeichung des amerikanischen Strukturalismus für distinktive Merkmale, die nicht – wie Phoneme – einzeln segmentierbar, d.h. aus sprachlichen Äußerungen „herausschneidbar" sind.

**Synsemantikon**
Wort, das bei isoliertem Auftreten keine selbstständige lexikalische Bedeutung hat (Bedeutung nur im Kontext mit anderen Wörtern/Äußerungen).

**Taxis**
Oberbegriff für kleinste konkret realisierte grammatische Sprachelemente auf allen Beschreibungsebenen (z. B. Phon, Morph, Graph etc.).

**uvular**
Uvular bezeichnet die Qualität von Zäpfchenlauten (‚Zäpfchen' bezeichnet die Artikulationsstelle).

**Validität**
Geltung/Gültigkeit von Aussagen (hier: für den Bereich der Linguistik).